定本　和の色事典

視覚デザイン研究所

目次

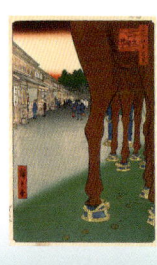

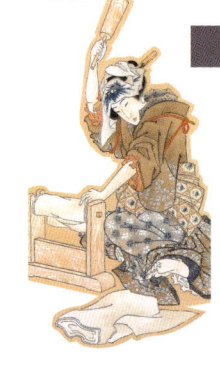

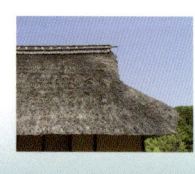

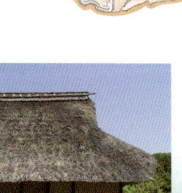

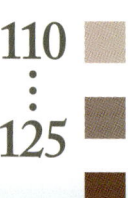

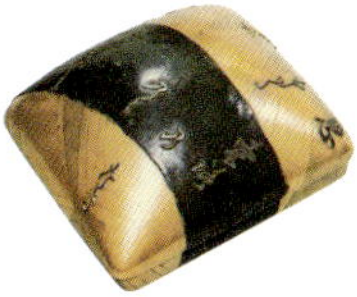

本書の色票が決まるまで

専門家に伝承された技術的な記録、中世の法令集、歴史書の中の色と文学に現れる色を照合して色票を決定

まず、入手可能な専門家による記録を整理した。色名の由来や根拠、色材の製法や、染色法、当時の文学などで語られている色名にまつわるメッセージなどを整理した。着色材料や方法に関するデータは、かなり精度の高い資料が残されており、半数の色域はかなりの確度で決めることができた。

例えば、平安時代の『延喜式』に残された色名は、身分階級を表す規則書でもあり、染材の量や媒染、燃料となる薪の量まで正確に規定されている。その技術を現代に伝承する前田雨城氏の記録もある。江戸の色名も、当時の解説書や見本帳が研究者の努力によって、かなり残されていた。

また、『源氏物語』や『枕草子』には、その色をどう受け止めていたのか、微細な記録まで多彩に残されていた。

例えば、二藍（ふたあい）の使い分けについて、『源氏物語』の中で光源氏が息子の夕霧にアドバイスしている。その内容を「共感言語(※)」に従って読み解くと二藍の色域が生き生きと浮かび上がった。

これを、当研究所で開発したカラーパレット上に配置し、当研究所で開発した「共感言語」を通して色のメッセージ性を整理し、最終的な色域を決めた。

※共感言語とは

人は色彩や形、味覚などの五覚によって、大脳皮質に届いたメッセージを評価し、行動しています。これを本能といいます。共感言語とは、色彩や形と感性を体系化してメッセージを解く仕組みです。

詳細は当社ホームページをご覧下さい。
http://www.shikaku-d.com

残念ながら、最後まではっきりさせられなかった三、四の色名もあり、今後、有力な資料が発見できたときに補正していきたい。

日本の色名は五〇〇の固有名と一〇〇のトーンの組み合わせでつくられている

和の色名には各時代の文化が込められ、多様で、一見複雑に見えるが、色名を分解すると、すべての色は桜、萩、柿、鶯、金、銀、江戸、京、利休、遠州など花や地名から借用した五〇〇種類の固有色と、深、浅、鈍、煤竹などの一〇〇種のトーンなどを表す言葉を組み合せてつくられている。わかりにくいと思われていたが、実は明快な組み立てで色域を表している。

ひとつの色の色域は幅広く、他の色名と重なりあう

本書の見本色は標準値であり、絶対値ではない。実は、色名には絶対値がないのだ。『延喜式』には、染材や薪の量まで正確に記されている。しかし、厳密なはずの色彩も一定ではなく、事情により変化した。天皇の袍《ほう》に用いられた絶対禁色の黄櫨染（こうろぜん）にしても時代によって変化している。また、次ページの各文献に示された色票を見ると、同じ色名とは思えないほど色域が幅広い。

色名は文学作品にも効果的に登場する。古く、『万葉集』、『源氏物語』から近世の近松、芭蕉、近代の樋口一葉、川端康成など現代に至るまで、色名でシーンを的確に表している。色名は、あるときは正確に、あるときは自由に翻訳され、変幻自在、融通無碍に変化し続けている。

参考にした文献の色票と本書の色票の例

専門書に示された色見本は、同じ色名でもまったく色みが違う。色名の表す色みは、時代を反映し、古代から現代へと変遷してきた。また、同じ材料から染めても、浸す時間や媒染材、温度で変化するためだ。本書は、それらを参考にしつつ、色のメッセージ性を整理して色票を決めた。

本書の色票 ← **参考にした色票　紅**

本書の色票				
本書の色票1 24.0 - 100 - 0 0 - 100 - 0 - 0	文献Aの色票 4.0 - 100 - 10 0 - 100 - 100 - 10	文献Bの色票 1.5 - 100 - 5 0 - 100 - 38 - 5	文献Cの色票 2.0 - 80 - 0 0 - 80 - 40 - 0	文献Dの色票 4.2 - 90 - 0 0 - 86 - 90 - 0
本書の色票2 1.5 - 100 - 10 0 - 100 - 38 - 10	文献Eの色票 2.0 - 100 - 10 0 - 100 - 50 - 10	文献Fの色票 2.5 - 90 - 3 0 - 90 - 56 - 3	文献Gの色票 1.5 - 100 - 4 0 - 100 - 38 - 4	

本書の色票 ← **参考にした色票　紅梅色**

本書の色票 2.0 - 70 - 3 0 - 70 - 35 - 3	文献Aの色票 24.5 - 100 - 10 0 - 100 - 13 - 10	文献Bの色票 1.0 - 68 - 0 0 - 68 - 17 - 0	文献Cの色票 2.5 - 70 - 0 0 - 70 - 44 - 0	文献Dの色票 2.0 - 40 - 0 0 - 40 - 20 - 0
	文献Eの色票 2.0 - 42 - 0 0 - 42 - 21 - 0	文献Fの色票 2.0 - 84 - 0 0 - 84 - 42 - 0	文献Gの色票 24.5 - 68 - 0 0 - 68 - 9 - 0	

本書の色票 ← **参考にした色票　そひ色**

本書の色票 4.4 - 50 - 10 0 - 45 - 50 - 10	文献Aの色票 4.4 - 60 - 20 0 - 54 - 60 - 20	文献Bの色票 4.4 - 45 - 0 0 - 41 - 45 - 0	文献Cの色票 4.0 - 50 - 0 0 - 50 - 50 - 0
	文献Dの色票 5.0 - 75 - 0 0 - 56 - 75 - 0	文献Eの色票 5.5 - 65 - 0 0 - 41 - 65 - 0	

本書の色票 参考にした色票　藍色

本書の色票
16.5 - 90 - 60
90 - 11 - 0 - 60

文献Aの色票
15.0 - 100 - 75
100 - 0 - 25 - 75

文献Bの色票
17.0 - 100 - 20
100 - 25 - 0 - 20

文献Cの色票
16.5 - 90 - 80
90 - 11 - 0 - 80

文献Dの色票
17.0 - 80 - 55
80 - 20 - 0 - 55

文献Eの色票
14.0 - 90 - 40
90 - 0 - 45 - 40

文献Fの色票
18.0 - 85 - 40
85 - 43 - 0 - 40

文献Gの色票
17.0 - 90 - 60
90 - 23 - 0 - 60

文献Gの色票
17.0 - 60 - 50
60 - 15 - 0 - 50

本書の色票 参考にした色票　紫

本書の色票
21.0 - 95 - 0
71 - 95 - 0 - 0

文献Aの色票
20.4 - 90 - 10
81 - 90 - 0 - 10

文献Bの色票
21.1 - 78 - 0
57 - 78 - 0 - 0

文献Cの色票
21.7 - 95 - 30
55 - 95 - 0 - 30

文献Dの色票
22.0 - 68 - 30
34 - 68 - 0 - 30

本書の色票
20 - 100 - 0
100 - 100 - 0 - 0

文献Eの色票
21.3 - 56 - 0
38 - 56 - 0 - 0

文献Fの色票
21.7 - 76 - 0
44 - 76 - 0 - 0

本書の色票 参考にした色票　梅鼠

本書の色票
2.0 - 20 - 30
0 - 20 - 10 - 30

文献Aの色票
3.0 - 10 - 55
0 - 10 - 8 - 55

文献Bの色票
24.0 - 20 - 40
0 - 20 - 0 - 40

文献Cの色票
3.0 - 25 - 30
0 - 25 - 19 - 30

文献Dの色票
4.0 - 20 - 60
0 - 20 - 20 - 60

文献Eの色票
24.0 - 25 - 30
0 - 25 - 0 - 30

色票の見かたと特長

C

濁りの強さ（0〜100）
色の強さ（0〜100）
色相番号（1〜24）

5 - 90 - 10

C 0 M 68 Y 90 K 10

C：シアン
M：マゼンタ
Y：イエロー
K：ブラック

上段の数字は色相とトーンを表します

下段の数字は印刷時のインキのパーセントを表す

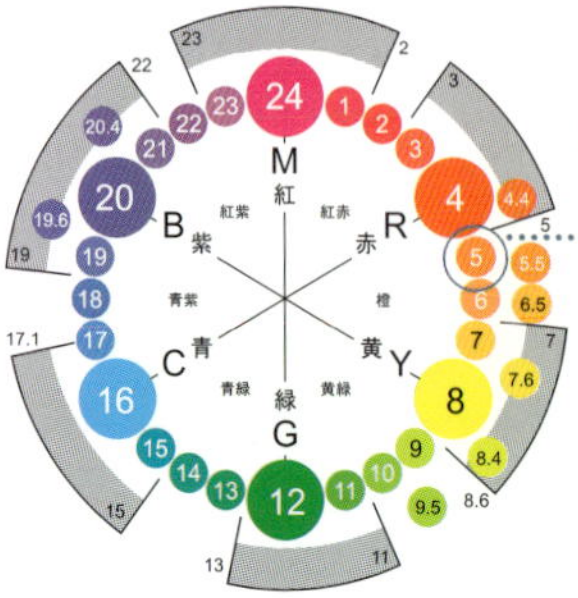

色相番号（24等分）の分布

下段のCMYのうち、最も高い数字が色の強さを表し、Kの数字が上段の濁りの強さを表す

D

別 柿渋色《かきしぶいろ》

Aで示した色名の別の呼びかたや、同じ漢字でも読みが異なる場合の読みかた。根拠となる色は同じだが、呼びかたが微妙に異なる。

系 強い橙

JIS規格による色名表示。青・赤などの基本色名と、明るい・暗いなどの修飾語での色名。

E

↓柿渋色P88

↓照柿色P63

関連した色名の掲載ページを示す。

異説 ↓P9

同じ色名ではあるが、異なる説の色票（系統色）の掲載ページを示す。

F

桃山茶（ももやまちゃ）

全く別の由来の色名ではあるが、同じ色（系統色）を表す。

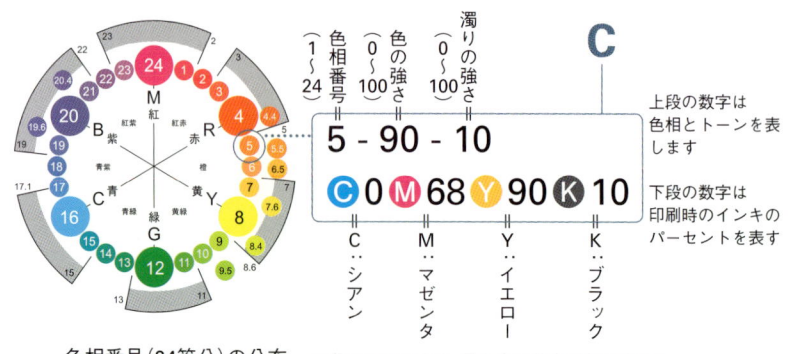

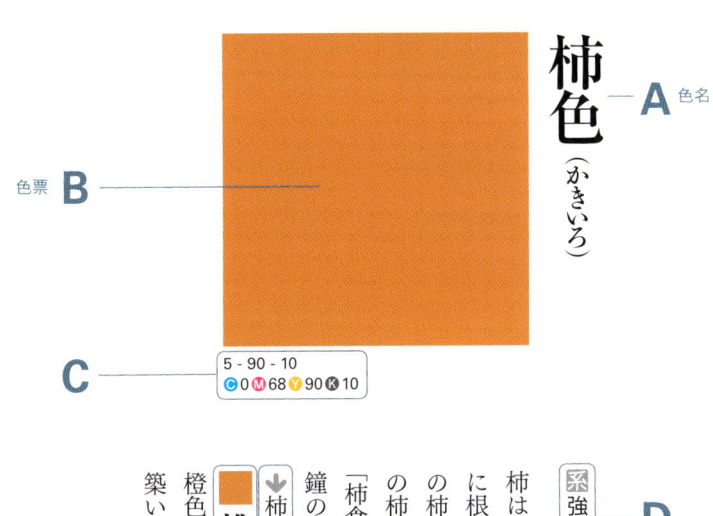

柿色（かきいろ）

A 色名

色票 B

C
5 - 90 - 10
C 0 M 68 Y 90 K 10

系 強い橙　D

柿は実りの秋を代表する色として古代から私たちの生活に根付いてきた。柿色の色みは二系統三種ある。見本色の柿色と、さらに熟した濃い照柿、柿渋で染めた渋い色の柿渋色だ。赤みの色は美しい柿色に見えたようだ。「柿食へば鐘が鳴るなり法隆寺」（正岡子規）。澄んだ空気に鐘の音が響く古都の秋、鮮やかな柿の色が浮かぶ。

↓柿渋色P88
↓P63照柿色

E

F

桃山茶（ももやまちゃ）

橙色といえるほど陽気で明るい茶色。桃山の名は秀吉の築いた豪壮絢爛の気風を表している。

色名に関連する画像。下の文章はその説明　G

柿の実
柿は秋の実りを代表する東アジア温帯固有の果実で、澄んだ秋空を背景に日本の四季を彩る。

定本

和の色事典

牡丹色（ぼたんいろ）

22.8 - 90 - 0
C27 M90 Y0 K0

系 鮮やかな紅紫

牡丹の花のような色。襲《かさね》の色目としては平安末期よりあったが、色名として定着するのは、化学染料が普及した明治時代以降。牡丹の花は、平安時代から「ほうたん」の名で「富貴《ふうき》の花」として観賞されていた。『青べか物語』（山本周五郎）では、「棚雲のふちを染めていた眩しいほどの金色は、華やかな紅炎から牡丹色に変り、やがて紫色となる」と、刻々と変化する美しい夕焼けの描写に牡丹色も使われている。

躑躅色（つつじいろ）

24 - 90 - 5
C0 M90 Y0 K5

系 鮮やかな紅

赤い躑躅《つつじ》の花のような色。平安時代からある色名。古代、躑躅といえば山躑躅のことだった。『枕草子』では冬の下襲《したがさね》のベスト色としている。「冬は躑躅、掻練《かいねり》襲、蘇芳《すおう》襲、夏は二藍《ふたあい》、白襲」

泉鏡花の短編に『竜潭譚《りゅうたんだん》』という、躑躅の紅に染まった道で遊ぶ少年が、神隠しにあう話がある。躑躅色に染まった道が、恐ろしさと美しさを併せ持つ、幻想的な風景として描かれている。

牡丹の花　観賞用や薬用に栽培され、二十センチに及ぶ美しい花も咲かせる。色は紅色や紫色や白色、このような淡紅色と多彩で様々な文様が楽しまれている。

牡丹餅（ぼたもち）　牡丹餅とお萩は同じもの。牡丹が咲く、春の彼岸に食べるのが「牡丹餅」、萩が咲く秋の彼岸に食べるのが「お萩」。

躑躅の花　春から夏にかけ突然のように日本の山野を彩り、幻想的な風景をつくる。

紅（べに・くれない）

異説 ↓ P15・32・52

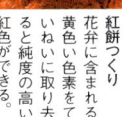

24 - 100 - 0
C0 M100 Y0 K0

別 呉藍《くれない》・韓紅花《からくれない》・唐紅《からくれない》

系 鮮やかな紅・色料の3原色CMYのM（マゼンタ）

紅花《べにばな》の花弁を干し、黄の色素を除いて紅色だけで染めた色。呉（中国）から伝わった藍という意味の呉藍（くれのあい）が紅（くれない）になった。当時、「藍」は染料一般を意味した。また、高価な「舶来品」を強調するため「から（当時の舶来といえば中国）」をつけ「唐紅、韓紅」などと呼ばれるようにもなった。紅花は非常に高価（個人にとっては破産的な贅沢品）だった。しかし、平安時代の憧れの色なので、身分不相応に衣服を染める人が後を絶たず、社会問題にまでなった。そのため、身分による使用制限ができ、冷泉天皇の時代（九六七～九）には禁色となる。江戸時代に入っても、「片紅一両は金一両」といわれるほど高価であり、贅沢品として何度か禁令がで出た。紅花から染めた色を本紅（ほんべに）と強調し、似紅（にせべに）と区別した。

紅は、文人、歌人は、美しさや恋しさなどの秘めた思い、はかない感情を託した表現に使った。『古今和歌集』にはそんな思いを逆手にとったような歌もある。「紅にそめし心もたのまれず／人をあくにはうつるてふなり」。赤く染まった真心だって、あてにはならないよ。人は飽きるものですからねえ、といった意味。

紅花
キク科のアザミに似た花をつけ、夏には鮮やかな黄色に、秋には紅色に変わる。

紅花の花弁
摘みと取った花弁には大量の黄色が含まれている。

写真は伊勢半本店

紅餅つくり
花弁に含まれる黄色い色素をていねいに取り去ると純度の高い紅色ができる。

写真は伊勢半本店

紅皿
完成した純度の高い紅色を小皿に筆で塗って乾燥させると紅皿ができ、化粧のたびに少量の水を加えて使う。

苺色（いちごいろ）

1 - 100 - 15
C 0 M 100 Y 25 K 15

系 強い紅

熟した苺の実の色。色名は明治初期から使われる。苺の色は鮮やかな橙みの赤色だが、苺色というと少しくすみのある紅色。

一般的な苺は、江戸末期、オランダから渡来したオランダ苺のこと。日本で最初に育成された苺は「福羽《ふくば》」といい、福羽《ふくば》逸人《はやと》博士が新宿御苑で品種改良に成功し、一八九九年に皇室に献上したものが始まりという。当初は皇室以外、門外不出のものだった。

薔薇色（ばらいろ）

1 - 90 - 0
C 0 M 90 Y 23 K 0

別 薔薇色《しょうびしょく》　系 鮮やかな紅

赤系統の薔薇の花色。薔薇は「しょうび／そうび」とも読む。薔薇は、中国から伝わり『枕草子』や『古今和歌集』にも登場するが、色名として使われるのは明治以降。

「我はけそうひにぞ見つる／花の色をあだなる物といふべかりけり」（『古今和歌集』）。今朝、初めて薔薇の花を見た。うわべは華やかだけど、何か中味はなさそうだなあ、と紀貫之は詠んでいる。とはいえ、「薔薇色の人生」というように、薔薇色には、幸せの香りがある。

苺
苺の実は花床が大きくなった偽果で、めしべから育った本当の実は表面のゴマのような粒。

薔薇の花
紅色から黄色、青色まで幅広い色や形のものが世界中でつくられ、観賞されている。

萩色（はぎいろ）

24 - 80 - 5
0 - 80 - 0 - 5

系 明るい紅

萩の花の色。平安時代から女性

猩紅
（しょうこう）

1.5 - 100 - 10
C 0 M 100 Y 38 K 10

系 強い紅

猩々《しょうじょう》の血のような色。華やかだが、威圧的なイメージがある。猩々はサルに似た伝説上の動物。その血は紅色だといわれる。

↓猩々緋P48

紅（べに）

異説 ↓P13・32・52

紅鶸色
（べにひわいろ）

1 - 85 - 20
C 0 M 85 Y 21 K 20

系 強い紅

ベニヒワはスズメ目の小鳥。全体は明るい茶色だが、オスには頭と胸に、メスは頭頂に、小さく鮮やかな紅色がある。秋に北シベリアから、主に日本北部に渡来する。

韓藍色
（からあいいろ）

1 - 80 - 8
0 - 80 - 20 - 8

系 明るい紅

呉藍（くれあい）からくる鮮やかな紅色。一方、唐の美しい藍色の唐藍という説もある。

異説 ↓P239

の心を捉え、秋の襲の色目になっている。「行き行きて倒れ伏すとも萩の原」（『奥の細道』曾良）。旅の果てに行き倒れになったとしても、そこが、赤い萩が咲く秋の原ならば悔いはない。

萩 秋の七草の一つ。秋の野山を彩る可憐さが古くから愛される。萩の文字は日本製で、中国では漢方薬に使うカワラヨモギのこと。

川中島東都錦画（かわなかじまあずまのにしきえ　初代市川右団次の甲屋才兵衛実は小沢刑部友房」　豊原国周　明治時代　国立劇場
長い猩紅色の髪を振り回す歌舞伎ならではの大立ち回り。

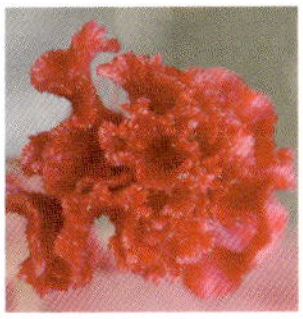

鶏頭（けいとう） 呉から伝わり、夏秋に紅色の他に黄色や橙色などの花を開く韓藍とも呼ぶ。

紫式部（むらさきしきぶ）

23 - 80 - 40
C20 M80 Y0 K40

系 深く渋い紅

紫式部の実のような色。

紫式部は、山野に自生する低木。紫色の小さな実が、たくさん重なり合ってなるので、かつては「ムラサキシキミ（紫重実）」と呼ばれていた。その名が紫式部を連想させることから「ムラサキシキブ」と呼ばれるようになったという。

紫式部の実　クマツヅラ科の落葉木で夏は淡紫色の小花をつけ、秋には紫色の実をつける。別名実紫。

貝紫（かいむらさき）

23 - 75 - 25
C19 M75 Y0 K25

系 渋い紅

貝の分泌液で染めた色。古代の都市フェニキアの特産品で、非常に高価な染料だった。女王クレオパトラは、権勢を誇っていたローマ帝国に出向くとき、エジプトの豊かさをアピールするため、船の帆を貝紫に染めさせた。日本では、吉野ヶ里遺跡に残された布から貝の色素が発見されたことから、近海で採れるアカニシやイボニシを用いた貝染が行われたと思われる。パープルは本来この色だが、紫も指す。

南部紫紺（なんぶしこん）

24 - 90 - 40
0 - 90 - 0 - 40

系 暗い紅

南部盛岡地方で採れる紫草の根で、繰り返し染めた色。南部紫紺として独特の色調を誇った。宮沢賢治も、工芸学校の先生が途絶えた紫紺染めの製法を山男から聞こうとする『紫紺染について』という作品を残している。

→紫紺P253

皆紅色（かいこうしょく）

1.5 - 90 - 40
0 - 90 - 34 - 40

系 暗い紅

臙脂色（えんじいろ）

1.5 - 95 - 45
C 0 M 95 Y 36 K 45

別 燕脂《えんじ》・燕支《えんじ》・烟脂《えんじ》　系 暗い紅

紅色が濃く深くなった艶やかな色。

「臙脂」の名の由来には、中国の古代国家「燕《えん》」の赤いあぶらの色など、いくつかの説がある。胭脂、燕支、烟脂、胭支、焉支などの表記がある。

臙脂色には、紅花による「正臙脂（しょうえんじ）」とカイガラムシからとられる動物性の「生臙脂（しょうえんじ）」があった。正倉院に保存されているという「紫鉱《しこう》」は生臙脂といわれている（上図）。

臙脂色は、江戸時代には顔料や染料の名としてはあった。しかし、一般的な色名となるのは、化学染料が広まった明治時代以降らしい。

　臙脂色は　誰に　かたらむ血のゆらぎ
　春のおもひの　さかりの命

与謝野晶子は『みだれ髪』で、情熱的な表現に、臙脂色を使っている。晶子は「臙脂紫」という、とても濃厚なイメージの造語も生み出している。

紫鑛（しこう）
正倉院
ラックカイガラムシが寄生して分泌した樹脂で、薬用や染料に用い、その色を近世では臙脂と呼んだ。しかし、「えんじ」の名は紅花の産地である中国甘粛省（かんしゅくしょう）の燕支山に由来する。

玫瑰紅（メイクイホン）

薔薇の紅色。チベットの毛織物の色。トルコ系民族であるウイグル族の錦織の地色に使われる。

襲の色目では「みなくれないいろ」と読む。

赤石脂（しゃくせきし）

正倉院の薬帳にある薬品。

胭脂紅（えんじこう）

1.5 - 90 - 30
0 - 90 - 34 - 30

系 強い紅

中国・清時代（一六一六～一九一二）の焼き物の色。雍正期（一七二三～三五）には、最も鮮やかな色が出せたが、乾隆期（一七三六～九五）には、暗く粗悪になったといわれる。

五彩花束文壺
景徳鎮窯　中国
清　東京国立博物館

紅藤色（べにふじいろ）

22.5 - 50 - 0

C 19 M 50 Y 0 K 0

別 紅掛藤《べにがけふじ》　系 明るい紅紫

紅がかった藤色。江戸後期に人気があったという。藤色のバリエーションの一つで、若い女性向きの色ともされ、優しい華やかさがある。浅葱と蘇芳の薄色で染められた。

撫子色（なでしこいろ）

24 - 60 - 0

C 0 M 60 Y 0 K 0

系 明るい紅

撫子の花のような色。優しく華やか。淡さが可憐さを表す。ピンクというと「桃色」を連想するが、中古では撫子や石竹《せきちく》の花の色が基調だった。日本女性の美称でもある「大和撫子」は、山野に自生する河原撫子《かわらなでしこ》の別名でもある。「かさねとは八重撫子の名なるべし」（『奥の細道』曾良）。かさねは女の子の名前。「なでしこ」に「撫でて可愛がった子」の意味をかけている。

撫子　秋の七草の一。日当たりのよい草地に自生し、観賞用に多くの園芸種がある。

石竹色（せきちくいろ）

24 - 50 - 0
0 - 50 - 0 - 0

系 明るい紅

撫子の花のような色。石竹は中国原産のナデシコ科の花。日本の大和撫子に対して、唐撫子ともいう。

美人祭（びじんさい）

24 - 40 - 10
0 - 40 - 0 - 10

系 明るく渋い紅

釉の色調。銅の還元焼成で生まれる淡紅色。楊妃色、美人瞼もほぼ同じ色。

菖蒲色（しょうぶいろ）

23 - 75 - 0
19 - 75 - 0 - 0

別 菖蒲色《あやめいろ》　系 明るい紅

ショウブの花のような色。江戸時代の『手鑑模様節用』には「藍かちたるを桔梗といふ、赤みかちたるを菖蒲という」と説明されている。

異説 → P 244

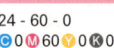

槿花色
（むくげいろ）

24 - 60 - 10
C0 M60 Y0 K10

系 明るく渋い紅

槿花の花のような色。平安時代からの色名。江戸時代には蘇芳で染められた。槿花は、朝開き夕にはしぼんでしまう一日花。「それがしも／其の日暮らしぞ／花木槿」とは小林一茶の句。

東都時名画帖槿木に蜻蛉図　井上水斎　江戸時代　宮内庁三の丸尚蔵館
江戸後期には画師と本草学者が協力して正確な動物画や植物画が残されている。

中紅花
（なかのくれない）

1.3 - 60 - 0
C0 M60 Y20 K0

系 明るい紅

紅花だけで染めた華やかで明るい紅色。『延喜式』に記された伝統色で、もっとも濃い韓紅花（からくれない）より一段階明るい色。江戸時代の鬱金の黄みの入った中紅は、読み方も「なかべに」といい別の色。

→中紅P56

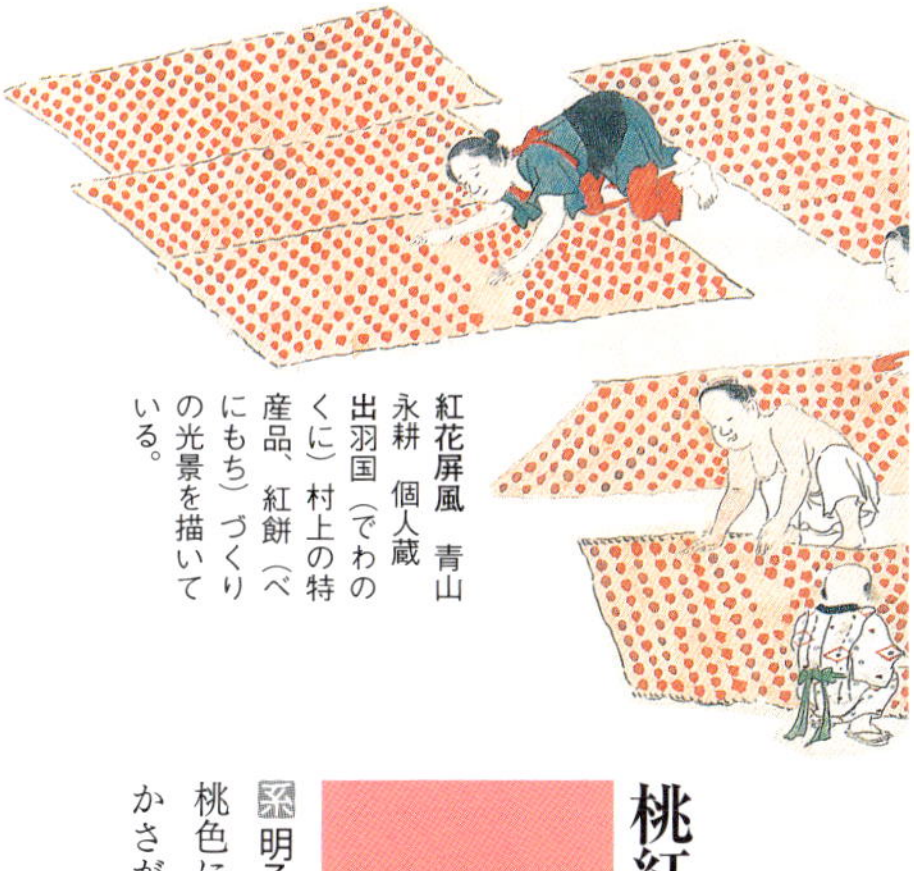

紅花屏風　青山永耕　個人蔵
出羽国（でわのくに）村上の特産品、紅餅（べにもち）づくりの光景を描いている。

桃紅色
（とうこうしょく）

1.5 - 60 - 0
0 - 60 - 23 - 0

系 明るい紅

桃色に比べ、紅みが強く、華やかさが増した色。

浅紅（あさべに）

1.5 - 40 - 0
C 0 M 40 Y 15 K 0

別 浅紅《うすべに》・浅紅《せんこう》　系 明るい紅

紅色を薄めた薄紅の別称。平安時代、高価な紅色は禁色だったが、紅の量を少なくした薄紅は「許し色」とされた。

薄紅（うすべに）　別 薄紅《うすくれない》

中紅（なかのくれない）よりは薄く、退紅（たいこう）よりは濃い色。桜が萌える季節、「石段は淡雪のような花びらの白で飾られている。（中略）花雲が薄紅いろになびいていた」（『花冷え』瀬戸内寂聴）淡い色に包まれた柔らかい景色だ。

➜中紅P56　➜退紅P22

桃色（ももいろ）

1 - 40 - 0
C 0 M 40 Y 10 K 0

別 桃花色《ももいろ》　系 明るい紅

桃の花のような色。「桃色」という色名は室町時代から。桃は中国から伝わり、邪気を祓《はら》う力があるとされた。奈良時代頃、衛士《えじ》（都を守る兵士）は桃染の衣を着ていたという。しかしこれは桃色ではなく、梅の木染による桃染や桃花褐（つきそめ）の黄褐色（おうかっしょく）ともいわれる。桃花褐の「褐」は粗布のこと。『万葉集』に「春の苑　くれないにほふ桃の花　した照る道に出で立つをとめ」という歌がある。桃の花が紅色に

帯紅色（たいこうしょく）

24 - 30 - 5
0 - 30 - 0 - 5

系 淡い紅

紅色をおびた色で、広い範囲の色を指す。

異説 ➜P42

泊夫藍色（さふらんいろ）

24 - 35 - 0
0 - 35 - 0 - 0

系 淡い紅

見本色をサフラン・ピンク又は単に泊夫藍色ともいう。別に黄色の泊夫藍色もある。秋咲きの薄紫の花のものをサフラン、春咲きの黄色い花のものをクロッカスという。

異説 ➜P128

唐棣色（にわうめいろ）

24 - 30 - 0
C 0 M 30 Y 0 K 0

美しく咲き、輝いている。その色に照らされた道に立つ少女。春爛漫の色に染まる美しい情景だ。「うすぐらき鉄格子より熊の子が桃いろの足いだす雪の日」（『春泥集』与謝野晶子）。冷たく、白く輝く雪景色の中、薄暗い鉄格子から差し出された小熊の足（肉球）の桃色が、柔らかい命の温かさと、はかなさを思い起こさせる。

桃

系 淡い紅

唐棣色には複数説あり特定できない。庭梅は、淡い紅色の花を咲かせる薔薇科の低木。古く中国から伝わり、赤い果実をつけ、食用・薬用にする。別名、小梅・林生梅《りんしょうばい》、漢名は棠棣《とうてい》、唐棣《とうてい》。また、その八重咲きは庭桜といい、八重桜に似た少し濃いめの花をつける。一方、朱華色（はねずいろ）と同じともいわれるが、色相はかなり違う。

↓朱華色P59

淡紅藤色（うすべにふじいろ）

23 - 30 - 0
8 - 30 - 0 - 0

系 淡い紅

紅藤色よりさらに淡く、はかない色。

淡牡丹色（うすぼたんいろ）

紅色は女性独特の優しい華やかさを表し、淡いトーンにするとその優しさがより強調される。

牡丹
あでやかな大輪を咲かせ、「立てば芍薬、座れば牡丹」という美しい人の代名詞。

御所染（ごしょぞめ）

1 - 32 - 10
C0 M32 Y8 K10

系 淡く渋い紅

江戸時代の寛永期（一六二四〜四四）、御所の女官から流行した。上品な絹染めだが、現在には伝わっていない。一六〇〇年代、後水尾天皇の妻の東福門院和子（女院御所）の好みが世間でも流行。当時のファッション誌のような『諸国御ひいなかた』には「御所方呉服染様の事」という項目が設けられたという。『好色五人女（暦屋おさん物語）』の、道楽息子たちが京の四条でナンパしようとする場面に、御所染の被衣《かつぎ》の女性も登場する。

退紅（あらそめ）

異説→P60

1 - 25 - 7
C0 M25 Y6 K7

別 褪紅《あらそめ》・退紅《たいこう》・粗染《あらぞめ》 系 淡く渋い紅

紅花染が色褪せたような、かなり淡い色。荒染、洗染、粗染とも書かれる。この色は、許《ゆる》し色の基準となる一斤染（いっこんぞめ）よりわずかに薄く、桜色よりは濃い。淡い紅色とする説もある。

退紅とは「褪《さ》めた紅」ということ。「褪」は、色のトーンを表したもの。時間を経て色褪せたことではない。

平安時代には、下官や雑役《ざつえき》の服色とされていた。この場合は「たいこう」と読まれたという。

虹色（にじいろ）

1 - 25 - 5
0 - 25 - 6 - 5

別 虹染《にじぞめ》 系 淡い紅

紅花で染めた薄い絹地は、見る角度によって、光を機織ったかのように、シャボン玉のような青みや紫みに見えることがある。「きらめきのゆきき／ひかりのめぐみ／にじはゆらぎ／陽《ひ》は織《お》れど／かなし」（『虹の絵具皿』宮沢賢治）

春日権現験記絵巻 第十三巻第二段 高階隆兼 鎌倉時代 御物 日常のくつろいだ生活では、階級色に縛られない退紅や香色が親しまれていた。

桜色（さくらいろ）

1 - 10 - 3
C0 M10 Y3 K3

系 紅みの白

紅染で、もっとも淡い色。平安時代に現れた色名。桜鯛、桜えびなど、淡い紅色のものには、桜の文字のつくものが多い。桜鯛の身と道明寺を桜の葉で巻いて蒸した「鯛の桜蒸し」は春の一品。桜鯛とは桜の咲く頃の真鯛のこと。同じ頃、駿河湾の由比や蒲原の浜には桜えびが干され、桜色が広がる。「花《はな》精妙《ぐはし》桜が枝の水にうつろひなす面」（『雨月物語』上田秋成）。ほんのり酔った女の顔色を咲き乱れる桜に染まる水面の桜色に喩えている。

薄桜（うすざくら）

1 - 5 - 2
C0 M5 Y1 K2

別 薄花桜《うすはなざくら》 系 紅みの白

最も薄い紅染の色とされる桜色よりもさらに薄い色。薄花桜（うすはなざくら）ともいう。桜の花には不思議なメッセージがあり、日本人の心を深く捉えてきた。淡い紅色を、さらに区別したこの色名には、桜花を大切に思う日本人の繊細な感性が表れている。時代劇好きなら、「薄桜」と聞いて、市川雷蔵、勝新太郎共演の『薄桜記』という、哀しく、美しい大映時代劇を思い出す人がいるかもしれない。

桜 日本の国花で「花」といえば桜花を指す。バラ科サクラ属の総称。

淡紅色（たんこうしょく）

24 - 20 - 0
0 - 20 - 0 - 0

系 淡い紅

紅に白色を混ぜると優しくなる。さらに淡くすると、はかなさが表れる。

白梅色（しらうめいろ）

24 - 10 - 5
0 - 10 - 0 - 5

系 紅みの白

ほんのりと紅みを帯びた白梅の花の色。

南京藤（なんきんふじ）

23 - 60 - 15
C15 M60 Y0 K15

系 明るく渋い紅

江戸時代、中国や東南アジアからの伝来品、小さいもの、珍しいものに、南京豆、南京錠のように、南京の名を冠した。南京は中国江蘇省の省都。江戸の指南書には、水色に蘇芳を染め重ねるとある。

滅紅（めっこう）

24 - 60 - 40
C0 M60 Y0 K40

系 深く渋い紅

『正倉院文書』に記された色名。紅色の滅色（渋い色）だが、『延喜式』にはどんな色かの資料はない。天平時代にあった滅紫（けしむらさき）が、『延喜式』では高位の色として正式な色名となっているのに比べ、華やかさを持つ紅色は、渋いトーンになると価値が低くなるようだ。色名は時代とともに盛衰する。

梅紫（うめむらさき）

明治時代に生まれた色。古代の優雅さを連想させる。

積紅（せきこう）

1 - 40 - 20
0 - 40 - 10 - 20

系 明るく渋い紅

中国明代の磁器の色で祭紅（さいこう）の一種。深い紅を宝石紅、浅い紅を積紅という。牛血紅や美人祭もその祭紅の一種。

➜祭紅P35

灰桜（はいざくら）

1 - 10 - 20
0 - 10 - 3 - 20

系 紅みの明るい灰

上品な華やかな穏やかな色。

蒼白色（そうはくしょく）

1 - 10 - 10
0 - 10 - 3 - 10

別 青白《あおじろ》・蒼白《あおじろ》 系 紅みの明るい灰

顔面蒼白といえば、青白い顔色を連想するが、実際は、血の気の赤みが消え、白く濁ったような色。『城の崎にて』（志賀直哉）で、怪我の養生をする主人公は、死んでもおかしくなかったと思ったとき、今頃は土の下に「青い冷たい堅い顔」をして寝て居ただろうと考える。

異説➜P207

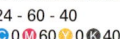

蒲萄色（えびいろ）

異説→P30

24 - 20 - 20
C0 M20 Y0 K20

別 葡萄色《えびいろ》・蒲萄《えびぞめ》・葡萄染《えびぞめ》
系 淡く渋い紅

蒲萄色（えびいろ）の歴史は古代から始まり、当時は「浅、深」の二種があった。その約三百年後、『延喜式』の蒲萄色は、見本色の淡い紫で、古代の「浅葡萄」と思われる。それが江戸時代に入ると「海老」と混同され赤みの紫となった。『源氏物語』や『枕草子』、『紫式部日記』には葡萄染の言葉が多く使われている。鎌倉後期には蘇芳《すおう》で染められるようになったという。

「枯れたる葵。ひひなあそびの調度。二藍・葡萄染などのさいでの、おしへされて草子の中などにありける、見つけたる」（『枕草子』三〇段）。

紫好きの清少納言は、昔を恋しく思わせるものに、枯れた葵、人形遊びの道具、本の間に栞のように挟まれていた、二藍や葡萄色の布の切れ端をみつけたときをあげている。

美人和歌三人　菊川英山　江戸時代　たばこと塩の博物館
満開の桜の下で和歌を詠む美しい歌人を優しく華やかな色調で描いている。

桜鼠（さくらねず）

1 - 15 - 30
0 - 15 - 4 - 30

別 桜鼠《さくらねずみ》 系 紅みの灰

日本人が好きな桜色と江戸好みの鼠色を合わせた色。江戸中期に生まれ明治に流行した。

白梅鼠（しらうめねず）

1 - 5 - 10
0 - 5 - 1 - 10

系 明るい灰

淡い白梅に、微かにくすみが加わった色。

牡丹鼠
（ぼたんねず）

24 - 50 - 50
C0 M50 Y0 - 50

紅消鼠
（べにけしねず）

1.5 - 30 - 50
C0 M30 Y11 - 50

別 牡丹鼠《ぼたんねずみ》　系 深く渋い紅

牡丹色に鼠色を重ね合わせた色。穏やかな落ち着きの中に艶やかさを感じさせる。

梅鼠
（うめねずみ）　別 梅鼠《うめねず》

梅鼠には濃淡の幅があり、濃い色はこの見本色で、大正時代からの色名。異説↓P41

江戸名所仇競　木母寺梅若塚の虫の音　渓斎英泉　江戸時代　神奈川県立歴史博物館
牡丹鼠のシックな着物を着て花見の船上から満月を見上げる芸者の艶姿。

別 紅消鼠《べにけしねずみ》・紅滅鼠《べにけしねずみ》
系 紅みの灰

紅色をくすませた色。「消」も「鼠」も、色みのないことをいう。いわゆる鼠色よりは色みが濃い。古くは紅納戸とも黒柿とも呼ばれていたとされるが、黒柿は色相が離れすぎる。江戸後期の色名。

紅掛鼠
（べにかけねず）

1.5 - 30 - 45
0 - 30 - 11 - 45

系 紅みの灰

落ち着きと華やかさがある色。赤みの灰色には、他に紅鼠、暁鼠、桜鼠など多くがある。

紫土
（しど）

1.5 - 60 - 60
0 - 60 - 23 - 60

系 深く渋い紅

紅柄の一種。赤土を焼いて作る日本画用の顔料。古代は赤鉄鉱を、後に赤土を焼いた。産地のインド・ベンガル地方の名をとってベンガラとも呼ばれる。

椎鈍色
（しいにびいろ）

1 - 20 - 55
0 - 20 - 5 - 55

系 紅みの灰

椎の樹皮で染めた墨色に近い温かみのある灰色。忌みの服色や法衣に用いられた。

「椎鈍の法衣なぞは見慣れているだけに…」（『鼻』芥川龍之介）

鳩羽色（はとばいろ）

異説→P248

23 - 30 - 40
C 8 M 30 Y 0 - 40

別 雉鳩色《きじばといろ》　系 紅みの灰

鳩の羽のような色。明治から大正にかけて藤色とともに和服の地色として流行した。紅色がかった紫色は、女性特有の優しい妖艶さを表す。これに灰みが加わると、穏やかで上品な女性らしさが表れる。年配の女性を、美しく見せる色でもある。

山鳩色や鳩染は古代からある色名だが、この色名が生まれたのは江戸後期。

鳩は、光の具合で、羽色が七色に見える色みが魅力的で、鳩染や山鳩色、雉鳩色と鳩にちなむ色も多い。雉鳩と山鳩も同じ種類の別称。ここに示した色と実際の鳩の羽の色とは若干のずれがある。

鳩染は、奈良（天平）時代から記録され麹塵（きくじん）と同じとされる別な色。また、『衣服令集解』では葡萄色と同じと解説されている。鳩羽鼠（はとばねず）は、鳩羽色と同じ色、もしくは、より灰みのある色とする説がある。

源氏鼠（げんじねず）

『源氏物語』の光源氏の優雅さをイメージさせる、江戸時代の創作色名。江戸の人々は中古の物語を重視していた。

鳩
鳩の羽色は紫色から緑色まで変化し様々な色相に受けとめられている。

源氏物語画帖　土佐光則　十七世紀前半　徳川黎明会
まだ幼さの残る紫の上が光源氏の膝枕にまどろんでいる。

葡萄鼠（ぶどうねず）

23 - 30 - 70
C8 M30 Y0 K70

臙脂鼠（えんじねず）

異説 ↓ P 236

1 - 35 - 60
C0 M35 Y9 K60

別 葡萄鼠《ぶどうねずみ》・葡萄鼠《えびねず》・葡萄鼠《えびねずみ》 系 紅みの暗い灰

葡萄色に鼠が加わると、落ち着いた優雅さが表れ、江戸中期から昭和初期に流行した。色調はこの紅みから青紫みまでをいう。紫色の上品さから、貴族鼠、源氏鼠ともいわれ、青紫みの色は桔梗鼠ともいわれる。

俳優日時計 酉ノ刻 歌川国貞 江戸時代 個人蔵

酉の刻といえば午後六時頃。夜の芝居が始まる前のくだけた着こなしの一刻。

系 紅みの暗い灰

濃い灰色に紅色を加えると、重厚の中にも華やかさが生まれる。

紫鳶（むらさきとび）

1 - 50 - 70
0 - 50 - 13 - 70

別 紫飛《むらさきとび》 系 深く渋い紅

蘇芳をベースにした渋い紫色。江戸中~後期に微妙な色合いの紫鳶や紅鳶、黒鳶が染められた、多くの色見本帳がある。

桑の実色（くわのみいろ）

24 - 80 - 80
0 - 80 - 0 - 80

別 桑色《くわいろ》・桑染《くわぞめ》・桑《くわぞめ》 系 深く渋い紅

熟した桑の実の色。桑の実色は暗い紅色。桑染は桑の実や樹皮で染めたもので、江戸時代は桑茶と呼んだ。ちなみに、桑(くわ)は、蚕が食べる葉の「食葉(くは／くふは)」が語源とされている。

↓桑茶P121

錆臙脂（さびえんじ）

1 - 40 - 75
0 - 40 - 10 - 75

系 深く渋い紅

臙脂色のくすんだ色。渋い、大人の風格がある。

葡萄酒色（ぶどうしゅいろ）

1 - 70 - 60
C 0 M 70 Y 18 K 60

系 深く渋い紅

赤ワインのような色。ワインは、織田信長が珍重したともいわれるが、日本に普及したのは明治時代から。「葡萄の酒の濃紫いろこそ似たれ荒波の／波のみだれて狂ひよるひびきの高くすさまじや」（島崎藤村『鶯の歌』）。

葡萄酒

臙脂墨（えんじずみ）

1 - 60 - 90
0 - 60 - 15 - 90

系 紅みの黒

墨色がかった臙脂色。

紫檀色（したんいろ）

1 - 80 - 70
C 0 M 80 Y 20 K 70

系 深く渋い紅

紫檀は、インド、スリランカ原産のマメ科の常緑高木。堅く緻密で黒檀とともに銘木や家具の材料として愛好される。

正倉院御物の五絃の琵琶は、紫檀で作られていた。

螺鈿紫檀五絃琵琶　八世紀　正倉院
紫檀材に夜光貝（やこうがい）の螺鈿（らでん）で中央に宝相華（ほうそうげ）を描き、飛鳥や雲文などを描き、花芯には琥珀（こはく）をはめ込んでいる。

蒲萄色（えびいろ）

異説 ↓ P25

23 - 80 - 60
C 20 M 80 Y 0 K 60

別 葡萄色《えびいろ》・葡萄染《えびぞめ》・深葡萄《こきえび》　系 深く渋い紅

山葡萄《やまぶどう》の熟した実のような色。

葡萄《ぶどう》は、かつて「えび」と読み、ヤマブドウは葡萄葛《えびかずら》ともいわれた。「ぶどういろ」と呼ばれるようになるのは江戸時代中頃からで、海老色と区別された。

葡萄色には様々な説がある。『延喜式』の実践的研究者である前田雨城氏は、まったく別な、紅の淡く濁った色と紅の明るい色を示している。

深葡萄（こきえび）は葡萄の別称。今日では、葡萄色といえば、普通に深葡萄を指し、明るい色を浅葡萄（あさきぶどう）という。

天武十四（六八五）年に定められた四十八階制では、正位から四番目の追位の色とされ、浅葡萄は五番目の進位とされた。

『枕草子』には、「葡萄染の織物の指貫《さしぬき》を着たれば、重雅は色ゆるされにけりなどと山の井の大納言わらひ給ふ。」と、葡萄染の指貫を着た重雅を見て、官位が上がったことを喜んでいる様子が書かれている。

『枕草子』には、紅梅の衣、二藍の直衣、浅葱の帷子など、色とファッションへの関心が多く語られている。

魚づくし　伊勢海老と芝蝦　歌川広重
江戸時代　中山道広重美術館
広重は東海道五十三次の名所だけでなく、伊勢海老をこんなに正確に描いていた。

織葡萄（おりえび）

23 - 80 - 50
20 - 80 - 0 - 50

系 深く渋い紅

経糸を赤色、緯糸を紫色で織った葡萄色の織物の色。葡萄色を連想させる暗い紅になる。

『延喜式』で平安文化を読む

『延喜式』と平安時代の色名

平安中期に定められた『延喜式』には、色に関する体系的で詳細な規定が残され、平安時代の色名を具体的に知る手がかりとなっている。『延喜式』は『弘仁式』や『貞観式』を引き継いで編纂された律令で、平安期の禁中の行事を定め、九〇五年から編集が始まり九六七年に施行された。六〇三年に聖徳太子が定めた「冠位十二階」の身分制度から始まり、七〇一年の大宝律令の服装制、『弘仁式』、『貞観式』を経て、集大成された規則集だ。しかし、それは単なる規則集ではなく、そこには平安人の感性や思想が詰め込まれた文明の総合的な記録でもあった。

染料や薪の量まで正確に指定された

『延喜式』には、染色の規定が具体的に記されている。たとえば「深紫。綾一疋。紫草三十斤。酢二升。灰二石。薪三百六十斤」と染料の種類や媒染の量、燃料の量まで書き残されている。このため、現代でもおおよその色調が推定できるが、当時と全く同じ藍や刈安草が入手できるわけではなく、また、染色の色みは、染めるときの温度や発酵の程度によってもかなり変わるので、正確なところは不明だ。しかし、前田雨城氏らの伝統の技術を受け継ぐ具体的な研究成果があり、色域がほぼ特定できるようになった。本書で紹介する『延喜式』に由来する色名は、前田説を基本に組み立てている。

木蘭色（もくらんじき）

1 - 80 - 80
0 - 80 - 20 - 80

別 木蘭色《もくらんいろ》・乾陀羅色《けんだらじき》・健陀色《けんだしょく》

系 深く渋い紅

古代の色。僧侶の衣を染めた木蘭色には諸説がある。一般的な渋い黄色と、『延喜式』による見本色のような暗い紅色。

異説 ➜ P 112・123

暗紅色（あんこうしょく）

1.5 - 90 - 65
0 - 90 - 34 - 65

別 殷紅色《あんこうしょく》・殷紅《いんこう》　系 暗い紅

蘇芳色よりも暗い紅色。殷紅色は暗紅色の別称とも。「殷」は充実して豊かなさまを表し、黒みがかった紅色を指す。

➜ 蘇芳色 P 44

赤紫（あかむらさき）

1 - 90 - 70
0 - 90 - 23 - 70

系 暗い紅

1 - 100 - 80
0 - 100 - 25 - 80

系 暗い紅

『延喜式』で定めた赤紫は暗い紅色だが、八世紀の文武天皇の定めた服制に記された赤紫は、浅い（淡い）紫だった。「（『源氏物語』宿木2では）光源氏が、唐渡りの紫の錦や赤紫の綺の調度品を用いて、格の高さを誇る」（光源氏が愛した王朝ブランド品）。

異説 ➜ P 256

洋紅色（ようこうしょく）

2.5 - 100 - 8
C0 M100 Y63 K8

別 洋紅《ようべに》　系 鮮やかな紅赤

深い透明度のある鮮やかな紅赤。カーマインの濃い紅色。カーマインとは、メキシコのサボテンに寄生するコチニール（カイガラムシの一種）の粉末を合成した赤い顔料。江戸後期にオランダ経由で輸入され、明治の文化人に珍重されたともいう。絵具や化粧品、食品の着色料に広く使われている。それらのラベルにはコチニールの名が見られる。

紅（べに・くれない）

異説 ➜ P13・15・52

2.5 - 90 - 5
C0 M90 Y56 K5

系 鮮やかな紅赤

紅花の濃染。王侯貴族の紅花染への愛好が最高潮となった平安時代からの色名。紅花染は高価なため濃染は禁制だったが、人々の欲望は止められなかった。帛《きぬ》一疋《ひき》を韓紅色に染めるには、米十三石分以上の費用がかかった。「ちはやぶる／神世もきかず／たつた川／から紅に／水くくるとは」（『古今和歌集』）。珍しい事が多くあった神代でも聞いたことがないほどの、見事な紅葉で美しい紅色に染まる川面の情景を、から紅で表現した在原業平の歌。

紅赤（べにあか）

2 - 100 - 0
0 - 100 - 50 - 0

系 鮮やかな紅赤

正式には見本色の色だが、一般的な紅赤は、見本色より赤みが強く少し暗い。光の三原色の紅と絵具の三原色の赤の中間の基本色。サツマイモの紅赤は、皮が鮮やかな紅色でサツマイモの女王と呼ばれる。

異説 ➜ P52

火裏紅（かりこう）

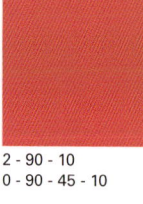

2 - 90 - 10
0 - 90 - 45 - 10

系 強い紅赤

透明感のある強い紅赤。火焔の芯をイメージさせる色。

梅重（うめがさね）

2 - 80 - 0
C0 M80 Y40 K0

別 梅重《うめかさね》　系 明るい紅赤

紅梅が重なり、より濃く見える花のような色。重ねの色目は「表濃紅、裏紅梅」。十一月から二月にかけて着用する。「表白、裏紅梅」となると紅梅と白梅との重なりを表す。

淡い紅色の着物に、鮮やかな梅重の帯でアクセントに女性の優しさと若々しさが表れている。

百人一首手鑑　持統天皇
狩野探幽　江戸時代
持統天皇が華やいだにおい（同系色）の十二単をまとい、「お祝い」の気分があふれる。

紅絹（もみ）

2.5 - 82 - 15
C0 M82 Y51 K15

別 紅《もみ》　系 強い紅赤

鬱金などで黄色に染めた後、紅花で染めた色。江戸時代には蘇芳で代用した。「もみ」の名は、紅花を包んだ袋を揉んで出色したことから。島崎藤村の詩『傘のうち』には「恋の一雨ぬれまさり／ぬれてこひしき夢の間や／染めてぞ燃ゆる紅絹うらの／雨になやめる足まとひ」。また、『野菊の墓』（伊藤左千夫）の民子が最後に握っていた、政夫の写真と手紙を包んだ布の色も紅絹。紅絹の色は、浪漫と感傷と強さを併せ持つ命の色なのだ。

赤紅（あかべに）

3 - 95 - 10
0 - 95 - 71 - 10

系 強い赤

江戸初期、赤紅色の鹿の子模様の小袖が大流行した。その際、高価な紅花を避け、代用の蘇芳染が盛んに行われた。

莟紅梅（つぼみこうばい）

2 - 85 - 0
0 - 85 - 43 - 0

系 鮮やかな紅赤

莟の色は、花の色よりひときわ濃く鮮やか。紅梅の小さな莟は、色みの少ない早春の景色の鮮やかなアクセントだ。

真紅（しんく）

2.5 - 100 - 35
C 0 M 100 Y 63 K 35

別 深紅《しんく》・深紅《ふかきくれない》・深紅《こきくれない》　系 強い紅赤

紅染による濃い紅色。茜《あかね》や蘇芳《すおう》など、紅花以外の染料ではなく、本物の紅花で染めたことを強調している色名。「心中をせんと泣けるや雨の日の白きこすもす紅こすもす」（与謝野晶子）。思い詰めた雨の日。雨は静かに降っていたのか、強く降っていたのか。ただ、そこに咲く紅のコスモスは深い真紅だったにちがいない。

七両染（しちりょうぞめ）

紅花の片紅を七両使って染めた色。片紅とは、紅花を水に浸して黄色の色素を流し、紅の色素だけにしたもの。黄みが少ないので紅色に近づき、華やかさが際立つ。

紅の八塩（くれないのやしお）

奈良時代、紅花の濃染を「紅の八塩」といった。「八」は多いという意味。「塩」は「入《しお》」とも書かれ染め汁に浸すことを表す。「八入《やしお》」は紅花の染液に何回も浸すという意味。高価な紅花の濃染は贅沢であり、平安時代になると禁制の色となるが、貴族の間ではとても人気のある憧れの色だった。

紅の八塩
紅の八塩は平安時代が始まる前の、奈良時代からの色。平安貴族にとっては憧れの伝統色だった。

茜色（あかねいろ）

2.5 - 90 - 20
C 0 M 90 Y 56 K 25

系 強い紅赤

「あかね」の語源は、山野に自生していた蔓草《つるくさ》の赤い根。その根を染料にしていたが、鮮やかな色素を抽出するのが難しかったため、江戸時代には、蘇芳（すおう）で染めるようになった。

秋田県鹿角《かづの》市の花輪では、茜や紫根による古代染法を復活させ、平成三年まで続いた。

「あかねさす」といえば、日の光で赤く色づく様子の形容であり、紫にかかる枕詞にもなっている。

あかねさす紫野行き標野《しめの》行き
野守《のもり》は見ずや君が袖振る

『万葉集』のこの歌は、天武天皇（大海人皇子）と結婚し、その兄の天智天皇（中大兄皇子）にも愛されてしまったという伝説のある額田王《ぬかたのおおきみ》の歌。

紫草の咲く御料地で、あなた（中大兄皇子）が袖を振る（恋心を表す）のを野守が見ていますよという意味。

東京の赤坂の地名の由来にも、赤根が関係しているという説もある。この付近は、かつて赤根が栽培され、赤根山と呼ばれていた。赤根山付近は坂道が多かったので赤坂といわれるようになった。

赤とんぼ
ナツアカネは日本全土に分布し、六月に生まれ、オスは秋には成熟して腹が赤色に変わり、日本の晩秋を彩る。

祭紅（さいこう）

2 - 80 - 30
0 - 80 - 40 - 30

系 渋い紅赤

中国・明代に開発された銅釉の紅色の総称。薄めの宝石紅と濃い大紅に大別される。宝石紅の中には美人祭や豇豆紅、桃花片、楊妃色などの華やかな色がある。

紅梅色（こうばいいろ）

2 - 70 - 3
C 0 M 70 Y 35 K 3

系 明るい紅赤

紅梅の花のような色。梅は、奈良時代には、中国から輸入されていたが、一般化するのは平安時代から。『枕草子』では「いとめでたきもの」として「木の花は／こきもうすきも紅梅」とあげている。

紅花染の濃さにより、濃紅梅（こきこうばい）、中紅梅（なかこうばい）、淡紅梅（うすこうばい）などのバリエーションがある。文学で「紅梅」といえば中紅梅を指した。

海棠色（かいどういろ）

海棠の花のような色。海棠は桜の花に似た木で、満開の様子はとても華やかで、豊麗な美人の姿を表すとされる。「海棠睡《ねむり》未だ足らず」とは、唐の玄宗皇帝が楊貴妃を評した言葉。美人が酔って眠った後、まだ酔いが醒めきらず艶かしい様子のたとえ。「睡れる花」ともいう。「海棠にえうなくときし紅すてて夕雨《ゆうさめ》みやる瞳よたゆき」（『みだれ髪』与謝野晶子）。海棠の木の下に、使うわけでもなく溶いた紅を捨てている。けだるく、夕べの雨を見るように。

赤紅梅（あかこうばい）

紅梅色の別称。白い経糸と紅色の緯糸で織った紅梅ねりの淡い布色と区別するために「赤」を添えた。

梅は古から愛され続けている。梅の実は梅干、梅酢、梅酒、甘露梅、梅羊羹となり、樹は床柱や彫刻、皮は梅皮として染料の定番色になるなど、私たちの生活を豊かにしている。梅の名所といえば、水戸の偕楽園、京都の北野天満宮、福岡の太宰府天満宮と、誰でも一度は行ってみたい所。

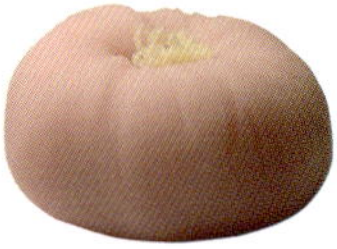

淡い紅梅色の練菓子
淡い紅色は江戸時代も現代も女性らしい優しさを表す、人気の色。

一重梅（ひとえうめ）

2 - 50 - 0
C 0 M 50 Y 25 K 0

系 明るい紅赤

明るい紅梅色で、薄紅梅より濃い色。梅は、桜と並んで春を彩る人気の花。その色は、冬から春の色として、華やいだ明るさが愛好された。江戸中期の浄瑠璃の道行には「本梅、八重梅、ひとへむめ、桜梅こそ色よけれ」とある。

一重梅の優しい紅色の衣は春を思わせる華やかな中に優しい上品さを表す。

長春色（ちょうしゅんいろ）

2 - 65 - 10
C 0 M 65 Y 33 K 10

系 明るく渋い紅赤

長春という名の薔薇の花のような色。明治時代以降の色名。かなり濃い紅茶とする説もある。長春とは、四季を通して花が咲いていること。四季咲きの薔薇「庚申薔薇《こうしんばら》」の漢名。キンセンカの別名ともいわれる。また、渋いオールドローズを訳したものともいわれる。

動植綵絵　薔薇小禽図　伊藤若冲　江戸時代　宮内庁三の丸尚蔵館
伊藤若冲（いとうじゃくちゅう）は正確な描写力で定評があり、庭先に咲く薔薇の様子が目の前にあるように見える。

一斤染（いっこんぞめ）

2 - 40 - 0
C0 M40 Y10 K0

系 明るい紅赤

紅花一斤で絹一疋《ぴき》を染めた明るい色。一疋は二反。紅花で和服一着分の布地一反を、韓紅花の赤に染めるには紅餅《べにもち》（紅花の花びらを発酵後、乾燥させて平らにしたもの）が十斤必要だった。中紅は、一斤四両を要した。二反を一斤という少量で染めるのだから紅ではなく明るいピンク色になる。実際には、少しでも濃く染めようとしたらしい。

平安時代、濃い紅花染は高価だったため、低い階級の人や一般の使用が禁止されていた。しかし、この色より薄い紅花染なら許された「聴《ゆる》（許）し色」の基準となるのが一斤染。これより淡い色に今様色があるが、後世になると段々と濃いめになった。一斤染は、人々が望んで生まれたわけではない複雑な感情を含んだ色でもある。

聴色（ゆるしいろ） 別 許色《ゆるしいろ》

皇族や位の高い人にしか許されていなかった禁色《きんじき》に対して、庶民も着用が許された色。つまり誰が着てもいい色を聴（許）色といった。一斤染は聴色の代表。紅花染による薄紅色や、紫根染めによる薄紫色などもある。

似桃色（にせももいろ）

1.5 - 40 - 5
0 - 40 - 15 - 5

系 明るい紅

鮮やかで明るい桃色。紅花は高価すぎるので、蘇芳で染めた代用の桃色。

薄紅梅（うすこうばい）

2 - 47 - 0
0 - 47 - 24 - 0

系 明るい紅赤

紅梅色の薄い色。平安朝以来の伝統色。経糸を紫、緯糸を紅で織った布を紅梅、その薄い色を薄紅梅という。

曙色（あけぼのいろ）

2 - 30 - 3
C0 M30 Y15 K3

別 曙霞色《あけぼのかすみいろ》 系 淡い紅赤

夜明けの東の空の色。江戸前期、裾の部分を少し白く残し、それより上を紅や紫、藍などでぼかしながら染めていく曙染が色名の由来といわれる。「ぼかす」という配色技法も同時に表現された色名だ。

「春はあけぼの。やうやうしろくなり行く、山ぎわすこしあかりて、むらさきだちたる雲のほそくたなびきたる」（『枕草子』）清少納言は気に入った風物に、空がうっすらと明るくなり、紫がかった雲がたなびく、曙をあげている。

東雲色（しののめいろ）

異説 → P 85

2.8 - 40 - 0
C0 M40 Y28 K0

系 明るい紅赤

夜が明け始める頃の東の空の色。江戸前期に京都で曙色が生まれ、中期には東雲色として再び流行。色名の由来は明かりとりの「篠の目」。「東雲」は東の空の当て字。

「…しののめちかき汽車の窓より外をながむれば／所もしらぬ山里に／さも白く咲きてゐたるをだまきの花」（『夜汽車』萩原朔太郎）。けだるさと侘しさに沈む夜汽車の旅。車窓から外を見ると、うっすらと明るくなり始めた東雲色の景色に、おだまきの白さが浮かび上がってきた。

今様色（いまよういろ）

2 - 30 - 5
0 - 30 - 15 - 5

系 淡い紅赤

今様色は、今、はやりの色ということ。この「今」は平安時代のこと。平安時代の流行色といえば紅花染だが、濃い紅花染は禁色だったので、今様色は「紅の薄き色」、一斤染よりも薄い色を指した。紅梅の濃い色という説もある。

突然のように山の端から薄い光が差し始め、雲の切れ間から一気に東雲色の陽光が差す。暗い大地はそのままに空の色だけが朝の始まりを表す。

柴色（ふしいろ）

2 - 30 - 38
C 0 M 30 Y 15 K 38

別 柴染《ふしぞめ》　系 淡く渋い紅赤

黒文字の木で染めた黒みのある見本色の淡紅色と、栗、クヌギなどの柴木（雑木）で染めた黄褐色とする説がある。また、柴染（ふしぞめ）といえば柴色の濃い色を指す。

浪花鼠（なにわねず）

異説 → P 46・96

2 - 20 - 20
C 0 M 20 Y 10 K 20

系 淡く渋い紅赤

優しく落ち着いた灰色。都鼠や嵯峨鼠にイメージが近い。商都として賑わう大阪とは別の、繊細で奥深いもう一つの表情が見える。

紅鼠（べにねず）

2 - 30 - 30
0 - 30 - 15 - 30

別 紅鼠《べにねずみ》　系 淡く渋い紅赤

落ち着きと女性らしい華やかさを併せ持つ、優しい江戸の色。

芸者と箱屋　北尾重政　江戸時代　ホノルル美術館
おしゃれな浪花鼠の着物を着た芸者が流行の髪形にして、供の者には三味線の箱を持たせて堂々と街を闊歩している。

梅鼠（うめねず）

2 - 20 - 30
C 0 M 20 Y 10 K 30

薄梅鼠（うすうめねず）

異説 ↓ P26

2 - 10 - 15
C 0 M 10 Y 5 K 15

別 梅鼠《うめねずみ》　系 紅赤みの灰

梅の花を思わせる紅赤がかった灰色。同系には梅鼠より淡い薄梅鼠、白梅鼠、桜鼠や濃いめの紅鼠、小豆鼠、灰桜などのバリエーションがある。古来より梅の産地だった豊後（大分県）にかけて豊後鼠ともいう。豊後梅は、大分県の県花、県木。

別 薄梅鼠《うすうめねずみ》
系 紅赤みの明るい灰

梅鼠に比べ、ひときわ明るい灰色。栗梅、紅梅、梅鼠など梅にちなむ色名は江戸の人々に親しまれている。

三代目佐野川市松の祇園町の白人おなよ
東洲斎写楽　江戸時代　大英博物館

菊畑世界の図　歌川豊広　江戸時代
家族連れで菊見を楽しむ。後方の若い母親に対し、祖母の着物は黒色にして高齢であることを表しつつ、画面を引き締めている

浅蘇芳（あさきすおう）

2 - 50 - 20
C0 M50 Y25 K20

別 浅蘇芳《あさすおう》　系 明るく渋い紅赤

蘇芳染めの淡い色。古代では、濃い色ほど尊い色とされ、浅色は下位とされていた。

➜蘇芳色P44・54

深退紅（ふかきあらぞめ）

別 深退紅《ふかきたいこう》・深退紅《こきあらぞめ》

退紅よりも濃い色。「深」といっても、淡い「退紅」よりも濃いという意味で、濃く強い色という意味ではない。

紅鳶色（べにとびいろ）

2 - 50 - 50
C0 M50 Y25 K50

系 深く渋い紅赤

紅色がかった鳶色。江戸中期の天明期、渋い鳶色が流行。他にも紺鳶などの種類がある。『好色一代女』に、女郎に好かれた客の流行色に「羽織は紅がかった鳶色の八丈紬の引っ返し」とある。

絳紅（チァンツー）

2 - 35 - 45
0 - 35 - 18 - 45

系 紅赤みの灰

「絳」は深紅の意味で、中高年の服装や絨毯《じゅうたん》に用いられる。女性らしい優しさがある。

帯紅色（たいこうしょく）

2 - 50 - 40
0 - 50 - 25 - 40

系 深く渋い紅赤

淡い紅色から渋い紅色まで、紅色を帯びた色を指す。紅色は優しく弱い色に見えるが、どんな色でも紅色を帯びると華やかさが表れる。

異説 ➜P20

小豆鼠
渋い小豆鼠で江戸っ子の粋な気分を表す。

小豆色（あずきいろ）

2 - 60 - 50
C0 M60 Y30 K50

系 深く渋い紅赤

小豆の実のような色。小豆は『古事記』にも出てくるが、色名は江戸中期になってから。古代より赤い色は魔除け、厄除けの色とされ、小豆にも病を退ける力があるとされていた。やがて祝いのときには赤飯や善哉《ぜんざい》を食べることが定着する。赤飯が一般に普及するのは、江戸時代になってからだという。「食い初めの祝きに、赤豆飯をたかしたる」（『南総里見八犬伝』）。子供が一生、食べ物に困らないように願うお食い初めの祝いに赤飯を炊いた。

暁鼠（あかつきねず）

2 - 30 - 60
C0 M30 Y15 K60

系 紅赤みの暗い灰

暁は夜が明ける頃をいうが、古代では、夜を宵、夜中、暁の三段階に分け、『源氏物語（明石）』に「たち給ふ暁は／夜深くいで給ひて。」とあるように暁は、かなり暗い夜をさした。この色名が生まれた江戸時代になると、仄かに明るくなりかかった夜明けを指したようだ。「水蒸気／列車の窓に花のごと凍てしを染むる／あかつきの色」（『一握の砂』石川啄木）。一人冬の列車に乗る夜明け。窓には凍った水蒸気の結晶が、暁の色に染まっている。

小豆鼠（あずきねず）

2 - 30 - 50
0 - 30 - 15 - 50

系 紅赤みの灰

赤みがかった灰色。上品な温かさがある。紅鼠、臙脂鼠、梅鼠、暁鼠、都鼠、浪花鼠と色みのわずかな違いも感じ、呼び名を分けて伝えている江戸の感性は繊細だ。「夜会結に淡紫のリボン飾して、小豆鼠の縮緬の羽織を着たる」（『金色夜叉』尾崎紅葉）。

東の空から太陽がかすかにのぞき出すと辺りは温かい色みに変わる。

蘇芳色（すおういろ）

異説 → P54

2 - 73 - 40
C 0 M 73 Y 37 K 40

別 蘇枋色《すおういろ》・蘇方《すおう》　系 深く渋い紅赤

蘇芳（熱帯産のマメ科の植物）は飛鳥・白鳳時代に、中国を経て伝わってきたといわれる。芯材を煎じて染めるこの色は、当時、最高位の紫色に次ぐ上位の色だった。正倉院に残されている机や箱の木工芸品には蘇芳で染められたものがある。平安時代に入っても大陸渡来の貴重品として珍重された。平安後期、後白河法皇編の歌謡集『梁塵秘抄』には、武者の好む色として紺や紅、山吹《やまぶき》と濃い蘇芳があげられている。時代が下るにつれ蘇芳は珍しいものではなくなっていった。色の価値観は、原材料の稀少性によって変化する。

蘇芳は、明礬媒染では赤に、鉄媒染では紫になるので、江戸時代には、似紅（にせべに）や似紫（にせむらさき）など紅花や本紫の代用品に利用された。

井原西鶴の『日本永代蔵（一六八八）』には、蘇芳を使った「紅を使わない紅」の「甚三紅（じんざもみ）」を発明し長者になった桔梗屋甚三郎の話が書かれている。

「干菓子のあられのような紫紅色の可憐な蕾をいっぱいにつけた（蘇芳の）枝は艶《えん》にやさしかった」（『花冷え』瀬戸内寂聴）。

柔らかくても、やっぱり艶がある色。

深蘇芳（ふかきすおう）

2 - 90 - 65
0 - 90 - 45 - 65

別 深蘇芳《ふかすおう》・深蘇芳《こきすおう》
系 暗い紅赤

蘇芳色の濃い色。『延喜式』には「綾一疋につき、蘇芳大一斤、酢八合、灰三斗、薪百二十斤」で染める色とある。

蘇芳色
気のあう町内会の仲間同士が、そろいの法被を着ると祭りがさらに楽しくなる。

平安人の色彩感覚

「あかし」は、『万葉集』の奈良時代は「明し」の意味で、明度が明るいことを指し、十一世紀の『拾遺集』になってから色みの「赤し」になった。万葉の時代は、明度と色みの区別すら出来ていなかったといわれる。

古代人の色感はかなり素朴で、白色と黒色が中心だった。確かに、私達の視神経は明暗中心にできていて、色相を感じる組織は弱体だ。人類の祖先が恐竜時代に敵から隠れて夜間に活動し、明暗だけが大切だった痕跡が今も残っている。

一方、『延喜式』や襲の色目に残された色のメッセージ性はかなり奥深く感じられる。たとえば紫や紅を最高位の禁色として、青や黄色は自由使用にしている。雅《みやび》を尊ぶ平安人が、現実感からもっとも遠い紫や紅を最高位の色とするのは当然であり、実用性を表す青と日常性を表す黄色を下位の色とするのも、理にかなっている。

また、枕草子や源氏物語で語られる色の表現は実に的確かつ繊細だ。このような優れた感性が平安時代にいきなり完成したとは思えない。

古代人の色彩感覚は素朴に見えるが、実際の感性は奈良時代から十分に高水準だったように思われる。

海老色（えびいろ）

2 - 80 - 50
0 - 80 - 40 - 50

系 深く渋い紅赤

伊勢エビの殻の色。えび色は、時代によって色名の由来も変わり、幾つかの説がある。天皇家の衣紋を担当する高倉流仙石宗久氏は、この見本色とP25の色の中間色を蒲萄色としている。

俳優日時計　辰ノ刻　歌川国貞　江戸時代　個人蔵
辰の刻といえば、朝八時ごろ。今日の出番前に英気を養っている。

紅海老茶（べにえびちゃ）

2 - 80 - 60
0 - 80 - 40 - 60

系 深く渋い紅赤

古代からの伝統色である「えび色」と、江戸で大流行の「茶」、さらに「紅」を加えた複雑な色名。命名は明治以降。

紅檜皮（べにひわだ）

2 - 60 - 75
0 - 60 - 30 - 75

別 紅檜皮《べにひはだ》　系 深く渋い紅赤

つややかな大人の色。檜皮色は古代から始まる伝統の色だが、「紅」が冠さったこの色は、江戸後期の『紺屋仁三次覚書』からとされる。

かさねの色目と十二単

平安時代の宮中の女性は、十二単と呼ばれる重ね着をして、配色の美しさを競っていた。その配色法には二種類ある。十二単の、重ね着して装束する配色法の「襲」と、袷の表色と裏色に分ける「重ね」だ。各々の配色には名前がつけられ、長崎盛輝『かさねの色目』では一九六種類を紹介している。このかさねの色目には様々な決まりごとがあった。たとえば、「梅」は装束抄によれば表白、裏蘇芳で十一月から翌二月までの着用。「紅梅」は四季色目によれば表紅梅、裏蘇芳で冬春、祝いに、年少者は正月十五日まで着用とされている。四季の違いや、ハレの日用、忌中用、子供用など、様々な使い分けがされていた。これらの約束事は現代の知識から見ると納得できるものと難しいものがある。平安室町の女性達にとっても楽しみでもあり、プレッシャーでもあった。

新三十六歌仙図
式子内親王　狩野探幽　江戸時代
東京国立博物館

深緋（ふかきあけ）

2 - 90 - 70
0 - 90 - 45 - 70

別 深緋《こきあけ》・深緋《ふかひ》・深緋《こきひ》・黒緋《くろあけ》

系 暗い紅赤

飛鳥時代から高貴さを表す色。緋色(浅緋)は茜草だけで染めるが、深緋は、茜草に紫草を上染するので紫に近くなる。かなり手数のかかる染色法でもあった『延喜式』では、かなり紫みがかった色となっている。また、深緋に対して緋色を浅緋と呼ぶ。

黒紅梅（くろこうばい）

2 - 80 - 90
0 - 80 - 40 - 90

別 黒紅《くろべに》　系 紅赤みの黒

紅で染めた上に、檳榔子《びんろうじ》の黒色を上掛する。江戸前期からの色名。加賀友禅の黒梅染は、梅染を何回も繰り返して暗い紅色にする。

柴染（ふしぞめ）

檳榔子で染めた色。他に二説あり。

異説➜P40・96

十二単の構成

十二単は全体が八群の衣装で構成されている。十二枚の衣を重ねたと思われているが実際は九枚とも十六枚ともみえる。仙石氏によれば、古い記録には十二単という言葉は使われず、初出は「平家物語」だという。壇ノ浦に身を投げる建礼門院の装いを「弥生の末のことなので藤がさねの十二単であった」と記した。以後、この言葉の心地よい響きが共感されてか、江戸時代の有職の専門家の間で使われるようになった。

十二単を見ると全体は八群で構成されている。その中で、有職の専門家にとっても、最も重要なのは唐衣であり、五衣と御裳だ。

1 小袖
白地の肌着。有職の専門家は小袖を数に入れていない
2 単（ひとえ）
正式な下着
3 御五衣（おんいつつぎぬ）
五枚の衣。十二単の華。様々な色を組み合わせる
4 打衣（うちぎぬ）
綾を砧で打ち、光沢を出したことによる
5 表着（うわぎ）
唐衣の下に着る
6 御唐衣（おんからぎぬ）
もっとも重要で正式な衣装
7 長袴（ながばかま）
地味な存在だが、年齢や立場を表す
8 御裳（おんも）
後ろに長く垂れて、華やかさを強調する

黒色に近く、色みを抑えた色調は伝統の深さと精神の深さを表し、私たちを静かな気持ちにさせる。

麒麟血色（きりんけついろ）

2 - 80 - 70
0 - 80 - 40 - 70

系 深く渋い紅赤

熱帯植物・龍血樹の果実からとった紅色の脂。龍血樹はドラセナのことで、観葉植物の千年木《せんねんぼく》はその一種。色材や止血剤、防腐剤に用い、印刷用の凸版製版では、酸による侵食を抑えるのにも用いる。

溜色（ためいろ）

2 - 70 - 75
0 - 70 - 35 - 75

系 深く渋い紅赤

漆塗りの深い小豆色。朱色や弁柄を下塗りし、木炭で磨いて艶消ししてから、透漆（すきうるし）を塗った色。伝統を感じさせる重厚感が好まれる。剣道の防具の胴にも使われる色。

醤色（ひしおいろ）

醤は、古代の発酵調味料。大豆や小麦で作る味噌や醤油の原形。「（上方の濃い口醤油の「たまり」の）ねっとりとしたつやのある汁がいかに陰翳に富み、闇と調和することか」（『陰翳礼讃』谷崎潤一郎）。醤油の色を深みのある、うまそうな色と絶賛している。

猩々緋（しょうじょうひ）

3 - 85 - 5
C 0 M 85 Y 64 K 5

赤（あか）

3.5 - 95 - 5
C 0 M 95 Y 83 K 5

別 猩猩緋《しょうじょうひ》　系 鮮やかな赤

猩々の血のような色。猩々とは、オランウータンまたは中国の伝説上の猿に似た動物。戦国から江戸時代初めにかけて、南蛮貿易で輸入された。それまでの日本にはなかった鮮やかな緋色の羅紗の色名につけられたという。「やは肌のあつき血汐にふれも見でさびしからずや道を説く君」（『みだれ髪』与謝野晶子）。若く情熱的な私にふれもしないで、道徳的なことばかり云うあなた。寂しくないの？　この熱き血汐には、鮮やかな赤がたぎっている。

系 鮮やかな赤

日本最古の色名の一つ。赤系統の色の総称。明（アケ、アカ）が語源とされる。「しろ、くろ、あか、あを」は光の明暗を指す言葉だったが、赤と青は色相を表す言葉となっていく。英名レッド。

赤には、人類共通の普遍性があり、多くの言語で、血か火の色のどちらかの言葉から派生する。呪術的な意味合い、魔除けの意味合いが込められているのも世界的に共通している。縄文時代の土偶や古墳時代の埴輪《はにわ》には、赤

鮮やかな赤色にかすかな黒みを加え猩々緋は力強く活力に満ちた武者ぶりを表す。

南蛮人渡来図屏風　桃山時代　御物
猩々緋のマントは一行を華やかに盛り上げる

土耳古赤（とるこあか）

3 - 100 - 5
0 - 100 - 75 - 5

系 鮮やかな赤

ターキーズ（ターコイズ）・レッドの直訳。オリエント文化の神秘を連想させる色。十字軍時代のトルコ帽子の色だった。

4 - 100 - 0
C0 M100 Y100 K0

く彩色された人物像が多くあり、これらには祭祀的な意味合いがあると考えられている。

血＝命そのものを象徴する赤には神聖という概念だけでなく、凶暴な力、恐怖という概念も秘めている。民話や神話に出てくる妖怪や化物たちは赤い目をしている。日本神話に登場するヤマタノオロチの目は「アカカガチ（赤く熟したほおずき）」のように真っ赤だ。『風の谷のナウシカ』の玉蟲《オーム》も怒ると赤い目になる。

赤は情熱をイメージする色でもある。歌舞伎の赤い隈取りは、正義、情熱の持ち主を表す。が、顔全体を赤く塗っている「赤《あか》っ面《つら》」は小悪党を表す。大悪党の顔は青白い。

神社を飾る紅白のふさは、日常とは違う特別なハレの場であることを表す。

金赤（きんあか）

印刷で赤色は、紅百パーセント、黄色百パーセントを刷り重ねる。印刷関係者はこの赤を金赤と呼ぶ。

真赤（まあか） 別 真赤《まっか》

混じりけのない純粋な赤。「真赤な嘘」といえば疑いのない嘘。

翡翠製宝石飾り碗 十七世紀 トプカプ宮殿博物館
深く鮮やかなトルコ赤色の宝石をちりばめた王家の収蔵品の碗

血色（けっしょく）

3 - 90 - 0
0 - 90 - 68 - 0

別 血紅色《けっこうしょく》 系 鮮やかな赤

鮮血の赤。「それは自分の最初の喀血でした。雪の上に、大きな日の丸の旗が出来ました。」（『人間失格』太宰治）。真っ赤な血という鮮やかな色彩の対比が、ドラマチックな展開をより強調する。

紅緋（べにひ）

異説→P59

緋色は茜で染めた濃赤色だが、紅緋は、鬱金や支子などの黄色と紅花を染め重ねた色。

緋色（ひいろ）

4 - 95 - 10
C 0 M 95 Y 95 K 10

別 火色《ひいろ》・緋《あけ》・真緋《あけ》　系 強い赤

緋は火や日を表す「あか」と同じ意味でもある。緋色は真緋、浅緋ともいい、奈良時代には既に使われた古い色名。カーマインはほぼこの色。火色は平安中期。色みも変化し、平安末期になると橡が使われほとんど黒色に近づいた。『衣服令』では、紫色につぐ上位の色。「笠へぽっとり椿だった」（種田山頭火）。ただ一人、歩き続ける旅の途中、ぽっとりと椿が落ちてきた。

思色（おもいいろ）

別 思色《おもいのいろ》・思色《おもひいろ》

緋色の別称。『たけくらべ』（樋口一葉）の十四歳の美登利と一五歳の信如は、互いの気持ちをうまく表せない。ある、時雨の日、雨に濡れる紅入り友仙の切れ端が、美登利の切ない思い色として、印象的に描かれる。

浅緋（あさきあけ）

別 浅緋《うすきあけ》・浅緋《あさきひ》・浅緋《うすあけ》

浅緋は紫草を重ねた深緋と違い、茜だけで染めた鮮やかな色。

京緋色（きょうひいろ）

4.2 - 95 - 0
0 - 90 - 95 - 0

系 鮮やかな赤

京都で染める緋色は純度が高く上質とされた。「江戸紫と京緋色」とされた憧れの色だった。

伴大納言絵巻
伝・常磐光長
平安時代　出光美術館
黒色と緋色を組み合わせると紅蓮の猛火を思わせる。ちなみに、紅蓮（ぐれん）地獄とは、酷寒のために血が流れる地獄のこと。

紅葉色（もみじいろ）

4.2 - 90 - 5
0 - 86 - 90 - 5

系 鮮やかな赤

紅葉色は秋の山野を彩る色。古代は黄葉、平安以降は紅葉と書くことが多いが、黄色も紅色も同じ紅葉だった。

「ひつぢ田に紅葉ちりかかる夕日かな」（与謝蕪村）。刈りとられた稲の株から緑の茎が出た田。散ろうとする紅葉が夕日に照らされ、一層、美しさが際だっている。

銀朱（ぎんしゅ）

4.4 - 95 - 5
C0 M86 Y95 K5

系 鮮やかな赤

朱肉の鮮やかな赤。銀朱は、天然の朱砂に水銀と硫黄を混ぜたものを焼いてつくった朱色の顔料。現在、朱色というと銀朱の色のこと。朱墨に使われる。

朱砂につぐ色とされ、江戸中期に使われた。清の中国画技法書として著名な『芥子園畫傳《かいしえんがでん》』では、「朱砂」がないときは「銀朱」を使うと記されている。

烏瓜
カラスウリは、実の色が唐の朱墨の色に似ているから「唐朱瓜（からしゅう り）」になったという説もある。

紅鬱金（べにうこん）

4.6 - 90 - 10
C0 M77 Y90 K10

系 強い赤

黄色の鬱金色の下染に、紅花または蘇芳を上掛けした色。江戸前期に愛好されたという。

江戸時代には「紅」のつく色名も多く紅樺色（べにかばいろ）、紅消鼠（べにけしねず）、紅緋（べにひ）、紅藤色（べにふじいろ）などがある。

紅鬱金は、紅色と鬱金色とのバランスが変わると大幅に色みが変わり、赤みの強い橙色も指す。

紅葉色
緑に繁る樹々が晩秋に入ると突然紅葉し、季節の移り変わりを伝える。

赤橙（あかだいだい）

4.5 - 90 - 0
0 - 79 - 90 - 0

系 鮮やかな赤

赤色に黄色を加えると橙色になり、黄色みをほんの少しにすると赤橙になる。

東京・神田明神
鮮やかな銀朱に塗られた社の門は、訪れた人が、特別なハレの舞台に入っていく気持ちを盛り上げる。

柘榴色（ざくろいろ）

3 - 90 - 20
C 0 M 90 Y 68 K 20

甚三紅（じんざもみ）

異説→P81

3 - 85 - 15
C 0 M 85 Y 64 K 15

別 石榴色《ざくろいろ》　系 強い赤

柘榴の果実のような色とも、花の色ともいわれる。ガーネット（柘榴石）といえば果実の深い紅赤を示すので見本色に近いと思われる。しかし、古くから日本人は、果実の色よりも花の色にひかれがちなので、案外、鮮やかな朱色の花色を指すのかもしれない。柘榴は、お釈迦さまが、子を食らう鬼子母神に、与えた果物でもある。「ある雛は（母鶏の首の）断《き》り口の柘榴のように開いた肉を啄《ついば》んだ」（『濠端の住まい』志賀直哉）

別 甚三紅絹《じんざもみ》　系 強い赤

蘇芳《すおう》による紅染の代用染。江戸時代承応期（一六五二〜五四）の頃、桔梗屋甚三郎が紅花を使わずに紅梅色を染めだし、その色を「甚三紅」と呼んだ。「もみ」とは紅玉を揉み出して染液をつくることを表す。

五節句ノ内　文月　歌川国貞　江戸時代　名古屋テレビ放送
娘達は江戸時代にも華やかな紅色を好み、高価すぎる紅染を避けて甚三紅で華やかさを楽しんでいた。

紅赤（べにあか）

3 - 100 - 20
0 - 100 - 75 - 20

系 強い赤

光の三原色の一つの赤と、絵具の三原色の紅の間の色。江戸時代、紅色は憧れの色だったが、本物の紅は高価で庶民には手が届かず、蘇芳で代用していた。

異説→P32

紅（べに）

4.4 - 90 - 5
0 - 81 - 90 - 5

系 鮮やかな赤

江戸時代には、黄色の鬱金に紅色を上掛して紅色とした。標準的な紅色に比べて黄みがかなり強い。

異説→P13・15・32

紅唐（べにとう）

3 - 75 - 15
C 0 M 75 Y 56 K 15

別 唐桟《とうざん》　系 渋い赤

唐桟とは、細い木綿糸のつやのある平織りの色。天保期（一八三〇〜四三）には身分男女を問わず大人気だった。その中で紅色のものを紅唐桟という。弁柄と同じとする説もあるが、弁柄より鮮やか。

真朱（しんしゅ）

4 - 90 - 10
C 0 M 90 Y 90 K 10

別 真朱《まそほ》・真赭《まそお》・真赭《まそほ》　系 強い赤

「しんしゅ」と読むと天然産の良質な朱砂《しゅしゃ》の色を指す。真朱の「真」は人造の銀朱に対して真の朱という意味。真朱は「辰砂（しんしゃ／しんさ）」とも呼ばれるが、それは、良質の朱砂《しゅしゃ》が中国の辰州で採れたことに由来する。奈良前期には、赤土の赭《そほに》に対して、真朱（まそほ／しんしゅ）と呼ばれていた。純度の高いことを強調して、この色名で表した。古代ローマでは北アフリカに朱砂の採掘地があり、皇帝が独占していたという。

辰砂（しんしゃ）

4 - 95 - 15
0 - 95 - 95 - 15

別 辰砂《しんさ》　系 強い赤

朱色の原料となる朱砂（硫化水銀鉱石）の中でも、中国辰州で採れる良質な朱をいう。辰で採れた朱の意味。

赤丹（あかに）

4.6 - 85 - 15
0 - 72 - 85 - 15

系 強い赤

平安時代の祝詞に残された色名。赤い土で顔料に用いた。また、鉛に硫黄、硝石を加えて焼いた酸化鉛のこと。丹頂鶴の名の由来も頭の「頂（いただき）」が赤い、「丹色」だから。

丹頂鶴（たんちょうづる）

蘇芳色（すおういろ）

3 - 100 - 30
C 0 M 100 Y 75 K 30

系 強い赤

古代は、最高位の紫色に次ぐ上位の色だった。江戸時代には、似紅（にせべに）や似紫（にせむらさき）など紅花や本紫の代用品に利用された。

中蘇芳（なかのすおう）

別 中蘇芳《なかすおう》・中蘇芳《なかずおう》

『延喜式』では蘇芳を「深、中、浅」の三段階に分けていた。中蘇芳といっても、かなり黒みを含んだ深い色調で、深蘇芳はさらに黒みが強い。

紅樺色（べにかばいろ）

異説 →P44

3 - 85 - 38
C 0 M 85 Y 66 K 38

系 強い赤

紅がかった樺色。江戸時代の染色の解説書には紅柑子、紅鬱金と似た色と紹介されている。紅樺茶はこの紅樺色と同じとも、もっと暗い色ともされ、その場合は赤褐色に近い。

夏の鮮やかな緑色の葉色が、秋になって紅葉に変わり最後の輝きをみせる。

濃紅葉（こいもみじ）

4.2 - 100 - 30
0 - 95 - 100 - 30

系 強い赤

紅葉色に黒みが加わった強い赤。

滝夜叉姫　尾上菊次郎　梅花
歌川国貞　江戸時代　慶応義塾大学
濃い赤色で登場人物の力強さを暗示する。

生臙脂（しょうえんじ）

3 - 100 - 40
C 0 M 100 Y 75 K 40

系 暗い赤

奈良時代以前に中国から伝わった赤色。透明感があり、粒子が細かい。インド、ネパールなどにいるラックカイガラムシから採取した赤色顔料を綿に染み込ませて乾かしたもの。湯につけ、その汁を絵画や友禅、更紗染に用いた。

花下遊楽図屏風　狩野長信　桃山時代　東京国立博物館
花見には赤色の陽気さがよく似合う

牛血紅（ぎゅうけつこう）

3 - 90 - 50
C 0 M 90 Y 68 K 50

系 暗い赤

中国の清代・康熙年間に朗窯で造られた磁器の洗練された深紅色釉の色。中国の命名法はかなり大胆な感性がある。また、気品のある薄紅色として桃花紅があった。

青花釉裏紅魚文盤　景徳鎮窯　中国清　梅沢記念館
濃い紅色が背景の青色と対比して鮮やかに浮かび上がる。

緋銅色（ひどうしょく）

4 - 90 - 30
0 - 90 - 90 - 30

系 強い赤

銅を赤く着色した色。銅色に華やかさが加わる。

赤褐色（せきかっしょく）

4 - 90 - 50
0 - 90 - 90 - 50

別 赤褐色《せっかっしょく》　系 暗い赤

褐色は赤のかなり暗い色だが、赤褐色は、鮮やかな赤みが増した色になる。「（『縄文杉を見て』）杉の樹皮はもともと赤褐色だが、これにはところどころは灰白色の部分がある。（中略）いわば縦しぼ織の、乱立縞かやたら縞という趣き（中略）粋な着物を着ているものだ」（『木』幸田文）

中紅（なかべに）

3 - 75 - 0
C 0 M 75 Y 56 K 0

朱色（しゅいろ）

4.2 - 85 - 5
C 0 M 81 Y 85 K 5

系 明るい赤

江戸前期の色名。紅を「べに」と読むようになるのは江戸時代からで、古くは「くれない」と呼んだ。中紅は、『延喜式』にある中紅花（なかのくれない）とは違う色。中紅花は明るく華やかな紅色だが、中紅は黄色みが強く、全体的に濃く、陽気な色。➜中紅花P19

似紅（にせべに）

3 - 75 - 10
0 - 75 - 57 - 10

別 紛紅《まがいべに》 系 渋い赤

蘇芳で染めた紅色。紅花で染める本紅は高価なため、江戸時代、たびたび禁止令が出された。

系 鮮やかな赤

赤を代表する色。顔料の朱が色名として広く使われる。鳥居の色、印鑑に使う朱肉の色、書道の先生が指導用に使う朱墨など。ジャパニーズ・レッドといえば朱塗りの漆器の色だ。『華岡青洲の妻』（有吉佐和子）で、主人公の加恵は祝言の席で「朱が古びて冴えた色をしている塗盃」に注がれた酒を見て、新しい生活が始まると思う。

朱色は古代から権威の象徴だ。古代中国では、天子から門を朱色に塗ることを許された家を朱戸、朱家といい、

榴花紅（リューホワホン）

3.6 - 70 - 5
0 - 70 - 63 - 5

系 明るい赤

榴花とは、ザクロの花のこと。中国の女性は、この花を髪にさして旧正月を祝った吉祥の色。

ヒメザクロ ザクロはインド・ペルシャ原産で、日本では初夏の新緑を背景に陽気な五弁の花を開かせる。

炎色（ほのおいろ）

4.8 - 80 - 0
0 - 64 - 80 - 0

系 明るい赤

加賀藩前田家上屋敷の門だった東京大学の赤門も権威を表している。海外渡航を許された御朱印船は、将軍の発行した朱印状を持っていた。現在でも、国家が発行する証書や公文書には朱印が欠かせない。バーミリオンはこの色。

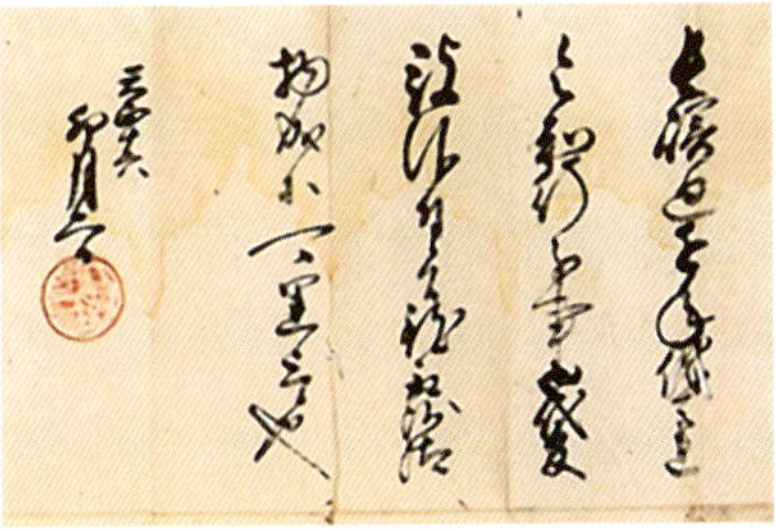

豊臣秀吉朱印状　桃山時代　神戸市立博物館
印の朱色が貴重さを表す。黒色や青色では引き締まらない。

炎のような色。「焚火よく燃え郷のことおもふ」（種田山頭火）。焚火の炎を見つめていると、赤い炎の色と揺らめきが人の心を平らにする。そんなとき、ふっと思い出し、心に浮かんでくるものがある。

鉛丹色（えんたんいろ）

4.6 - 80 - 5
C 0 M 68 Y 80 K 5

系 明るい赤

古代から現在までも使われている顔料。卑弥呼の使者（二三九年）が魏から持ち帰ったリストに「鉛丹五十斤」とある。また、正倉院に残された鉛丹は既に国内でつくられていたもの。朱の代用品として黄丹とも呼ばれたが、黄丹は皇太子の袍の色でもあり、混同されていた。現在では、四酸化三鉛として大量生産でき、鉄骨の錆止め塗料として身近にあるが、見本色より暗い。

樺桜（かばざくら）

4.4 - 67 - 0
0 - 60 - 67 - 0

別 朱桜《かばざくら》　系 明るい赤

古代の色目に用いられた伝統の色。「紅こうじ、紅鬱金という」とも「薄紅の黄ばみたる」ともされている。

珊瑚色（さんごいろ）

3.5 - 60 - 0
C 0 M 60 Y 53 K 0

別 珊瑚珠色《さんごしゅいろ》・珊瑚珠《さんごじゅ》　系 明るい赤

赤みのあるピンク系の珊瑚のような色。珊瑚は、古くから、かんざしや装飾品に加工されて使われていた。江戸時代、土佐藩内の海底に桃色珊瑚があった。土佐藩は、他国に漏れないよう厳しく取り締まったという。「堺でなければ手に入らぬ舶来の品々のなかに、血のような色の土佐の珊瑚などが入っている」（『国盗り物語』司馬遼太郎）。

秋野蒔絵硯箱　五十嵐道甫　江戸時代　重文　個人蔵
蒔絵と天然の色材をちりばめた七宝の技術が一体になって、豊かな気持ちにさせる。

洗朱（あらいしゅ）

3.7 - 52 - 0
C 0 M 52 Y 48 K 0

系 明るい赤

朱色が淡く薄くなった印象の色。「洗《あらい》」には「色が薄くなった」という意味がある。明治後期、日本文化を大切にしようという気運が高まり、古代色が流行し、伝統的な日本調の色も新しく登場する。洗朱もそうした色の一つ。「いわゆる赤富士の時間であるが、まだ雪が多い富士に射す朝焼けは、洗い朱のような赤である」（『桃紅　私というひとり』篠田桃紅）。一刻、雪までも赤く染める朝の光の中、作者は、さらに富士の底の火にも思いがいく。

緋褪色（ひさめいろ）

4 - 50 - 10
0 - 50 - 50 - 10

系 明るく渋い赤

緋色の褪めたような色。輝くように鮮やかな真紅の緋色を薄めると、穏やかで優しく温かい色が生まれる。

辛螺色（にしいろ）

4.4 - 60 - 10
0 - 54 - 60 - 10

系 明るく渋い赤

明るく穏やかで温かい色。辛螺貝の身の一部に見える薄い赤。平安時代には、凶色とされた。螺（にし／ら）とは巻貝のこと。螺の文字は、螺旋《らせん》階段などのように渦巻き状のものに使われる。

纁（そひ）

4.4 - 50 - 10
C0 M45 Y50 K10

朱華（はねず）

4.4 - 50 - 0
C0 M45 Y50 K0

別 纁《そび》・蘇比《そひ》・素緋《そひ》　系 明るく渋い赤

茜で染めた薄い緋色で古代からの伝統色。古代中国では、茜の染める回数で名が違い、一回が「縓（せん）」、二回が「赬（てい）」、三回が「纁（くん）」、四回が「朱（しゅ）」。日本の「纁（そひ）」は中国の「纁」ほど濃くはなく、「縓」か「赬」程度といわれている。

「纁」は白鳳時代には赤白橡（あかしろつるばみ）と呼ばれ、文学上は「赤色」と書かれることが多いという。

別 波泥孺《はねず》・唐棣花《はねず》・棠棣《はねず》　系 明るい赤

朱華色は古代の色名の一つ。『万葉集』の「山吹の匂へる妹が朱華色の赤裳の姿夢に見えつつ」から黄色とする説や赤色とする説、薄い紅色の唐棣色（にわうめいろ）とする説などがあり、謎に包まれている。皇太子専用の黄丹と同じともされるが、イメージが違う。↓唐棣色P21

雪月花　上村松園　昭和十二年　御物
御簾（みす）を上げて庭先の笹にかかる雪をめでる明るい気持ちを、十二単の明るい色で表している。

陶塑色（とういろ）

4.4 - 60 - 10
0 - 54 - 60 - 10

系 明るく渋い赤

テラコッタの別称。大正時代、陶芸では、釉で彩色しないで土の色を生かす試みが盛んだった。

埴輪　農夫　東京国立博物館
埴輪は釉もなかったので土の色がそのままだ。大正時代にスポットライトが当った陶塑色の原型といえる。

血色（けっしょく）

肌色がより鮮やかな状態。健康で活気に満ちていることを表す。「悦子は見たところ血色も肉づきも健康そう」（『細雪』谷崎潤一郎）。酒や怒り、恥などの感情で肌が鮮やかになるときは、「赤い」、「紅みが差す」とピンポイントの色名で表す。鮮血の赤を表す色には血紅色がある。

異説 ↓P49

鴇色（ときいろ）

3 - 45 - 0
C0 M45 Y34 K0

桃染（ももそめ）

3 - 40 - 7
C0 M40 Y30 K7

別 鴇羽色《ときはいろ》・朱鷺色《ときいろ》・時色《ときいろ》　系 明るい赤

鴇が飛ぶときにだけ見える風切羽や尾羽の色といわれ、紅花や蘇芳で染めた。今でこそ日本の鴇は絶滅してしまったが、江戸時代は、どこでも見かけられる身近な鳥だったので、鴇色といえば誰でも思い浮かべられる身近な色だった。鶯や雀など身近な動植物からの色名が広く使われるようになったのは江戸時代になってからで、鳥だけでも十四種類になる。室町時代まで、日本の色名に動物からとられたものは少なかった。

別 桃花褐《つきそめ》・桃花染《つきそめ》・桃花染《ももはなぞめ》・桃花褐《ももそめ》　系 明るく渋い赤

白鳳時代の古い色名。『延喜式』では「末額は桃染布衫」と記されているが、末席の者の衫《さん》を高価な紅で染めたとは考えられず、梅で染めたと考えられる。

淡紅赤（うすべにあか）

3 - 40 - 0
0 - 40 - 30 - 0

系 明るい赤
赤色の元気さに、華やかさと優しさが添えられた色。

鴇浅葱（ときあさぎ）

3 - 40 - 10
0 - 40 - 30 - 10

系 明るく渋い赤
水柿に似た色とされる。江戸時代の『手鑑模様節用』の通り、色相は鴇色と同じ紅みの赤と思われる。色名は、一般的に語頭がトーンを表し、語尾が色相を表すが、〇〇鼠など反対の場合もある。

➜水柿P72

華鳥譜　森立之
江戸時代　国立公文書館
当時は、「婦人血證を治す」と解説されている。

退紅（あらそめ）

3.5 - 20 - 5
0 - 20 - 10 - 5

鮭色（さけいろ）

4 - 45 - 0
C 0 M 45 Y 45 K 0

系 明るい赤

鮭の身のような色。語源はアイヌ語といわれる。古代からの貴重魚で、春日大社の若宮御祭では山海を代表して、鯛・鴨・鮭が供えられる。乾物にした鮭の色は乾鮭色（からさけいろ）といい、一段濃い色。

鮭　高橋由一　明治時代　重文　芸大美術館　明治十年、日本人が西洋の油絵技法を本格的に習得した時代の名作。

乙女色（おとめいろ）

3 - 25 - 0
C 0 M 25 Y 19 K 0

系 淡い赤

やわらかく、優しいイメージの色。鴇色のような薄い紅色とも、乙女椿の花のような色ともいわれる。乙女椿とは、八重咲きの花をつける椿。乙女のイメージといえば、竹久夢二や昭和のイラストレーター中原淳一の描く世界がある。

初春　竹久夢二　昭和元年　下関市美術館　夢二の描く開放的でロマンチックな女性像は当時も現在も女性をとりこにしている。

薄赤（うすあか）

4 - 35 - 5
0 - 35 - 35 - 5

系 淡い赤

紅花染の淡色だが、紅色よりも黄みが強い色ともいわれる。採れたての紅花には大量の黄色分が含まれているので、洗い流さなければならない。異説 ➜ P22

系 淡い赤

纁（そひ）を薄めた色。赤色は中古時代から特別な場面に使われる色だが、薄い色はそれよりも気楽に使われた。

➜ 纁 P59

弁柄色（べんがらいろ）

3 - 75 - 35
C 0 M 75 Y 56 K 35

別 紅殻色《べんがらいろ》・紅殻色《べにがらいろ》・紅柄色《べにがらいろ》 系 渋い赤

インドのベンガル地方で産出した鉄分を含んだ赤土に由来する。「弁柄《べんがら》」は「ベンガル」の当て字。弥生式土器にもみられる最古の赤色顔料だ。戦国時代から江戸時代にかけて、南蛮貿易によって日本に伝えられ弁柄色の名が広まった。京都や金沢の町家などに見られる弁柄格子、沖縄の首里城の壁にも弁柄が使われている。人造では黄土を焼き、高温で紫土となる。

沖縄・首里城

赭（そお）

4 - 80 - 20
C 0 M 80 Y 80 K 20

別 赭《そおに》・朱《そお》・赭土《そおに》・赭《あか》 系 渋い赤

古代、赤土を焼いて得られた赤色の顔料を赭や朱といった。河童《かっぱ》といえば緑のイメージだが、「遠野の河童は面の色赭《あか》きなり」（『遠野物語』柳田国男）と顔は赤いそうだ。沖縄版の河童ともいわれるキジムナーは全身が赤いらしい。

朱砂（しゅしゃ）

別 朱砂《すさ》・朱沙《しゅしゃ》

朱は赤を代表する鉱物性顔料。その原鉱を朱砂といった。

駄赤（だあか）

穏やかな赤に「駄」とつけるのも江戸の洒落心か。

海老赤（えびあか）

3 - 80 - 30
0 - 80 - 60 - 30

系 渋い赤

茹でた伊勢海老の赤。「海老」は平安時代には山葡萄を指し、江戸末期から海老に変わった。

紅柿色（べにかきいろ）

3.5 - 80 - 20
0 - 80 - 70 - 20

系 渋い赤

柿色が熟し、色濃くなった色。

猩々茶（しょうじょうちゃ）

4 - 90 - 40
0 - 90 - 90 - 40

樺色（かばいろ）

4.4 - 80 - 35

C 0 M 72 Y 80 K 35

別 蒲色《かばいろ》　系 渋い赤

樺とは山桜の一種の樺桜（かばさくら）の樹皮。山桜の樹皮は丈夫で、茶筒やお盆などの伝統工芸品に使われる。蒲穂の色の蒲色も同じ色名として使われる。蒲焼の名前は蒲の穂からきたという説もある。昔の蒲焼きはぶつ切りにした身を串に刺して焼いた。その形が蒲穂に似ていたことから「がまやき」と呼ばれ、後に「かばやき」となったという。

蒲の穂
蒲は湿地に生え、高さ二メートルになり、葉は筵（むしろ）に編み、花穂はろうそくの代用にした。

照柿色（てりがきいろ）

4.6 - 90 - 25

C 0 M 77 Y 90 K 25

系 強い赤

熟した柿の実のような色。江戸中期からの色。柿色には、鮮やかな照柿色と渋い柿渋色の二系統の色がある。高村薫の『照柿』では、照柿色が、狂おしく哀しい魂の象徴のように使われている。

花鳥十二ヶ月図　十月
柿に小禽図　酒井抱一
江戸時代　宮内庁三の丸尚蔵館
抱一は琳派（りんぱ）の代表的画家。鮮やかな柿色は秋の豊かさを表す。

系 暗い赤

重厚さを感じさせる色。猩々緋に黒を加えた深いトーンの色。

錆色（さびいろ）

4 - 80 - 25

0 - 80 - 80 - 25

別 鉄錆色《てつさびいろ》　系 渋い赤

鉄の錆のような色。錆《さび》は、江戸時代になると、くすんだトーンを表すようになる。

異説 ➜ P70

赤蘇芳（あかすおう）

4 - 80 - 30

0 - 80 - 80 - 30

系 渋い赤

蘇芳染の一種。媒染に灰汁ではなく明礬《みょうばん》を用いると朱みの強い蘇芳になる。

赤銅色（しゃくどういろ）

3.5 - 90 - 60
C 0 M 90 Y 79 K 60

系 暗い赤

赤銅のような色。烏金（うきん）、紫金（しきん）ともいう。奈良の大仏鋳造の資材帳にすでに赤銅の記載があるという。真っ黒に日焼けした肌の色にも使われる色。『人間失格』（太宰治）では、田舎の中学生だった自分は、モディリアニの画集の裸婦の色を「焼けた赤銅のような肌」と感じている。

大威徳明王　絹本　平安時代　教王護国寺
真言院の正月御七日御修法に用いられ、中野照男氏によれば、当時の道場壁代中央の一番西に懸けられていた。水牛に座り、渦巻形の火焔光で包まれている。

朱殷（しゅあん）

4 - 90 - 65
C 0 M 90 Y 90 K 65

系 暗い赤

朱色の暗い色。血染の黒ずんだ凄惨な様子をいう。源頼朝の墓所の隣に立つ碑文に「一族郎党五百人余りとともに自尽し満庭朱殷に染めし処」と記されている。北条軍に破れた三浦一族五百余人がこの地（頼朝の霊前）で自刃し、庭一面が朱殷に染まったのです。

平家物語押絵屏風　室町時代　神奈川県立歴史博物館
戦いは常に壮絶でロマン。

小豆茶（あずきちゃ）

3 - 90 - 60
0 - 90 - 68 - 60

系 暗い赤

落ち着きの中に女性らしいシックな優しさがある。小豆を煮てつくるお汁粉の色。

黒梅（くろうめ）

梅染による濃い色。

赤茶（あかちゃ）

茶色には暗く引き締まった落ち着いた印象がある。暗さを少し控えると、鮮やかになり、活気がでてくる。

蘇芳褐（すおうかち）

武家体制に入りつつある平安後期の威厳のある色。

茶褐色（ちゃかっしょく）

4.4 - 90 - 60

C0 M81 Y90 K60

系 暗い赤

重厚で落ち着いた色。茶色も褐色もごく暗い赤色で、その差は少ない。しかし、渋さを好む日本人の繊細な感性は、その中間にも色名をつけて区別している。

五代目松本幸四郎の鬼門の儀兵衛、五代目岩井半四郎の土手のおろく　歌川国広　江戸時代　慶応義塾大学

渋い色だが組み合わせ方ひとつで艶（つや）のある華やかさになる。

褐色（かっしょく）

4.4 - 90 - 75

C0 M81 Y90 K75

系 暗い赤

褐色は茶系の暗い色。茶色が一般的な色名になってくると茶褐色といわれることが多くなった。赤みのある茶色は赤褐色、黄みのある茶色は黄褐色という。似た色名の「かついろ（活色・搗色）」は、藍を濃く染めた別の色。「死者たちは、濃褐色《のうかっしょく》の液に浸って（中略）半ば沈みかかっている。彼らは淡い褐色の柔軟な皮膚に包まれ」（『死者の奢り』大江健三郎）。医学部地下の遺体処理室に浮かぶ献体を暗い赤の褐色で表現している。

褐色は暗色であっても赤みを帯びているので、自然界の温かさを感じさせホッとくつろいだ気持ちにさせる。

雀色（すずめいろ）

3 - 70 - 50
C0 M70 Y53 K50

別 雀頭色《じゃくとうしょく》・雀茶《すずめちゃ》　系 深く渋い赤

雀の頭や羽のような色。雀は見慣れた鳥だが、色は意外に曖昧。夕暮れを雀色時《すずめいろどき》ともいうが、柳田国男は『妖怪談義』で、「雀の羽がどんな色か誰でも知っているが、言葉で表そうとすると、ぼんやりする。その曖昧な感じが夕方のイメージと似ているから」と書いている。

礬紅（はんこう）

中国明代の磁器の色。礬土《ばんど》（酸化アルミニウム）を用いた鮮やかな紅を出す銅の代用とした。

海老茶（えびちゃ）

3.5 - 80 - 60
C0 M80 Y70 K60

別 葡萄茶《えびちゃ》・蝦茶《えびちゃ》　系 深く渋い赤

平安時代までは葡萄色（えびいろ）だったが、伊勢海老の殻の色と混同され、江戸時代には海老茶に変わってしまった。明治時代の女子学生は海老茶の袴をはいていた。鎌倉時代以降、宮中の女官や巫女以外、女性が袴をつけることはほとんどなかったが、女性の袴姿は明治時代に復活した。明治十八年、学習院女子部の前身の華族女学校校長・下田歌子が制服として海老茶の女袴を創案すると、あっという間に広がり、新しい時代の象徴にもなった。

身体全体の色より頭のアクセント色が雀らしさを表す。

吾木香（われもこう）

3 - 70 - 40
0 - 70 - 53 - 40

別 吾亦紅《われもこう》　系 深く渋い赤

ワレモコウの花のような色。茜草と紫草の根で染めた。深みのある落ち着いた女性らしい色。ワレモコウはバラ科の多年草。暗い紅赤の花びらのない小さな花が枝の先に密集して咲く。我もまた紅いという意味の「吾亦

紅」とも書く。「吾も亦《また》紅なりとひそやかに」（高浜虚子）
↓薄柿色P85

渋紙色（しぶがみいろ）

4 - 70 - 40
C0 M70 Y70 K40

別 渋色《しぶいろ》　系 深く渋い赤

薄柿色と同じ明るい色ともいわれる。渋紙は和紙を張り合わせて柿渋を塗った丈夫な厚紙。東京渋谷の地名の由来には、この地の川の水が、鉄分を多く含んだ渋色だったので「しぶや川」と呼ばれていたため、という説もある。

薬色（くすりいろ）

薬を包んだ紙袋の色。平安から江戸にかけて薬を包む紙はこの色と決まっていたようだ。

赤鳶色（あかとびいろ）

明るく赤みがかった鳶色。

樺茶（かばちゃ）

4.4 - 80 - 50
C0 M72 Y80 K50

別 蒲茶《かばちゃ》・椛茶《かばちゃ》　系 深く渋い赤

樺は桜の樹皮の色。江戸前期から使われ、江戸好みの「茶」と組み合わせて樺色よりも一段と暗い色を指す。樺色は力強く、温かく暗い赤色だが、「茶」が加わった樺茶はさらに暗く強い。

鍋島柿色（なべしまかきいろ）

鍋島焼の赤。鍋島焼は伊万里市大川内の鍋島藩御用窯でつくられ、日本磁器の最高峰といわれた。

色絵柏双鳥文皿
鍋島　江戸時代
東京国立博物館
鍋島藩は焼物の高度な品質を保つため、現代の生産現場も驚くほどの技術改良を重ね続けた。

煉瓦色（れんがいろ）

4 - 60 - 40
C 0 M 60 Y 60 K 40

系 深く渋い赤

赤煉瓦のような色。日本で煉瓦が製造されるようになったのは明治時代。西洋から入ってきた目新しい色だった煉瓦色は、明治の日本人にとっては心躍るハイカラな色だったためか、文学者や知識人に用いられたという。赤煉瓦づくりの建築は、文明開化の象徴でもあった。しかし、耐震性が低いため、煉瓦は主に装飾に使われるようになる。

肉桂色（にっけいいろ）

4 - 60 - 30
C 0 M 60 Y 60 K 30

系 明るく渋い赤

肉桂はインドシナ原産のクスノキの一種。樹皮や根を乾燥させたものを桂皮といい、香辛料や健胃薬、菓子に使われる。色名の由来は、肉桂の樹皮を粉末にしたときの色。いわゆる「ニッキ」は、細い根を束ねたもの。シナモンは本来、上質のスリランカ・インド産のものをいう。

滅赤（けしあか）

滅とは色みを渋く抑えたトーンのこと。赤色の激しさが消えて穏やかな印象になる。

木造建築に親しんだ明治の日本人にとって煉瓦は新しい時代のシンボルだった。

銅色（あかがねいろ）

4 - 70 - 15
0 - 70 - 70 - 15

別 銅色《どういろ》　系 渋い赤

銅の色。銅は、金や銀と違い、手桶の輪や釘、鍋などに使われ、江戸時代の人々にとってもかなり身近な素材だった。金は「こがね」、銀は「しろがね」、鉄は「くろがね」、鉛は「あおがね」、銅は「あかがね」と呼ばれた。

鴇茶（ときちゃ）

鴇色に近い茶色。鴇唐茶（→P72）より濃い色。

団十郎茶（だんじゅうろうちゃ）

4.4 - 70 - 30
C 0 M 63 Y 70 K 30

系 渋い赤

江戸時代の歌舞伎役者・市川団十郎が好んだ茶色。柿渋と弁柄で染めた柿色に近い色。代々の団十郎が、市川家のお家芸である荒事《あらごと》の代表的演目「暫《しばらく》」の衣装の色に用いる。襲名披露の口上でも、この色の裃を身につける。

梅紅葉伊達大閂　四代目市川団十良の三うらの平太郎国たへ　二代目鳥居清信　江戸時代　山口県立萩美術館・浦上記念館

丹色（にいろ）

4.6 - 80 - 20
C 0 M 68 Y 80 K 20

別 丹《たん》　系 渋い赤

丹（に／たん）は、もともとは「赤い土」の意味で、幅広い赤を指す。赤い色は、「魔除け、厄除け、祈願」の色でもあるので、神社仏閣の柱や梁などには丹塗りのものが多い。『方丈記』では、養和の飢饉の頃、貧しい人々は自分の家を壊し、薪として売った。しかし、その薪には、赤い丹の塗料がついたものもあった。これは、寺に入り込み、仏像や堂のものを盗み、薪にしたに違いない。何と堕落しきった世なのか、と嘆いている。

赤錆色（あかさびいろ）

3.8 - 70 - 30
0 - 70 - 67 - 30

系 渋い赤

赤みの強い錆色。落ち着きの中に明るさがある。

団十郎朝顔　団十郎と命名された現代の朝顔の新色。

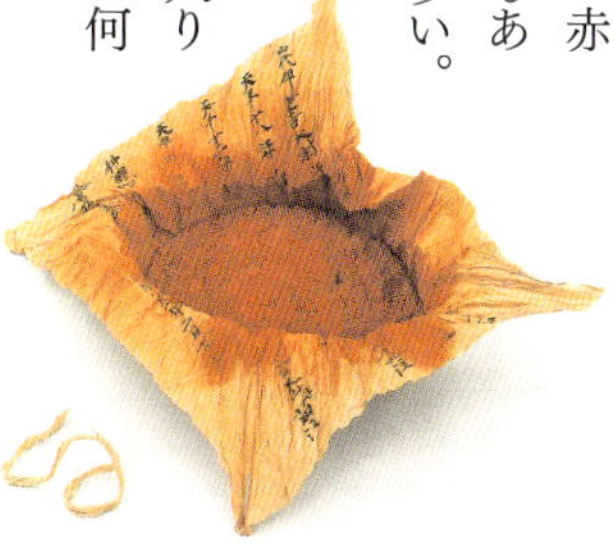

丹　正倉院　包みの底には、「上丹三斤六両、天平勝宝五年（七五三）六月十五日」と記されている。

栗梅（くりうめ）

3 - 60 - 50
C0 M60 Y45 K50

系 深く渋い赤

紅みのある栗色。江戸前期からおこなわれている染色で、「栗色の梅染」が略されたものだという。梅のつく色名は、紅梅の花色と関係があり、紅みのあることを形容する例が多い。江戸初期、遊里の手引書でもある『色道大鏡《しきどうおおかがみ》』には、廓《くるわ》の遊客の小紋や羽織の色に良いと記されている。江戸後期に流行した芝翫茶の源流といえる。

錆色（さびいろ）

異説 → P63

3 - 60 - 60
C0 M60 Y45 K60

別 鉄錆色《てつさびいろ》　系 深く渋い赤

鉄の赤錆のような色。金属が空気に触れて酸化してできる錆には、赤みがかった茶色から緑色の緑青まで、さまざまな色がある。錆は、江戸時代になると寂《さび》の連想語になり、「くすんだ」ことを表すようになる。川端康成は『雪国』で「紅葉の錆色が日ごとに暗くなっていた遠い山は、初雪であざやかに生きかえった」と日ごとに渋くなる紅葉と初雪の白さを対比させ、劇的な変化を鮮やかに描いている。

丹柄茶（たんがらちゃ）

4 - 50 - 50
0 - 50 - 50 - 50

系 深く渋い赤

丹柄とは雄蛭木《オヒルギ》の樹皮のこと。布に染めると防腐効果があるので魚網に用いた。雄蛭木は南方の泥深い海岸に群生し、マングローブを形成する。

東都富士見三十六景　佃沖晴天の不二　歌川国芳　江戸時代　山口県立萩美術館・浦上記念館
丹柄で染めた四つ手網を通して富士山が見える。

芝翫茶（しかんちゃ）

4 - 50 - 30
0 - 50 - 50 - 30

赤白橡（あかしろつるばみ）

4.4 - 60 - 40
C 0 M 54 Y 60 K 40

別 赤白橡《あかしろのつるばみ》・赤白橡《あかしらつるばみ》・赤色《あかいろ》　系 深く渋い赤

古代から使われた色。はじめは参議以上の着用が許された色だったが上皇が着用してからは禁色となる。上皇が着るときには「赤色の袍」というように、ただ「赤色」（あかいろ）ともいう。平安の人は、濃い紫、濃い紅を高位の色としつつ、同時に、地味な色も高貴と感じていた。赤白橡というが、染料には橡を使わずに、黄櫨《はぜ》と茜で染める。

↓橡P88・↓青白橡P166

系 明るく渋い赤

芝翫好みの色。京都や大阪で大流行した。

芝翫とは、江戸時代は文化・文政期（一八〇四〜三〇）の頃に人気があった大阪の歌舞伎役者、三世中村歌右衛門の俳名。

江戸時代、歌舞伎の花形役者はスーパースター。彼らが舞台で使った衣装や持ち物の色を、人々はすぐに真似をしたので流行色となった。こうした色は「役者色」といわれた。

杉染（すぎそめ）

4.4 - 60 - 60
C 0 M 54 Y 60 K 60

別 杉染《すぎぞめ》　系 深く渋い赤

杉の葉で染めた杉皮を思わせる色。杉は酒との関わりも深く、新酒ができた目印に杉の葉を球形に束ねた酒林《さかばやし》や酒樽、枡《ます》などに使われている。

江戸茶（えどちゃ）

「江戸」とつけることで、流行の先端であることを強調した江戸好みの色。江戸前期に新色として登場。

当世茶（とうせいちゃ）

江戸茶の別称。黒みの少ない明るく活気のある茶色。

杉の酒樽　杉材は酒と相性がよく、新酒の香りをひきたてる。

酒林（さかばやし）　杉の葉を束ねて酒の神を祭り、酒屋のシンボルになった。

水柿（みずがき）

3 - 40 - 20
C0 M40 Y30 K20

系 明るく渋い赤

水色と柿色を染め重ねた色。色みが紅に近づき、優しい色になる。江戸時代の解説書『手鑑模様節用』では鴇浅葱と同じとしているが、その少し渋い色と思われる。

鴇唐茶（ときがらちゃ）　別 鴇枯茶《ときがらちゃ》

鴇の色相をした明るい茶色。唐茶の「唐」とは、舶来品から転じて、すばらしいことを意味するようになった。色名は、江戸後期の『手鑑模様節用』に記されている。

↓鴇浅葱P60

小鹿色（こじかいろ）

4 - 40 - 38
C0 M40 Y40 K38

系 明るく渋い赤

小鹿の淡く優しい体毛の色。親鹿のたくましい濃い茶色と違い、はかなく優しい色。

日本鹿は北海道から沖縄まで広く生息している。春日大社や厳島神社などで、古くから神の使いともされている。

灰赤（はいあか）

鮮やかな赤色に灰色を加えた、穏やかな印象の赤。

小鹿

鹿は草食で神の使いともされ、神社で触れ合え、身近でかわいらしい。

朱土生壁（しゅどなまかべ）

4 - 40 - 35
0 - 40 - 40 - 35

系 明るく渋い赤

江戸後期の色。商家の壁色として江戸の町のランドマークとなったと思われる。

赤梅（あかうめ）

浅く明るい梅染。濃いものは黒梅。

とうきん煤竹

かなりくすんだ赤。江戸の解説書には「ももかわと茜に黒みを大ぶんかける」とある。

蘇芳香（すおうこう）

4 - 40 - 37
0 - 40 - 40 - 37

系 明るく渋い赤

赤香色（あかこういろ）

4.4 - 35 - 25
C 0 M 32 Y 35 K 25

別 赤香色《あかごういろ》　系 淡く渋い赤

丁字《ちょうじ》や木蘭《もくらん》（モクレンのこと）など香木の芯材を使って染めた香色（こういろ）の一種。赤みの強い香色。

十三世紀に編纂された説話集『宇治拾遺物語』に「赤香のかみしもに蓑笠を着て」と書かれている。

新三十六歌仙図　西園寺公経　狩野探幽　江戸時代　東京国立博物館
香木で染めた香色は穏やかでいばらない上品な人柄を暗示する。

土器色（かわらけいろ）

4.8 - 45 - 20
C 0 M 36 Y 45 K 20

系 明るく渋い赤

土器《かわらけ》とは素焼きの陶器のこと。古墳時代の埴輪のように、粘土に釉薬をかけずに低い温度で焼くと素焼《すや》きができる。平安時代を題材にした『運』（芥川龍之介）の陶器師《すえものつくり》の仕事場の様子に「甕《かめ》でも瓶子《へいし》でも、皆赭《あか》ちゃけた土器の肌をのどかな春風に吹かせながら」とある。中世の狂言の文句で「土器色の古袷《あわせ》」というように、古びて茶色くなった布の表現などにも使われた。

香色や丁子染に似た色だが、赤みがかっている。江戸時代、本来の香色を染める丁子は高価なので、代用として、蘇芳と黄蘗を重ねて染めた。

浅杉染（あさすぎそめ）

4.4 - 40 - 20
0 - 36 - 40 - 20

別 浅杉染《うすすぎぞめ》　系 明るく渋い赤

平安時代から続く伝統の色名。杉の樹皮で染めた杉色の薄い色と思われる。

素焼きの土器色
古墳時代と同じように泥土を焼くと土器色が現れる。この後、釉を掛けて高温で焼成すると私たちの食卓に載る陶器となる。

嵯峨鼠（さがねず）

3 - 30 - 40
C0 M30 Y23 K40

系 赤みの灰

歴史をしのばせる地名を冠して、穏やかで上品なイメージを強調している。京都北西に位置する嵯峨は、桜花の嵐山、紅葉の天竜寺、大覚寺と美しい名刹が多い。

鼯鼠色（むささびいろ）

3 - 38 - 60
C0 M38 Y30 K60

系 赤みの暗い灰

鼯鼠は体長四十センチ程のリス科の哺乳類。肢間飛膜で木から木へ滑空する。『万葉集』の「鼯鼠は／木末《こぬれ》求むと思へども／山の獵夫《さつを》に／あひにけるかも」は、大津皇子が天皇の位を望んで身を滅ぼした謀反を歌ったといわれる。

翁茶（おきなちゃ）

4 - 13 - 7
0 - 13 - 13 - 7

系 赤みの明るい灰

老人の白髪のようなかすかに茶色がかった色。上品で穏やか、癖や主張のない目立たない自然な色。

栗鼠色（くりねずみいろ）

4 - 25 - 65
0 - 25 - 25 - 65

系 赤みの暗い灰

穏やかで温かみのある鼠色。馬の毛色の一つ。

➜栗色P77

台所美人　喜多川歌麿　江戸時代　ミネアポリス美術館
庶民の日常を優しく穏やかな茶色と鼠色で描いている。

鴇色鼠（ときいろねず）

3 - 15 - 25
C 0 M 15 Y 11 K 25

系 赤みの明るい灰

温かく上品な色。鴇は現代と違い、江戸時代まではごく身近な美しい鳥だった。そのため、鴇のつく色名は六種におよび、親しまれていたことがわかる。

惚色（ぼけいろ）

4 - 20 - 20
C 0 M 20 Y 20 K 20

系 淡く渋い赤

くすんだはっきりしない色、はげた色の総称。淡くくすんだ色のことで、特定の色みは指さない。色調を徐々にぼかすと穏やかな情緒が表れる。惚けという言葉は、「休み惚け」、「惚けなす」などマイナスなイメージ。惚けるの送り仮名の「け」を「れ」にすれば惚《ほ》れるになる。「風は時々地上にも吹きおりて来て、ほうけた芒の穂をなびかせ、白い茎を鳴らした」（『天保悪党伝』藤沢周平）。

東海道五十三次　庄野　歌川広重　江戸時代　三菱東京ＵＦＪ銀行貨幣資料館
激しい白雨（はくう、にわか雨）にゆれる竹林の広がりを三段階の惚色で表している。

光悦茶（こうえつちゃ）

4.4 - 40 - 50
C0 M36 Y40 K50

系 深く渋い赤

穏やかで落ち着いた茶色。江戸初期の総合芸術家、本阿弥光悦のイメージに重ねて命名された。光悦は、京都鷹峰《たかがみね》に芸術家村をつくり、陶芸、工芸、作庭、茶の湯など広い分野で活躍。俵屋宗達の才能を引き出したディレクターでもあった。

宗伝唐茶（そうでんからちゃ）

別 宗伝茶《そうでんちゃ》

江戸初期、この色を染め出した京の染師の鶴屋宗伝の名前がついた色。

黒楽茶碗　本阿弥光悦　十七世紀　重文　個人蔵

舟橋蒔絵硯箱　伝・本阿弥光悦　十七世紀　国宝　東京国立博物館

落栗色（おちぐりいろ）

4.4 - 60 - 80
C0 M54 Y60 K80

系 深く渋い赤

栗色よりも一段と濃い引き締まった色。秋が深まり、熟して地面に落ちた栗皮の色を、木についていたときの栗色と区別している。この色名は平安中期のもの。『源氏物語』にも用いられている。

栗皮茶（くりかわちゃ）

別 栗皮色《くりかわいろ》

江戸後期、茶色が流行。栗皮色や栗色を栗皮茶と呼び女帯に用いた。

三都美人図　京都　勝川春林　江戸時代　ボストン美術館
穏やかな色の帯が紫と紅の配色を落ち着かせている。

栗色
（くりいろ）

4 - 50 - 70

C 0 M 50 Y 50 K 70

系 深く渋い赤

栗の実の表皮のような色。江戸後期の色。栗の樹皮やイガに含まれるタンニン質で染める栗染の染色ではない。

赤茶系の毛並みの馬を栗毛という。「我と共に／栗毛の仔馬走らせし／母の無き子の盗癖かな」（『一握の砂』石川啄木）。

落ち栗
秋のみのりを代表する栗は、古代から人を豊かな気持ちにさせる。

馬
馬の毛色では栗毛といえば、たてがみと尾は赤褐色で身体は栗色よりか暗い赤黒い色を表す。

鳶色
（とびいろ）

4.4 - 45 - 70

C 0 M 41 Y 45 K 70

系 深く渋い赤

鳶の羽のような色。江戸時代からの色名。「紅鳶」「紫鳶」「黒鳶」などのバリエーションもでき、享保の頃（一七一六〜三六）には黒鳶、安永から天明（一七七二〜八九）の頃には紫鳶が小袖の色に流行したという。

遊里の手引書でもある江戸時代の『色道大鏡《しきどうおおかがみ》』では、廓の遊客の羽織の色に鳶色を推している。

鳶は「とんび」ともいわれ、「ぴいひょろろ」と鳴く姿は、童謡などに親しまれている。

栗梅茶
（くりうめちゃ）

4 - 40 - 60

0 - 40 - 40 - 60

系 深く渋い赤

栗梅よりさらに濃く深い色。

「瓜はめば子ども思ほゆ栗はめばまして偲（しぬ）はゆ」（『万葉集』）

鳶
鳶は江戸の人々に親しまれた鳥で、「鳶が鷹を生む」、「鳶に油揚をさらわれる」と生活の中に生きていた。

檜皮色（ひわだいろ）

3 - 60 - 80
C0 M60 Y45 K80

別 檜皮色《ひはだいろ》　系 深く渋い赤

檜《ひのき》の樹皮のような、力強い重厚感がある色。または、檜皮を使って染めた色。平安時代からの色名。

「檜皮色の着物を着た、背の低い、(中略)猿のような老婆」(『羅生門』芥川龍之介)。屍骸から髪を抜く老婆は、生きるためにはしかたないと、自分の行為を正当化する。

■樹皮色（きはだいろ）　別 樹皮色《じゅひしょく》

木の皮の色。色には幅がある。見本色は木色や檜皮色に近い。樹皮での染色は古代の基本技術。異説→P134

■木色（もくじき）

木色は樹皮色や檜皮色と同じとされる。

■煮黒目色（にぐろめいろ）　別 煮黒色《にぐろめいろ》

銅よりも黒みがある。黒色の塗料。煮黒目は銅に三%くらいの白鑞《しろめ》などを加えた合金。襖の把手や長押の装飾金具に塗り、光を消して深みを表す。

■赭黒（しゃこく）

赭とは赤鉄鉱の混ざった赤い土。大正時代のベストセラー作家、吉田絃二郎は『芭蕉』で「月がわづかに雨の間からほの見えてゐたが、やがて炎をつつんだやうな赭黒色の雲に閉ざされてしまった」とドラマチックに描写した。

鉄黒（てつぐろ）

3 - 80 - 88
0 - 80 - 60 - 88

系 深く渋い赤

鉄器の表面に塗る黒色顔料。凹版印刷の墨色の定番色材。四酸化鉄の鉄化合物で、防錆効果がある。

枝垂桜蒔絵棗　江戸時代　東京国立博物館
金の蒔絵を描いた黒漆の棗（なつめ）で、嵯峨棗の代表作とされる。

■潤朱（うるみしゅ）

漆塗りの朱色と墨の中間の色。鮮やかな色に黒を加えると、透明感のある深く強い色に変わる。

焦色（こがれいろ）

4.4 - 70 - 80
C 0 M 63 Y 70 K 80

憲法茶（けんぽうちゃ）

4.4 - 90 - 90
C 0 M 81 Y 90 K 90

系 深く渋い赤

「思色」に通じる感情の焦がれを表す。焼け焦げてほとんど黒色に近い「焦茶色」とは違う。

■ **百塩茶**（ももしおちゃ） 別 百入茶《ももしおちゃ》

何回も染め重ねた濃い茶色。「百」は回数の多いことを表す。入《しお》は染め汁に浸すこと。羊羹色と同じとする説もあるが、それよりも濃い色。

別 憲法黒茶《けんぽうくろちゃ》・憲房黒茶《けんぽうくろちゃ》 系 赤みの黒

温かみと威厳を併せ持った色。憲法色より赤みが強いと考えられるが、吉岡幸雄氏は同色としている。憲法色とは染織家の吉岡憲法が創作した橙みの黒色。

■ **暗褐色**（あんかっしょく）

褐色よりさらに暗く厳しい色。

■ **暗鳶色**（あんとびいろ）

黒色に近いかすかに赤みがかった黒。

■ **阿仙茶**（あせんちゃ）

阿仙はインド産のアカネ科植物のカテキンエキスを濃縮物。阿仙薬ともいい、口中清涼剤や染料、皮なめしに用いる。

■ **黒鳶色**（くろとびいろ）

鳶色より一段と暗く、ほとんど黒色に近い。江戸時代、紫鳶、紅鳶、藍鳶など鳶色の人気は高かった。

■ **鳶茶色**（とびちゃいろ）

鳶色の暗い色。さらに暗い色は暗鳶色。

■ **黒茶**（くろちゃ）

江戸文化が深まり黒色の中にも様々な違いを感じ取っていた。極焦茶は別称。

■ **彫刻色**（ちょうこくいろ）

青銅（ブロンズ）の像に黒いラッカーなどを吹き付け、落ち着いた印象にした色。明治時代に西洋流の彫塑技法が伝わり、この色が彫刻色といわれた。青銅本来の色は、黄みの濁った色。

黄丹（おうに）

5 - 95 - 0
C0 M71 Y95 K0

別 黄丹《おうたん》　系 鮮やかな橙

八世紀末の『続日本書紀』に皇太子礼服の色として定められて以来、黄丹は皇太子専用の袍の色として用いられている。天皇の袍の色の黄櫨染（こうろぜん）とともに、禁色の筆頭。黄丹の色名が現れるのは大宝令（七〇一年）の服制からだが、天武天皇時代の服制（六八六年）にある朱華（はねず）は同じ色とされるが、かなり差がある。

赤朽葉《あかくちば》

紅葉を連想させる鮮やかな色。渋い朽葉色とは別色。

↓朱華P59

人参色（にんじんいろ）

5 - 80 - 5
C0 M60 Y80 K5

系 明るい橙

人参の根のような色。人参は、室町時代に中国から伝わったが、色名としては使われなかった。人参の色はカロテンの色。英語のキャロットの語源はカロテンだという。

鶏冠石《けいかんせき》

鶏のとさかに似た橙色といわれるが、実際より黄みが強い。鶏冠石は硫化砒素の鉱物。湿気に弱く、大気中置くと赤黄色に変色しボロボロと崩れてしまう。

↓雄黄P105

天子摂関御影天皇像図巻　鎌倉時代　宮内庁三の丸尚蔵館
黄丹色は天皇家のみに許される特別な色だった。

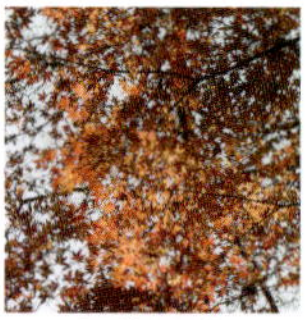

紅葉は秋空を彩り盛夏が終わり秋の深まりを伝える。

人参図　岸田劉生　大正時代　東京国立近代美術館
江戸時代には薬用の人参商が人参座を組織していた。日常の食品になったのは比較的新しい。

動植綵絵　老松白鶏図　伊藤若冲　江戸時代　宮内庁三の丸尚蔵館

橙色（だいだいいろ）

5.5 - 100 - 0
C 0 M 63 Y 100 K 0

別 橙色《とうしょく》・橙黄色《とうこうしょく》・橙皮色《とうひしょく》　系 鮮やかな橙

橙の実の表皮のような色、オレンジ（英名）。橙の名前の由来は「代々（だいだい）」。熟しても実が落ちにくく、二、三年は新旧の実が枝になり続けるので「代々」の名がついた。何代も栄えるという縁起をかついで、正月の飾りには橙を使う。池波正太郎の『味と映画の歳時記』には、正月の楽しみとして、橙の絞り汁に砂糖とお湯を入れた飲み物の話しがある。正月十一日に祖母が「さあ、風邪を引かないようにおあがり」とくれるその暖かい飲み物は「濃厚で、酸味が強く、香りもすばらしい」。そして「その暖さ、そのうまさは何ともいえぬ幸福感をともなっていた」。

金木犀の花　秋に鮮やかな橙黄色の花を咲かせ、辺りを強い芳香で包む。中国原産で漢名は丹桂。

「橙黄色の口輪が、真向こうの水と空と接した処から出た。」（『妄想』森鷗外）。それを見た主人は、時間や生や死のことを考える。

黄赤（きあか）

六原色（紅、赤、黄、緑、青、紫）のうちの赤と黄を組み合わせた基本色名。みかん、オレンジから借用した橙色の方が、イメージが伝わりやすく、通用されている。

柘榴色（ざくろいろ）

5 - 90 - 0
0 - 68 - 90 - 0

別 石榴色　系 鮮やかな橙

紅みをおびた透明感のある深い赤色。

異説 ➜ P 52

金紅（チンホン）

5 - 80 - 0
0 - 60 - 80 - 0

系 明るい橙

チベットとモンゴルの民族衣装に用いられる色。ラマ教では僧が受戒のときに着る袈裟《けさ》の色。

柿子色（シーツスー）

熟した柿の色。ラマ僧の帽子の色で、他派と区別したとされる。

柿色（かきいろ）

5 - 90 - 10
C 0 M 68 Y 90 K 10

系 強い橙

柿は実りの秋を代表する色として古代から私たちの生活に根付いてきた。柿色の色みは二系統三種ある。見本色の柿色と、さらに熟した濃い照柿、柿渋で染めた渋い色の柿渋色だ。赤みの色は美しい柿色に見えたようだ。「柿食へば鐘が鳴るなり法隆寺」（正岡子規）。澄んだ空気に鐘の音が響く古都の秋、鮮やかな柿の色が浮かぶ。

↓柿渋色P88　↓照柿色P63

桃山茶（ももやまちゃ）

橙色といえるほど陽気で明るい茶色。桃山の名は秀吉の築いた豪壮絢爛の気風を表している。

紅柑子（べにこうじ）

柑子色に紅をかけた色。中国中部沿岸や韓国済州島原産の果実に紅柑子があるが、この色とは異なる。

紅朽葉（べにくちば）

平安時代の朽葉色には、色鮮やかに紅葉した葉色と枯れた色がある。この色名は近世に合成された色名で、鮮やかな色を指す。

柿の実
柿は秋の実りを代表する東アジア温帯固有の果実で、澄んだ秋空を背景に日本の四季を彩る。

濃朽葉（こいくちば）

5.5 - 100 - 10
0 - 63 - 100 - 10

別 濃朽葉《こきくちば》　系 強い橙

赤朽葉の一段と濃い色。朽葉は、高貴な色とされる紅や紫と違い、自然界にある身近な色だが、平安の人々に愛された色。

蜜柑色（みかんいろ）

5.8 - 95 - 0
C 0 M 52 Y 95 K 0

系 鮮やかな橙

蜜柑の表皮のような色。この場合の蜜柑は国産の温州蜜柑《うんしゅうみかん》。温州蜜柑が普及したのは明治時代。色名も明治時代から。

芥川龍之介の『蜜柑』では、蜜柑が、主人公に「疲労と倦怠とを、そうして又不可解な、下等な、退屈な人生」をわずかでも忘れさせる、巧みな小道具として使われている。その蜜柑色は鮮やかな、「心を躍らすばかり暖な日の色に染まった」色をしていた。

蜜柑色
深い緑の葉を背景にした蜜柑の色は生命観にあふれ、豊かな気持ちにさせる。

近衛柿（このえがき）

5.5 - 68 - 10
C 0 M 43 Y 68 K 10

系 明るく渋い橙

明るく、穏やかな柿色。近衛家は藤原四家の北家。摂政・関白職を独占してきた公家の頂点の五家である五摂家の一つ。江戸時代には色のイメージを表すのに二十もの個人名が登場した。

深支子（ふかきくちなし）

5.5 - 95 - 7
0 - 59 - 95 - 7

別 深支子《こきくちなし》　系 鮮やかな橙

支子と紅花を染め重ねた色。『延喜式』に記された支子色には深支子、黄支子、浅支子の三色がある。

赤支子（あかくちなし）

5 - 70 - 0
0 - 53 - 70 - 0

系 明るい橙

支子染の黄色に、紅花染を重ねて赤みを加えた。平安時代以降は三種類の支子色の深、黄、浅の差は曖昧になり、赤支子と呼ばれるようになった。

杏色（あんずいろ）

5 - 60 - 0
C 0 M 45 Y 60 K 0

別 杏子色《あんずいろ》　系 明るい橙

熟した杏の果実のような色。杏そのものは、古くから唐桃《からもも》と呼ばれ、『古今和歌集』にも登場している。「あふからもものはなほこそ悲しけれ／別れんことをかねて思へば」（『古今和歌集』）。別れのことを思うと、会っているときから、もう悲しい、という歌。

枇杷色（びわいろ）

杏色に同じ。

枇杷の実
枇杷の実は初夏の青空を明るく彩り、葉は薬用にする。

大和柿（やまとがき）

5 - 50 - 5
C 0 M 38 Y 50 K 5

系 明るい橙

明るく陽気な色。「大和」は江戸の人気役者、大和屋・坂東三津五郎の好みから命名。坂東流は踊りの名手で、実力派女性狂言師の圧倒的な支持があった。

婦女人相十品　ビードロを吹く娘　喜多川歌麿
江戸時代　東京国立博物館
明るい茶色は江戸の人気色で、穏やかな中に娘らしい華やかさを表した。

淡朽葉（うすくちば）

5.5 - 50 - 10
0 - 31 - 50 - 10

系 明るく渋い橙

朽葉色は平安時代の人気の色。朽葉四十八色といわれるほど、種類が豊富。渋く明るい茶色は秋の枯野の侘しさを表す。

洒落柿（しゃれがき）

5.5 - 42 - 8
0 - 26 - 42 - 8

系 明るく渋い橙

柿色を晒して薄くなったような色。晒柿の別称ともいわれる。江戸中期以降にに流行した、洗柿よりも明るい色。

➔晒柿P112

肌色（はだいろ）

5 - 40 - 3
C 0 M 30 Y 40 K 3

洗柿（あらいがき）

明るく穏やかな色。「洗い」とは色の薄いこと。江戸文化のお洒落な表現で、他にも朱色には洗朱がある。

本多柿（ほんだがき）

家康四天王の一人、本多忠勝の子孫が、大和国郡山で染めた色。郡山染ともいう。

別 膚色《はだいろ》　系 明るい橙

人の肌のような色。明治時代以降に使われた色名。日本人の平均的な肌色よりくすみがなく鮮やかさが強い、美しく理想化された色。

曙色（あけぼのいろ）

異説 → P39

宍色（ししいろ）

天平人の健康な乙女の肌色を指し、仏像にもこの色を彩色した。「宍《しし》」は「肉」の古語。

人色（ひといろ）

肌色や肉色を古代には人色とも呼んだ。

肉色（にくいろ）

飛鳥、奈良時代は血色のよい肌が美人の条件。菩薩像にも肉色が塗られた。

薄柿色（うすがきいろ）

5 - 35 - 5
0 - 26 - 35 - 5

系 淡い橙

淡い柿色。江戸時代中期末の安永天明期に、帷子《かたびら》を薄柿、足袋《たび》を白薄柿にすることが流行した。

薄肉色（うすにくいろ）

5 - 15 - 0
0 - 11 - 15 - 0

系 橙みの白

肌色（肉色、宍色）の薄い色。

板絵神像 堯儼　鎌倉時代　重文　奈良・薬師寺　明るい肌色が健やかな人物像を表している。

代赭色（たいしゃいろ）

5 - 100 - 35
C0 M75 Y100 K35

系 強い橙

中国山東省の代州で採取される赭土《しゃど》は、良質な顔料となり広く愛用されていた。その代州赭の名が略され代赭になった。「赭」とは赤土のこと。代赭色は日本画で、土や樹皮、人間の肌色などに多く使われている。「翁が特に愛していた、蝦蟇出《がまで》という朱泥《しゅでい》の急須がある。（中略）小さい急須の代赭色の膚《はだえ》に（中略）大小の種々の疣《いぼ》が出来ている」（『カズイスチカ』森鷗外）。

濃柿（こいがき）

5 - 100 - 40
C0 M75 Y100 K40

系 暗い橙

柿色は江戸の人々をひきつけ、二十種近くの色名を生んでいる。近松門左衛門の浄瑠璃の『女殺油地獄』では「揃ひ羽織の濃柿に智恵の輪の大紋」と書かれ、情感の濃さを暗示している。

雁金五人男　窪俊満　江戸時代
町田市立国際版画美術館
そろいの着物で「仲間」を楽しむのは江戸も現代も変わらない。

柿茶（かきちゃ）

5 - 90 - 30
0 - 68 - 90 - 30

系 強い橙

茶色に含まれる黒みを半減させて、柿の実色に近づいた色。

柿天目（かきてんもく）

5 - 100 - 28
0 - 75 - 100 - 28

系 強い橙

鉄分の多い釉を酸化焼成したときの色。天目とは、中国浙江省天目山から伝来した浅い擂鉢型の茶碗。

飴色（あめいろ）

5 - 90 - 20
C0 M68 Y90 K20

系 強い橙

水飴のような色。飴色は、丁寧な時間の積み重ねを表す色でもある。例えば、オイルで大切に手入れされた野球のグローブの色は、きれいな飴色といわれる。丁寧に使い込まれた木製の椅子などの家具もそうだ。『青べか物語』（山本周五郎）に、こざっぱりとした若隠居のような男が水を汲みにくる場面がある。その男は、杉の柾目のきれいな手桶を二つ、特別製の天秤棒で担いでやって来るのだが、その天秤棒は飴色に磨きこまれている。

煮色（にいろ）

5.7 - 95 - 20
C0 M55 Y95 K20

系 強い橙

透明感が増して黒みが加わる。

「お茶漬のさいのかわらの辻堂ににしめたようななりの坊さま」（『東海道中膝栗毛』十返舎一九）。煮染めた服装となると、こちらは薄汚れた、汚らしいといったイメージになる。

赭黄（しゃおう）

中国の隋・唐で皇帝だけの禁色とされた。日本の天皇の色である黄櫨染はこの色が誤り伝わったという。中国では大地の四方の中心を黄色で表して皇帝の象徴色とした。

古瀬戸天目茶碗
室町時代　徳川美術館
自然の土や岩を焼いて現れた色調をめでる。

飴色は琥珀と同じように透明感が美しい。目を近づけるときらきらと光ってグラデーションができている。

蜜柑茶（みかんちゃ）

5.8 - 90 - 30
0 - 50 - 90 - 30

系 強い橙

茶色は江戸時代の流行色だが、この色は、蜜柑色が普及した大正時代の流行色。

柿渋色（かきしぶいろ）

5 - 70 - 40
C0 M53 Y70 K40

別 柿色《かきいろ》　系 深く渋い橙

柿の渋で染めた色で、略して柿色とも呼ぶ。柿渋には防水や防腐効果があるので、中世の山伏は装束に柿渋を塗った布や紙を使ったため、山伏の装束は「柿の衣」と表現される。そこで使われた柿渋色は柿渋と弁柄で表した暗い橙色。「ひたいに兜巾《ときん》をいただき、鈴掛、柿衣という点ではふつうの山伏姿だ」（『国盗り物語』司馬遼太郎）。

蓮葉染（れんようぞめ）

別 蓮葉《れんよう》

正倉院の用紙リスト『東大寺献物帳』にある染紙。

梅茶（うめちゃ）

5 - 60 - 20
0 - 45 - 60 - 20

系 明るく渋い橙

梅の樹皮の煎汁で染めた梅染の一つ。

橡色（つるばみいろ）

5.2 - 70 - 30
C0 M49 Y70 K30

別 橡染《つるばみぞめ》・椎柴《しいしば》　系 渋い橙

奈良時代に記された色。橡（クヌギの古名）の実のドングリや樹皮を砕いた汁で染めた色。地味だが堅牢な染の色は庶民の服色とされた。

奈良時代には橡といえば鉄媒染で染めた黒橡をいい、灰汁媒染で発色させると黄橡といった。

一条天皇の世（一〇〇四年〜）になると、橡は、四位以上の袍の色と格上げされた。又、橡の衣は橡墨衣（つるばみすみぞめ）と呼ばれ僧衣や喪服の色にされた。

橡
クヌギの木は特別においしい実や花をつけるわけでもないが、身近にあって親しまれている。

埴（はに）

5.5 - 80 - 30
C0 M50 Y80 K30

別 埴生《はにゅう》・丹《に》・丹土《にど》・丹土《につち》　系 渋い橙

古代の赤色顔料の代表。埴、赭（そお）、埴生（はにゅう）、丹（に）、丹土（にど）などと呼んだ。埴生色の埴生は埴のとれる土地、または、土そのもののこと。『埴生の宿』とは、土間にむしろを敷いて住む貧しい小屋。日本人は、その宿に情感と好意を感じている。丹土は赤土の色。『日本書紀』で素盞嗚尊《すさのおのみこと》が埴土の船に乗って出雲の国に渡ったとある。丹波、丹後は丹土を産出した地名。丹花とは美人の唇の美しさをいう。

↓赭P62・↓丹P69

広口壺　福岡県城ノ原遺跡出土　弥生時代　重文　福岡市教育委員会

琥珀色（こはくいろ）

5.8 - 80 - 20
C0 M44 Y80 K20

系 透明で渋い橙

琥珀のような色。琥珀は太古の植物の樹脂が化石となったもの。古くは「くはく」「赤玉《あかだま》」と呼ばれて珍重され、珊瑚や瑪瑙とともに装飾品や装身具、香料などに使われた。江戸時代には特殊な光沢のある織物のことを、色調に関係なく琥珀と呼んだ。

吾輩が、初めて、黒猫の大王（車屋の黒）とあったときの印象。「その眼は人間の珍重する琥珀というものよりも遥かに美しく輝いていた」（『吾輩は猫である』夏目漱石）。

琥珀
琥珀は透明性が特徴。虫の化石が入ったものなどは貴重品だ。残念ながら紙に印刷した色票では透明感が表れない。

駱駝色（らくだいろ）

5 - 65 - 30
C0 M49 Y65 K30

系 明るく渋い橙

駱駝の毛のような色。駱駝が、一般に知られたのは江戸は文政（一八一八～三〇）の頃。雌雄の駱駝が長崎から日本各地を回ったという。色名としては江戸時代以降で、文学作品などに現れるのは昭和に入ってからだという。「駱駝のシャツ」など、寒い日に着る下着の代名詞になった時期もあった。

駱駝図 円山応震 江戸時代 エツコ&ジョー・プライスコレクション
江戸の絵師は、はるか西域から来た珍獣の特徴を生き生きと写し取っている。

遠州茶（えんしゅうちゃ）

5 - 60 - 25
C0 M45 Y60 K25

系 明るく渋い橙

上品な淡い茶色を強調して遠州の名を冠した色名。小堀遠州は江戸初期の大名。古田織部に茶を学んだ茶人で造園家で鑑定家でもあり、後世の憧れの文化人だった。作事奉行として、桂離宮や大徳寺孤蓬庵の庭園に才能を発揮した。

遠州の好みの茶器を焼いたとされる七つの窯を遠州七《えんしゅうしち》窯《よう》といい、遠州が選んだ名物《めいぶつ》（茶道具の名品）を「中興名物《ちゅうこうめいぶつ》」という。

高取下面取茶碗 十七世紀 野村美術館
「茶の湯」をめぐって様々な名品が残された。

濃香（こいこう）

系 深く渋い橙

5 - 40 - 40
0 - 30 - 40 - 40

唐茶（からちゃ）

5 - 50 - 40
C 0 M 38 Y 50 K 40

別 枯茶《からちゃ》　系 深く渋い橙

新しい茶色、美しい茶色ということ。「唐《から》」には「舶来の」という意味のほかに「新しい」「美しい」という意味もあった。江戸時代、茶色と付けば洒落た色だった。渡来染料の高価な丁字《ちょうじ》で染めた色に近づけて、楊梅《ようばい》（やまもも）で染めるようになったという。

観世茶（かんぜちゃ）

穏やかな落ち着きのある茶色。能の名流・観世の名を冠して、上品さと格調の高さを強調した。

香木で染めた高位な香色のさらに濃い贅沢な色。「太平記」には「濃香に牡丹を織たる白裏の狩衣」とその高貴さが歌われている。

礪茶（とのちゃ）

別 砥茶《とのちゃ》

礪は目の粗い砥石のこと。江戸の人々は荒砥と仕上げ砥石の色調をはっきり区別していた。同じ呼び名の色に沈香茶（殿茶）があるが、別な色。

↓沈香茶P212

丁子茶（ちょうじちゃ）

5 - 40 - 20
C 0 M 30 Y 40 K 20

系 明るく渋い橙

丁子色を濃くした茶色。丁子色よりは濃いが茶色というにはかなり明るい色。丁子はとても高価だったので、楊梅《ようばい》（やまもも）などによる代用染が多くなり、それは唐茶と呼ばれた。江戸時代宝暦期（一七五一～六四）の頃、流行色となっている。

↓丁子色P92

娘日時計　巳の刻　喜多川歌麿　江戸時代　東京国立博物館
こんな渋い色を江戸の町人はたくみに着こなし、艶のある風情を表している。

梅染（うめぞめ）

5 - 50 - 25
C0 M38 Y50 K25

系 明るく渋い橙

梅谷《うめや》（屋）渋《しぶ》で染めた色。浅く染めたものを「赤梅」、濃く染めたものを「黒梅」と呼ぶ。江戸時代、梅谷渋で染めた狩衣などの生地を木蘭地《もくらんじ》という。梅谷渋は紅梅の根の濃い煎汁に榛皮《はしばみ》の煎汁を加え、明礬を媒染する。

風俗鳥獣画譜　平井保昌の沈勇
河鍋暁斎　明治時代
穏やかな色調で、この笛の吹き手が高貴な立場であることを暗示している。

丁子色（ちょうじいろ）

5.5 - 50 - 20
C0 M31 Y50 K20

別 丁字色《ちょうじいろ》・丁子染《ちょうじぞめ》　系 明るく渋い橙

『源氏物語』などに頻繁に登場する平安貴族に愛された色。丁子の染汁と鉄、灰汁の媒染を使うと濃いめの丁子色、媒染を使わないと薄い色みとなり、それを香色という。丁子（丁字）は天然の香木のこと。蕾を乾燥させたものを丁香《ちょうこう》といい香料や染料として使われてきた。丁子の蕾《つぼみ》はとても高価なため、紅花や支子が丁子染に代用されてもいた。江戸時代に入ると代用の楊梅《ようばい》などを用い、気軽に楽しんでいた。→丁子茶P90

薄茶（うすちゃ）

5 - 50 - 20
0 - 38 - 50 - 20

系 明るく渋い橙

平安時代の白橡、薄香とイメージの似た色。江戸時代には薄茶と呼ばれた。

「その薄茶色もまたながめていると、やはり赤みがかって見えて来る。（中略）口紅が褪せたような色、紅ばらが枯れしぼんだような色（中略）血が古びたような色と思うと、菊治は胸があやしくなった」（『千羽鶴』川端康成）。

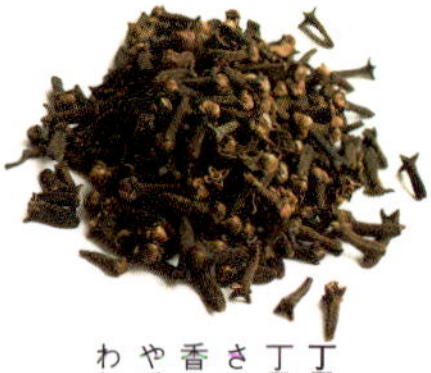

丁子
丁子の蕾を乾燥させたものを丁香と呼び、生薬や香辛料にも使われる。

土色（つちいろ）

5.5 - 50 - 50
C 0 M 31 Y 50 K 50

別 土気色《つちけいろ》　系 深く渋い橙

湿った土のような色。ひと口に土といっても、赤土、黄土などいろいろな土があるが、かなり黒みの強い色。また、心労や病気で血色の悪い顔色、恐怖におののいた顔の色、死人の肌の色など血の気を失った顔色を土色、土気色と表現する。

「干潮で、遠浅の海は醜い底肌《そこはだ》を曝《さら》し、堀の水は細く、土色に濁っていた」（『青べか物語』山本周五郎）。

土は鉱物の中で最も人間に身近な存在で、生命を育み安らぎを与え続けている。

香色（こういろ）

5 - 30 - 30
C 0 M 23 Y 30 K 30

別 香染《こうぞめ》　系 淡く渋い橙

丁字《ちょうじ》や伽羅《きゃら》などの香木を煎じて染めた色。淡いものを「薄香（うすこう）」、赤みのものを「赤香（あかこう）」といい、幅広い色域を指す。ブロンド（英名）。

芥川龍之介『好色』。平中という貴族が、ある姫に恋をしたが相手にされない。そこで姫の一番汚いもの（排泄物）を見れば自分の恋愛感情はなくなると考え、姫の筥《おまる》を奪い、蓋を開ける。それは、丁字の匂いがする。薄い香色の水の中に濃い香色の物が沈んでいた。そして…。

沈香木画箱（じんこうもくがのはこ）（献物箱）正倉院
香木でつくられた箱は辺りを上品な香りで包んだ。

白橡（しろつるばみ）

5.5 - 20 - 20
C0 M13 Y20 K20

別 白橡《しらつるばみ》　系 淡く渋い橙

橡《つるばみ》は櫟《くぬぎ》の古名。団栗《どんぐり》を材料にして、媒染を用いないで染めたうすい色。天皇の「ケ」の袍《ほう》の色であり、奴婢《ぬひ》（下男、下女）まで着用が許された服色とされている。似た色名に禁色の赤白橡と青白橡があるが、そちらには橡は使われていない。白橡の名は『正倉院文書』にも残された伝統の色。

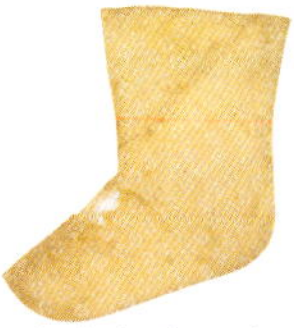

白橡臈纈絹襪（しろつるばみろうけちきぬのしとうず・絁のくつした）　正倉院

薄香（うすこう）

異説 → P132

5 - 20 - 10
C0 M15 Y20 K10

別 淡香《うすこう》・薄香染《うすこうぞめ》
系 淡く渋い橙

丁子で染めた淡い色。丁子は香木の一種で、染めた後もよい香りが残る。濃い香を「香染」、淡い香を「薄香」といった。丁子色は媒染材の鉄分と灰汁で濃くするが、薄香は、媒染を使わずに薄く染めた。

→ 香色P93

天子摂関御影天皇像図巻　鎌倉時代　宮内庁三の丸尚蔵館
淡い香色は上品さを表し、高貴な身分にふさわしい。

松染（まつぞめ）

5 - 30 - 20
0 - 23 - 30 - 20

系 淡く渋い橙

『正倉院文書』にも書き残された古代の色。松の樹皮で染められた色。松は杉や栗とともに、昔も今も身近に親しまれている。

亜麻色（あまいろ）

5.5 - 18 - 20
0 - 11 - 18 - 20

系 橙みの明るい灰

明治時代以降の色名。明るい金髪の色から淡い赤みのある色までと色域に幅がある。

異説 → P116

胡桃色（くるみいろ）

5.5 - 25 - 10

C 0 M 16 Y 25 K 10

別 胡桃染《くるみぞめ》　系 淡く渋い橙

胡桃の樹皮や果皮、根で染めた胡桃色の明るい色。胡桃色は平安時代には写経用の紙染に用いられた。紙に染めたとき、濃さにより「深、中、浅」の三種があった。この胡桃色は、その中で明るい色になる。『延喜式』では刀の緒の色とされ、縫殿寮では行幸に供奉する鷹飼の着る衫《ひとえきぬ》の色とされた。

胡桃色
平安時代に生まれた淡く上品な胡桃色とレトロなカンカン帽がよく似合う。

白茶（しらちゃ）

異説 → P114

5 - 10 - 10

C 0 M 8 Y 10 K 10

系 橙みの明るい灰

ごく薄い茶色。ベージュ（仏名）。穏やかで上品な白茶が愛好されるのは江戸時代から。特に、元禄期（一六八八～一七〇四）初めから中頃にかけて小袖の地色に流行し、文化・文政期（一八〇四～三〇）にも再流行している。

「白茶ける」とは色褪せて白っぽくなることをという。

『心中天の網島』（近松門左衛門）、小春の自殺を止めるため、明日はない夫の命と知らずに、妻が金の工面のために集めた着物類十五種の中に「京縮緬の白茶裏」が登場する。

信楽茶（しがらきちゃ）

5.5 - 10 - 15

0 - 6 - 10 - 15

系 橙みの明るい灰

信楽焼きの上品な白茶の釉色。信楽焼きは江戸時代の茶道具として上品な深い味わいが愛好された。

信楽写　桐文水指　本阿弥光甫
江戸時代

店の前の白いちょうちんは上品な印象を与える。赤ちょうちんはその反対で大衆的。

京極生壁（きょうごくなまかべ）

5 - 10 - 50
C 0 M 8 Y 10 K 50

系 橙みの灰

江戸後期の色見本帳に記されてはいるが、由来は特定できない。京極は平安京の中心地。また、京極氏といえば京の名家・藤原家のこと。色名に冠して平安朝の伝統文化の深さを暗示する。

御所生壁（ごしょなまかべ）

御所という言葉には高貴なイメージがあり、由緒を感じさせる色名をつくった。

柴色（ふしいろ）

異説 → P40・46

5 - 25 - 60
C 0 M 19 Y 25 K 60

別 柴染《ふしぞめ》　系 橙みの暗い灰

黒文字《くろもじ》の木で染めた黒みのある淡紅色とする説と、山野に生える栗、櫟《くぬぎ》、樫《かし》などの柴木（雑木）で染めた、このような黄褐色とする説がある。江戸時代になると「昆布茶」と呼ばれるようになるので色域は後説が有力と思われる。奈良時代から柴の種類を檳榔子に限定した根拠は不明。下位の、下賤な色とされた。

黒文字はクスノキ科の細い枝ぶりの低木。爪楊枝や箸の材料になる。

土を塗りこめた壁は自然の温かいぬくもりを感じさせる。

壁鼠（かべねず）

5 - 20 - 40
0 - 15 - 20 - 40

系 橙みの灰

温かみがあって気持ちを穏やかにする。この系列には、都鼠、暁鼠など多くの色がある。

橡鼠（つるばみねず）

5.2 - 25 - 60
0 - 18 - 25 - 60

別 橡鼠《つるばみねずみ》　系 橙みの暗い灰

奴婢の色とされた橡色は、江戸時代に入ると鼠色と組み合わされ新しい色名になった。

茶鼠（ちゃねず）

5 - 30 - 50
C 0 M 23 Y 30 K 50

別 茶鼠《ちゃねずみ》・鼠茶《ねずちゃ》・鼠茶《ねずみちゃ》 系 橙みの灰

茶色と鼠色は、江戸中期の大流行色。その茶色と鼠色を組み合わせた最強の流行色。茶色と鼠色は現代でも日本情緒を表すのに欠かせない、しっかり根づいた色だ。

当時三美人　喜多川歌麿
江戸時代　ボストン美術館
三美人とも、江戸好みの穏やかな茶色を基調に着こなしている。中央が吉原の芸者富本豊雛、右が水茶屋の看板娘難波屋おきたと左は高島おひさ。

茶気鼠（ちゃけねず）

5 - 15 - 50
0 - 11 - 15 - 50

系 橙みの灰

明るい茶色がかった鼠色。日本人好みの、温かく上品な穏やかさがある。

丁子鼠（ちょうじねずみ）

5.5 - 20 - 40
0 - 13 - 20 - 40

別 丁子鼠《ちょうじねず》 系 橙みの灰

古代より愛好された丁子色は、香木を染めた高尚な色。江戸時代に入ると、気品あるイメージが引き継がれ、様々な丁子色がつくられた。

遠州鼠（えんしゅうねず）

5 - 12 - 25
0 - 9 - 12 - 25

系 橙みの明るい灰

白茶と似たイメージの温かみのある灰色。小堀遠州は人気の文化人。染物店の新色にあやからせた。遠州好みは「綺麗さび」といわれ、さびの中に華やかさがあり、人々の心を温かくさせた。

古銅色（ふるあかがねいろ）

5 - 60 - 50
C 0 M 45 Y 60 K 50

別 深く渋い橙

銅器が古びてくすんで、赤みを抑えた色。銅は「あかがね」といい、青銅（ブロンズ）と違ってかなり赤みが強い。しかし、古くなるとこのように渋く落ち着いた色調になる。

枯葉色（かれはいろ）

日本古来の枯色系と違い、葉に特定した色。仏語や英語の訳語と思われる。

角型火鉢　大正元年～昭和十五年　ホノルル美術館
美しい木目の堅木や籠目は、年輪を経て古銅色に同化する。

団栗色（どんぐりいろ）

5.5 - 70 - 60
C 0 M 44 Y 70 K 60

別 深く渋い橙

古代から木の実や皮は染色の基本素材。団栗は櫟《くぬぎ》・樫《かし》・楢《なら》などの実の総称。橡色の材料の一つでもあり、同じ色を指す。

昔唐茶（むかしからちゃ）

5 - 50 - 65
0 - 38 - 50 - 65

系 深く渋い橙

唐茶よりも暗い茶。「昔」は古い時代をイメージさせ、渋く黒みがかった色を指す。

↓唐茶P91

昔唐茶
祇園祭礼図　江戸時代　京都国立博物館

昔唐茶
落ち着いた昔唐茶の家並みは静かな情緒を感じさせる

朽葉色
（くちばいろ）

5.5 - 50 - 50
C 0 M 31 Y 50 K 50

系 深く渋い橙

朽ちた落ち葉の色。平安時代中期からある伝統的な色名。朽葉色を基本に、赤みの強い赤朽葉、黄色に近い黄朽葉、青みの強い青朽葉の三系統がある。また、赤朽葉を濃朽葉、黄朽葉を薄朽葉ともいった。

朽葉色は『枕草子』や『源氏物語』、『平家物語』に登場し「朽葉四十八色」といわれるほどバリエーションが多い。

朽葉系統の色は、江戸時代になると「〇〇茶」と言われるようになる。

猟虎色
（らっこいろ）

異説→P154

5.5 - 60 - 40
C 0 M 38 Y 60 K 40

系 深く渋い橙

ラッコの体毛色。ラッコは北太平洋沿岸に住む海獣。実際のラッコの毛色はベージュに近い明るさだ。ラッコは身近な動物とは思えないが、江戸の色名に登場する。

朽葉色
盛夏には若々しい青葉だった葉が、秋になると枯葉に変わり、冬が近いことを暗示する。

猟虎茶色
（らっこちゃいろ）

5.5 - 60 - 50
0 - 38 - 60 - 50

系 深く渋い橙

猟虎色より少し濃く暗い色。

灰茶
（はいちゃ）

5 - 40 - 50
0 - 30 - 40 - 50

系 深く渋い橙

渋い茶色。茶色は色みの強い色だが、灰色が入ると穏やかで上品になる。

茶色（ちゃいろ）

5 - 90 - 60
C 0 M 68 Y 90 K 60

別 茶染《ちゃぞめ》　系 暗い橙

茶色という色名は江戸時代に生まれ、「四十八茶」と呼ばれるほど流行する。茶の葉や茎を煮出した汁で染める茶染の色のこと。赤色から黄色にかけての暖色に黒色を加えた広い範囲の色を指す。幕府の奢侈《しゃし》（ぜいたく品）禁止令や武士階級など権力への反発から、茶や鼠色、藍など地味な色に美を見出し「粋《いき》」として愛好する。九鬼周造の『「いき」の構造』では、茶色が「いき」なのは「色調の華やかな性質」と「飽和度の減少」が「諦めを知る媚態、垢抜けした色気を表現しているから」としている。粋といわれる色の共通点は抑制にあり、その背景には諦めがあるのだろうか。

茶染：江戸時代、染色業は色別に専門化され、紅師、紫師、茶染師、藍屋があった。中でも天皇の黄櫨染を扱う茶染が最高の職とされた。

柿兼房色（かきけんぼういろ）

5.5 - 90 - 70
0 - 56 - 90 - 70

系 暗い橙

江戸時代の「手鑑模様節用」に記された色名。柿色がかった憲法色。憲法色は黒に近い茶色。

濃茶色（こいちゃいろ）

5 - 100 - 72
0 - 75 - 100 - 72

系 暗い橙

焦茶より黒みが少ない。焦茶と茶色の中間に当たる色。『新釈諸国噺』（太宰治）の『裸川』に登場する質素倹約の青砥という侍は「着物のよごれが見えぬように、濃茶の色に染めさせている」。

黄褐色（おうかっしょく）

5.8 - 100 - 50
0 - 55 - 100 - 50

別 黄褐色《きかっしょく》　系 暗い橙

「褐」は目の粗い粗末な服の意味。同じ字で青色を表す褐色（かちいろ）や搗色、活色があり、区別して「黄」を加える。

脂色（やにいろ）

5 - 80 - 70
C0 M60 Y80 K70

系 深く渋い橙

たばこの葉から出る脂のような色。「（黒人兵の）太く脂色の艶のある首は（中略）汗の玉を肉のひだひだのあいだに数珠つながりにうかべている」（『戦いの今日』大江健三郎）。ムッと脂ぎった色。「（老人の歯は）煙草のやにで黄色く汚れて、手摺れのした象牙のような色をしている」（『懶惰の説』谷崎潤一郎）。いずれの表現も美しさとは程遠い。

黒柿色（くろがきいろ）

墨染の上から柿渋色を重ねた色。床柱や家具などに用いる銘木の黒柿の芯部も同じ色。

十合鞘御刀子（じゅうごうざやのおんとうす・十種類の小刀と工具）　正倉院

五美人図　葛飾北斎　江戸時代
茶色は単色で見ると地味な色だが北斎が組み合わせると艶然として女の気香がむせ返るようだ。

黄櫨染（こうろぜん）

異説 → P123

5.5 - 100 - 30
C0 M63 Y100 K30

別 黄櫨《こうろ》　系 強い橙

平安前期から天皇が儀式に着る袍《ほう》の色。天皇以外は使えない絶対禁色。明治以降、禁色の規制緩和が行われたが、天皇の黄櫨染と皇太子の黄丹（おうに）の二色は絶対禁色として現在に伝わる。晴れやかさと威厳を表す色。複雑かつ微妙な色合いのため、代々の天皇の袍の色も少しずつ違っているといわれる。さらに、光線によって色の見え方が変わる二色性があり、深い赤とも、黄みの褐色ともいわれる。黄櫨（はじ）は別の色。→黄櫨色P140

橙褐色（とうかっしょく）

5.5 - 100 - 45
0 - 63 - 100 - 45

系 暗い橙

橙色みの褐色。日本人は褐色を好み、他にも赤褐色、黄褐色と様々な色名がある。

燻色（ふすべいろ）

5 - 40 - 70
C0 M30 Y40 K70

羊羹色（ようかんいろ）

異説→P240

5 - 70 - 70
C0 M53 Y70 K70

別 熏色《えぶりいろ》・燻色《いぶしいろ》 系 深く渋い橙

藁《わら》や硫黄を熱して燻《いぶ》し、金や銀の輝きを黒みがからせた色。又は、革染めの色。黒みの煤《すす》けた色とする説と、褐色とする説がある。

「骨格が玉《ぎょく》でできあがっているような、そんな燻されたような光を感じさせる男」（『国盗り物語』司馬遼太郎）。油屋の手代杉丸が初めて庄九郎（斎藤道三）を見たとき、その迫力に圧倒される。

馬鞍（うまのくら） 正倉院
鞍褥（くらしき）の表裏をふすべ革で覆っている。

系 深く渋い橙

羊羹のような色。黒や濃紫、鳶色などの衣服の色が褪せてきた様子を表すのに使われた。『夢金』という落語がある。そこに登場する貧乏侍の紋付は「黒羽二重五つ所の紋付と言いたい所だが、黒が焼けて、紋が汚れて黒くなっているので羊羹羽二重黒紋付」とある。

羊羹
中国から伝わった当時の羊羹は蒸し羊羹で、後に、寒天の入った透明感のある現在の練り羊羹がつくられた。

焦香（こがれこう）

5.5 - 80 - 75
0 - 50 - 80 - 75

系 深く渋い橙

香木の染汁で何回も染め重ねた、焦げたような濃い香色。穏やかで落ち着きのある上品な茶色。

肥後煤竹（ひごすすたけ）

煤竹色より橙みが強い。江戸の解説書に蘇芳と梅、渋色を染め重ねるとされる。

苦色（にがいろ）

5.2 - 50 - 75
C0 M35 Y50 K75

系 深く渋い橙

香色の濃く黒みをおびた色。香色を濃くすると、焦げた苦味を感じさせる。重ねの色目は表色に黒みのあるもの、裏二藍または薄紫。着用は、十歳より二十歳まで。結婚や引越しのときは用いられなかったとのこと。

■茶微塵茶（ちゃみじんちゃ）

微塵とは、色の異なる経糸と緯糸を交互に織った細かい織柄のこと。藍微塵や微塵鮫などの細かい文様は格調の高さを表す。尾崎紅葉は『金色夜叉』で、初対面の中年の女性が「茶微塵の小袖」を着ているのを見て「この家の内儀なるべし」と知る。

■橡墨染（つるばみすみぞめ）

「令義解・衣服令」には「家人奴婢　橡墨衣」とあり、雑木やドングリの染めた庶民の色だった。

■蓮褐（れんかつ）

法隆寺の資財帳に記された袈裟《けさ》の色。

暗い茶色は歴史の深さ重厚な落ち着きを表す。

振袖美人図　北尾重政　江戸時代　ボストン美術館
鮮やかな紅色と青色を組み合わせている。

一遍聖絵　円伊　鎌倉時代　国宝　京都・歓喜光寺
華やかさを避けた地味な色調が僧の内面性の深さを表す。

萱草色（かんぞういろ）

6 - 95 - 0
C0 M48 Y95 K0

別 萱草色《かぞういろ》　系 鮮やかな橙

萱草の花のような色。紅花と支子、または茜と支子で染めた色。萱草は、身につけると憂いを忘れるという中国の故事から「忘れ草」とも呼ばれる。平安時代は、喪に服しているときに着る凶色。宮中で忌事があると華やかな紅色を遠慮して、控えめな萱草色を身につけていたといわれる。しかし、萱草色もかなり派手な色で凶色とは思えない。平安貴族は優雅な紅色に心を奪われ、このような派手な色でも遠慮していると感じていた。

柑子色（こうじいろ）

6.2 - 95 - 0
C0 M43 Y95 K0

別 柑子色《かんじいろ》　系 鮮やかな橙

柑子の果皮のような色。蜜柑色の古代名。柑子《こうじ》とは、古くから日本で栽培されていたミカンの一種。「柑子色の帽子や椎鈍《しいにび》の法衣《ころも》なぞ、見慣れている」とは『鼻』（芥川龍之介）で僧侶の格好を表したときの一節。

蝦黄（シアホワン）
中国の色名。仏門に入るときに仏の定めた戒律を受ける受戒式に着る袈裟の色。

萱草（かんぞう） 中国原産のユリ科の多年草。花は一日だけ開く。一日花のはかなさのためか、忘れ草と呼ばれる。

忘れ草（わすれぐさ）

6 - 85 - 0
0 - 43 - 85 - 0

系 鮮やかな橙

忘れ草は紅からは遠い色をしているので、貴い紫苑の思い草に対し、醜草《しこそう》として服喪の色とされた。ヤブカンゾウの別称。陽気な色を忘れ草色というのは奇妙だが、古代人の不思議な感性の込められた色名でもある。「わすれぐさ／吾が紐に付く／香具山の故《ふ》りにし里を／忘れむが為」（大伴旅人『万葉集』）。この色の陽気さでつらいことを忘れようとしている。

山吹色（やまぶきいろ）

6.5 - 95 - 0
C 0 M 36 Y 95 K 0

系 鮮やかな橙

山吹の花のような色。平安時代からの色名だが、花そのものは万葉の時代から親しまれていた。「山吹の花色衣ぬしやたれ／問へどこたへず／くちなしにして」（『古今和歌集』そせい法師）。山吹の花色の衣に、主は誰かと尋ねても答えない、口が無いという名のクチナシ（口が無い）で染めたのだから、という意味。

浅支子（あさきくちなし）

延喜式の支子色三種のひとつ。

↓支子色P107

雄黄（ゆうおう）

6 - 90 - 5
C 0 M 45 Y 90 K 5

別 石黄《せきおう》・雌黄《しおう》・雄黄《おおう》

系 鮮やかな橙

雄黄からつくられた鮮やかな黄色顔料。平安初期の歴史書『続日本紀《しょくにほんぎ》』に、伊勢の国から献上され色名が記録されている。雄黄とはいわゆるヒ素を主成分とする鉱物で、猛毒のため、現在では使われない。『雨月物語』には蛇の化身を退治するため法師が雄黄を用意させる場面がある。「法師まづ雄黄をもとめて薬の水を調じ」。

雄黄（おおう）正倉院
別名鶏冠石（けいかんせき）。石黄の古名を雌黄ともいう。日本でも仙薬ともされた。

山吹の花
山吹はバラ科に属し、そういえば、野ばらに似て自由奔放に咲き乱れている。

桔黄（チューホワン）

5.8 - 85 - 0
0 - 47 - 85 - 0

系 鮮やかな橙

「桔」は蜜柑の意味で、黄みの橙色を指す。中国では黄色は東西南北の中央を意味し、これを統治する帝を黄帝、その車を黄屋、その告示を黄榜とした。

神戸中華街の関帝廟（かんていびょう）

玉蜀黍色（とうもろこしいろ）

6 - 60 - 0
C0 M30 Y60 K0

別 蜀黍色《もろこしいろ》　系 明るい橙

トウモロコシの実の色。この色が使われたのは意外に古く、江戸時代安永・天明期（一七七二〜八九）の頃、鳶色（とびいろ）や鶸茶（ひわちゃ）とともに流行したという。灰色や茶色が全盛だった渋好みの江戸時代の中で、かなり陽気なこの色も大流行していた。

トウモロコシは十六世紀にポルトガル人が長崎に持ち込んだ。トウモロコシは、モロコシ（イネ科の植物）に似ているので、唐（舶来のこと。南蛮ともいう）のモロコシという意味。

薄柑子（うすこうじ）

6.2 - 50 - 0
C0 M23 Y50 K0

系 明るい橙

柑子色を薄めた色。柑子は正月の鏡餅に飾る小ぶりの蜜柑。十世紀に書かれた『宇津保物語』に「梨、柑子、橘」と記され、古くから親しまれていた。

赤貝馬　勝川春章　江戸時代　くもん子ども研究所
あそび興じる子ども。

手鑑帖　玉蜀黍に甲虫図　酒井抱一　江戸時代　静嘉堂文庫

トウモロコシ
イネ科の一年草で南米原産といわれる。現在は世界で小麦や稲に次ぐ、代表的な穀物。

卵黄色（らんおういろ）

6.5 - 70 - 0
0 - 26 - 70 - 0

別 卵黄色《らんこうしょく》　系 明るい橙

支子色（くちなしいろ）

6.8 - 60 - 0

C 0 M 18 Y 60 K 0

別 梔子色《くちなしいろ》　系 明るい橙

支子の実で染めた色。奈良時代、「黄丹」の下染めに使われていたが、支子の色名はなかった。色名が見られるのは『延喜式』にある「深支子（ふかきくちなし）」「浅支子（あさきくちなし）」「黄支子（きくちなし）」から。黄は支子単独の染色だったが、「深、浅」の二つの支子は、紅花を使う黄丹に似た染色のため禁色とされた時期があった。江戸時代を通して人気の色で、江戸の本草学者、貝原益軒も梔子染の法を説いている。

不言色（いわぬいろ）　別 言わぬ色

支子（くちなし）色を「口無し」にかけて言葉遊びした名。鎌倉時代の『新古今和歌集』に「九重にあらで八重咲く山吹のいはぬ色をば知る人もなし」と、山吹色と連ねている。日本人は思いがけない言葉遊びでコミュニケーションしていた。

南瓜黄（ナンクワホン）

ラマ僧の僧衣の色。カボチャの黄色のことだが、日本で見かける現在のカボチャより色みが薄い。

鶏卵の黄みの色。こだわりのない素直な色。見る人を明るい気持ちにさせる。卵黄は動物の胚を育てる栄養分の貯蔵庫。鮮やかなほど健康に感じる。

淡い黄色は優しく陽気な気分を表し、組み合わせた色を明るくする。

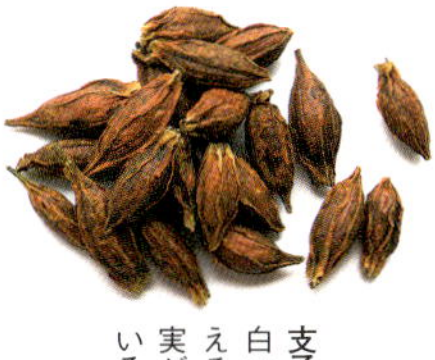

支子の実
白い花が咲き終えるとその下に実がなり始めている。

密陀僧（みつだそう）

6.5 - 40 - 0

C 0 M 15 Y 40 K 0

系 明るい橙

密陀僧とは黄色みを帯びた一酸化鉛の黄色顔料の色。濃い色の金密陀と薄い色の銀密陀がある。密陀僧はペルシャ語 murda sang を音訳したとされる。

金密陀（きんみつだ）

一酸化鉛は酸化状態によって濃淡に別れ、濃いめの黄色を金密陀、色みの薄い色、灰色に近い色を銀密陀という。

砥粉色（とのこいろ）

6 - 15 - 5

C 0 M 8 Y 15 K 5

系 橙みの白

砥の粉の色。砥の粉とは、刃物を砥石で研いだときに出る砥石の粉。白木の化粧や漆器の下塗りに使われるなど、日常生活の中で身近に見られてきた色。砥石は、石を磨く道具として石器時代にも使われていたという。日本の砥石は良質で、高度な研ぎの技術が発達した。それは日本刀の発展には欠かせないものだった。本阿弥家のように、代々受け継がれる刀研磨専門職が生まれた。

麹色（こうじいろ）

6.5 - 30 - 8

0 - 11 - 30 - 8

系 淡く渋い橙

麹菌は酒や醤油、味噌、甘酒、酢などをつくるための必需品。昭和期までは身近であった。

尾花色（おばないろ）

6.5 - 15 - 5

0 - 6 - 15 - 5

系 橙みの白

薄《すすき》の花穂の色。何気ない、優しく目立たない色だが、平安人の心をとらえた。

薄（すすき）イネ科の宿根草で高さ二メートルに達する。花穂は「尾花（おばな）」といい、秋の七草の一つ。

練色（ねりいろ）

6 - 10 - 2
C0 M5 Y10 K2

練り糸
生糸を打って練ると絹糸らしいしなやかな肌触りになる。

系 橙みの白

練糸《ねりいと》のような色。練糸とは、生糸を練って（もんで）、糸の表面を覆っている膠質（セリシン）を落とし、しなやかにした、まだ漂白はしていない糸のこと。前田雨城氏は、絹を灰汁で練ったときの練液の白茶としている。

清少納言は、純白の単衣が好みだったようで「黄ばみたる単《ひとへ》など着たる人は、いみじう心づきなし。練色の衣《きぬ》どもなど着たれど、なほ単は白うてこそ。」と『枕草子』に書いている。色褪せて黄ばんだ紅の衣を着るなどセンスなしの問題外。練色も着てみたけど、やっぱり、単衣は白が一番という意味。

掻練（かいねり）

別 皆練《かいねり》・赤練《かいねり》

「かいねり」とは絹を練って膠質を落とし、やわらかくしたもの。

練り液のベージュ色というものと、襲《かさね》の色目の中にある「掻練襲」はピンク系の色という説がある。

色みには諸説あり、『紫式部日記』には「かいねりは紅」、『源氏物語』には「白きかいねり」とある。本来は生成の白に近いはずだが、同じ筆者が二説を語っている。

東京白茶（とうきょうしらちゃ）

6.5 - 25 - 5
0 - 9 - 25 - 5

系 淡い橙

明治時代には憧れから、「東京」と冠するいろいろなものが流行した。この色名もそのひとつ。京都の槇村府知事は「西京の女東京風　相ならん」と東京風髪型を禁止したほど。

月下玉川砧打図
葛飾応為　江戸時代　東京国立博物館
緋襷（ひたすき）の女性が満月の下で砧を打っている。

金茶（きんちゃ）

6 - 100 - 25
C 0 M 50 Y 100 K 25

系 強い橙

江戸時代の定番色のひとつ。金茶の名は江戸時代元禄期（一六八八～一七〇四）に現れ、今でも広く用いられている。米寿の祝いに使われる色。明治三十年代のファッション誌には令嬢の帯揚げに金茶が流行していることが紹介されている。

宝茶（たからちゃ）

金茶の別称。金はすべてにまさる宝物であるところからついた江戸流の言葉遊びの色名。

黄茶（きちゃ）

6 - 90 - 40
C 0 M 45 Y 90 K 40

系 暗い橙

江戸中期以降に流行。楊梅（やまもも）の樹皮で染められた。江戸中期には蘭茶の名で通ったが「乱」を連想するのが嫌われて、一時使われなくなったといわれる。

江戸茶染（えどちゃぞめ）

落ち着きの中に陽気さがあり、江戸らしさを表した色。楊梅皮とともにちしばの木の葉を煎じ、明礬を媒染剤にした茶色。

金黄（チンホワン）

6 - 95 - 30
0 - 48 - 95 - 30

系 強い橙

力強い色で、清代の皇帝が朝服に用いた。高齢者が用いたとの説もあるが、強すぎるように思われる。

黄金色（こがねいろ）

6.8 - 100 - 20
0 - 30 - 100 - 20

系 強い橙

金色のこと。ゴールド（英語）。古代では貴金属の最高位になる金を「くがね」といった。大伴家持の歌に「すめろきの／御代栄えむと／東《あずま》なる／みちのく山に／くかね花咲く」とある。

狐色（きつねいろ）

6 - 90 - 25
C0 M45 Y90 K25

系 強い橙

狐の毛のような色。中世からの色名。日本には動物に由来する色名はとても少ないが、狐は日本人に親しまれ、お稲荷神の使いに登場する。狐色の油揚げ、狐色に焼けたトースト。食べ物がおいしそうに焼けたときにも使われる。「こんがりと狐色に焼けた胡桃《くるみだまり》醤油のうまそうなやつ（御幣餅）は、新夫婦の膳にも上った。」（島崎藤村『夜明け前』）。

名所江戸百景王子装束榎の木　歌川広重　江戸時代　フィラデルフィア美術館
大晦日は関八州の狐たちが王子に大集合する

黄土色（おうどいろ）

6.6 - 90 - 25
C0 M32 Y90 K25

系 強い橙

黄土を精製した、人類最古の顔料の一つ。高松塚古墳の壁画やラスコーやアルタミラの洞窟画の黄土色が有名。奈良（天平）時代の『正倉院文書』に壁色と記されている。

鼈甲色（べっこういろ）

タイマイの甲色。透明感のある深い黄色は、櫛やメガネの縁など大人の装飾品として愛好される。

土黄（トウホワン）

日本での黄土色の中国名。

右・慶長小判　左・元禄小判　江戸時代　日本銀行貨幣博物館

山吹茶（やまぶきちゃ）

山吹色にわずかな黒みを加えた色。

生色（しょうしき）

仏教では、金が錆びることなく生まれたままの輝きを保つことから、生色は金色の別称とされる。

琉璃色（リューリースー）

中国の黄金色に輝く瓦の色。皇族の住宅、勅命で建立した寺院や廟にだけ使われた。

鼈甲色
鼈甲製櫛　江戸時代　東京国立博物館
同じ色でも透明度が増すと濃く感じる

小麦色（こむぎいろ）

6 - 75 - 12
C 0 M 38 Y 75 K 12

系 渋い橙

小麦の粒のような色。小麦色の肌といえば、きれいに日焼けした健康的なイメージの肌のこと。

深黄（ふかきき） 平安時代の色。浅黄（あさきき）に対し、紅色の多い橙色。

晒柿（されがき）

6 - 80 - 10
0 - 40 - 80 - 10

系 渋い橙

木から落ちずに熟し、木晒しとなった柿の黄みの強い色。似た色名の洒落柿は晒柿の変名とされ、色調は、明るい柿色を指す。

↓洒落柿P84

土布色（トウプースー）

6 - 60 - 15
0 - 30 - 60 - 15

系 明るく渋い橙

穏やかで自然な色。清朝まで栽培されていた綿花の紫綿で織られた布の色。唐の僧、農民が着ていた。

木蘭色（もくらんじき）

6.5 - 80 - 30
C 0 M 30 Y 80 K 30

異説 ↓P31・123

別 木蘭色《もくらんいろ》・乾陀羅色《けんだらじき》・健陀色《けんだしょく》

系 渋い橙

時代により変化した色。古くは深い黄み橙。香色の異名ともされ、その場合、かなり明るい白茶と思われる。木蘭の木皮で染めた黄茶ともいわれる。黄橡《きつるばみ》と同じ色ともされ、室町時代には蘭茶とも呼ばれた。江戸時代には、橙系の焦色に近い色（↓黄茶P110）を指した。『延喜式』で定めた色を再現すると暗く渋い紅色になる。僧衣に用いる乾陀羅色《けんだらじき》も同じ色とされる。

黄連（おうれん） 正倉院の薬帳にある薬名。

犍陀穀糸袈裟（けんだこくしけさ） 唐時代 京都・教王護国寺

枇杷茶（びわちゃ）

系 渋い橙

6 - 70 - 20
0 - 35 - 70 - 20

楊梅色（やまももいろ）

6.5 - 60 - 30
C 0 M 23 Y 60 K 30

別 山桃色《やまももいろ》　系 明るく渋い橙

茶色の代表的な染材の一つ。「ももかわ」ともいわれ江戸時代にも広く用いられる。樹の姿は桃の木とはまったく違い関東以西の山に自生する常緑の高木。鮮やかな赤の小さな甘酸っぱい実は食用にされる。

煎茶色（せんちゃいろ）

江戸中期までの煎茶は緑色ではなく、文字通り「茶色」だった。今のような色になるのは江戸末期。

異説 ➜ P164

糞色（ばばいろ）

6.5 - 70 - 50
C 0 M 26 Y 70 K 50

系 深く渋い橙

色名の中にはなぜか魅力的とはいえない色名がある。魚肚白や牛血紅なども不思議なセンスの命名だ。鼠色も変だが、念入りに溝鼠色まである。人は気味の悪いものに心を引かれ、楽しんでもいる。

枇杷の実のくすんだ色。江戸時代の解説書には「かわらけ色」とされている。「唐津は絵つけがなく（中略）枇杷色がかった青に、茜もさしていた」（『千羽鶴』川端康成）。

梅谷渋（うめやしぶ）

6.5 - 70 - 30
0 - 26 - 70 - 30

系 渋い橙

梅の樹皮の煎汁で明礬を媒染にして染めると黄みが強くなる。

名所江戸百景四ツ谷内藤新宿　歌川広重　江戸時代　三菱東京UFJ銀行貨幣資料館
広重はわざわざ馬糞を描き込んだ。大木戸に足止めされた馬のざわめきが聞こえるようだ。

胡桃色（くるみいろ）

6 - 55 - 35
C0 M28 Y55 K35

系 明るく渋い橙

胡桃の樹皮や果皮を煎じた汁で染めた色。奈良時代、写経用の染紙を染めるのに使われていた。服色としては身分の低い者（賤者）が用いるものだった。穏やかで明るい色だが、濃い紅色や紫を貴しとした古代にあっては目立たない平凡な色だった。『源氏物語（明石）』で光源氏は明石の君へ、「高麗の胡桃色の紙」で手紙を書いている。

唐金色（からかねいろ）

異説→P95

6.8 - 70 - 38
C0 M21 Y70 K38

系 明るく渋い橙

唐金色は、見本色で示した地金の色か、青銅色で示した緑青がかった色と思われる。黄緑のかすかに濁った色とする説もある。唐金は青銅のこと。弥生時代に中国から伝わった。井原西鶴の『世間胸算用』では、「唐かねの三ツ具足…」と書かれ、元禄時代の町人生活にとけ込んでいた。

金銅宝塔　鎌倉時代　奈良・西大寺
美しく磨かれた金銅は極楽浄土の荘厳さを暗示する。

胡桃の実
胡桃の木は日本の山地に自生し、高さ二十メートル以上になる。樹や実の皮は染料、実は食用や薬用にして油を絞る。

内記煤竹（ないきすすたけ）

6 - 40 - 38
0 - 20 - 40 - 38

系 明るく渋い橙

上品で落ち着いた色。内記は宮中の記録を担当した官名。能文、能筆の官が選任された。

茅色（かやいろ）

6.5 - 40 - 30

C 0 M 15 Y 40 K 30

別 萱色《かやいろ》　系 明るく渋い橙

『万葉集』の時代から日本人の身近にあった自然で穏やかな色。萱葺き屋根の茅・萱は、血茅《ちがや》、菅《すげ》、薄《すすき》などの総称。

丁子煤竹（ちょうじすすたけ）

6.4 - 40 - 38

0 - 16 - 40 - 38

系 明るく渋い橙

丁子色がかった煤竹色。江戸時代の丁子染めは本物の丁子は高価だったため染めることは少なく、楊梅などで染めた。

茅葺屋根
自然から採取した茅は、私たちの心を穏やかに温かく包む。

枯野（かれの）

6.5 - 40 - 20

C 0 M 15 Y 40 K 20

系 明るく渋い橙

冬の山野は枯草だけの荒涼とした風情だが、日本人は平安の昔からこの様子を愛し、色名にした。芭蕉は「旅に病んで夢は枯野を駆け廻る」と辞世の句を残した。「凩や広野にどうと吹起る」（蕪村）。枯れ野に、突然の風のように凩が吹き、渋い黄色の草木が茫漠と揺れる。

枯色（かれいろ）

異説 → P135

枯山水
「枯」は、元気さも華やかさもないのに、なぜか日本人の心をとらえつづける。

山吹鼠（やまぶきねず）

6.8 - 50 - 30

0 - 15 - 50 - 30

系 明るく渋い橙

「山吹」を冠せた鼠色なので、黄色みが強いと推測される。

亜麻色（あまいろ）

6.5 - 30 - 30
C 0 M 11 Y 30 K 30

系 淡く渋い橙

亜麻のような色。西洋では淡い金髪の形容に用いられる。日本では明治以降に使われるようになったようだ。亜麻は、種子を絞れば亜麻仁油《あまにゆ》になり、油絵の溶き油として欠かせない。ヨーロッパでは繊維を採るために紀元前から栽培されていたという。日本では、明治時代、ロシア公使だった榎本武揚《えのもとたけあき》が亜麻の種子を北海道開拓使長官に送り、北海道で栽培が始まったといわれている。

銀煤竹（ぎんすすたけ）

異説→P94

6 - 20 - 40
C 0 M 10 Y 20 K 40

系 橙みの灰

煤竹色の明るい灰みがかった色。紀州茶の別称ともいわれる。紀州候が愛好した色。表千家の祖・千宗佐もこの色を好んだ。江戸時代の享保期（一七一六～三六）に小袖の色として流行した。『好色五人女』の樽屋おせんは、お伊勢参りに行く旅仕度に「銀すす竹の袷」も用意している。

歌撰恋之部　物思恋　喜多川歌麿　江戸時代　ギメ美術館
当時流行の江戸小紋の着物を着て、物憂げな表情の年増女性。

古晒色（ふるざれいろ）

6 - 20 - 30
0 - 10 - 20 - 30

系 橙みの灰

特定の色ではなく、もとの色がくすんで薄くなった状態を指す。曽我物語「ふるされ色着たる女一人きたりて」と若々しさのない様子を表している。

桑色白茶（くわいろしらちゃ）

6.5 - 30 - 20
0 - 11 - 30 - 20

系 淡く渋い橙

桑染（→P121）の薄い色。

砂色（すないろ）

6.5 - 23 - 45
C 0 M 8 Y 23 K 45

蕎麦切色（そばきりいろ）

6.5 - 14 - 14
C 0 M 5 Y 14 K 14

系 橙みの灰

サンド(sand)の訳語。江戸時代までには、この色名はなく、土色(つちいろ)が使われていた。砂浜や砂漠の砂の色は、場所によって黄色っぽかったり、赤っぽかったり、黒っぽかったりするので、その地名で色みを表す。フランス語にはサラハ(sahara)というサハラ砂漠の色を意味する色名がある。「東海の小島の磯の白砂に／われ泣きぬれて／蟹とたはむる」(石川啄木)。

系 橙みの明るい灰

控えめで自然な穏やかな色。蕎麦切りとは蕎麦のこと。江戸は外食産業花盛りで、特に蕎麦屋はてんぷら屋をしのぐ一番の人気で、町に一軒はあった。屋台の夜鷹蕎麦や二八蕎麦屋も流行し、「時蕎麦」や人情話の舞台になった。

蕎麦は荒地でもよく育ち、栄養豊富であるので、世界中で栽培される。蕎麦の実の皮を取らずに挽いた粉を藪系、皮を取り去って実を粉にした更科そばは白い

砂浜
日本一の美しさという長崎県五島にある、高浜の砂浜。

木枯茶（こがらしちゃ）

6 - 30 - 45
0 - 15 - 30 - 45

別 凩茶《こがらしちゃ》 系 橙みの灰

枯葉の茶色。晩秋の木枯しのイメージにぴったりだ。古くは枯野といい、江戸時代に入って木枯しの色名になった。

葉を落とした樹々の間に見える冬の京都・清水寺。

海松茶（みるちゃ）

6.5 - 60 - 60
C0 M23 Y60 K60

系 深く渋い橙

渋い緑色の海松色（みるいろ）が茶色がかった色。青みのある藍海松茶（あいみるちゃ）が現れると、そのままの色という意味で「素」をつけて素海松茶（すみるちゃ）とも呼ばれる。

錆竹（さびたけ）

煤竹色よりも明るい色。くすんだ暗い青緑との説もある。

素海松茶（すみるちゃ）

渋く落ち着いた色。海松は、松葉の広がりを思わせる形をした海岸の岩で育つ海草。

煤色（すすいろ）

6 - 40 - 70
0 - 20 - 40 - 70

系 深く渋い橙

煙の煤が柱や壁板に染みついた色。『蜜柑』（芥川龍之介）汽車がトンネルに入った瞬間、少女が窓を開けると「煤を溶かしたようなどす黒い空気が、（中略）濛々と車内へ漲り出した」。まだ客車の窓が開けられた頃の話。

煤竹茶（すすたけちゃ）

6 - 50 - 60
C0 M25 Y50 K60

系 深く渋い橙

煤色がかった茶色。江戸時代には、地味色の極限のような煤色が大流行し、十五色の色名が残されている。

落葉色（おちばいろ）

晩秋から冬にかけて枯れて散る落葉の色。地味だが、見る人の気持ちを落ち着かせる。

風俗鳥獣画譜 木嵐の霊 河鍋暁斎 明治時代 奇才、河鍋暁斎（かわなべきょうさい）からみると、くすんだ木枯らしの中にこんな美しい霊がひそんでいた。

錆利休（さびりきゅう）

6 - 40 - 60
C0 M20 Y40 K60

別 錆利茶《さびりちゃ》　系 深く渋い橙

利休茶に代赭《たいしゃ》を加えた色。利休茶はくすんだ黄色で、一見、黄緑がかって見える。これに暗い赤色の代赭を重ねると橙色かかった色になる。寂《さび》に通じる錆と、利休を重ねて色の深みを表している。錆利茶は利休の休を休ませた、江戸時代の洒落のきいた粋な命名。

生壁色（なまかべいろ）

6.5 - 40 - 50
C0 M15 Y40 K50

系 深く渋い橙

塗りたてのまだよく乾いていない土壁の色。生壁色は「鼠」の名はつかないが、江戸中期から後期にかけて流行した鼠色調の一つ。人気のあった色のようで、青みの「藍生壁（あいなまかべ）」、藤色がかった「藤生壁（ふじなまかべ）」、赤みのある「江戸生壁（えどなまかべ）」、緑がかった「利休生壁（りきゅうなまかべ）」など、多くのバリエーションが生まれている。

生壁鼠（なまかべねず）

6 - 30 - 60
0 - 15 - 30 - 60

系 橙みの暗い灰

生壁色自体も鼠色のグループだが、この色は、さらに灰みの強い静かな色。

渋い色調の家並みは、人々を静かで落ち着いた気持ちにさせる。

伽羅色（きゃらいろ）

6 - 50 - 50
C0 M25 Y50 K50

系 深く渋い橙

香木の伽羅のような色。伽羅で染めた色。丁字染の香色と混同しやすいが、江戸中期からの色名。ベトナムの限られた地域で産する。ベトナム戦争の頃、戦火に伽羅の高貴な香が漂っていたという美しく哀しい伝説もある。

沈香色（じんこういろ）

沈香は高価すぎて支子で代用したが、やがてさらに安価な蘇芳が用いられた。沈香は木の幹が傷ついたり、土中に埋めて腐敗させたときに分泌する樹脂が香りを発する。

伽羅木 イチイ科の常緑樹で植え込みに用いる。伽羅と名前は似ているが、実はまったく別な植物。

沈香茶（じんこうちゃ）

6 - 60 - 50
C0 M30 Y60 K50

系 深く渋い橙

沈香とは熱帯産の香木。水に沈むので沈水香木ともいう。香木の色みには黒系と赤系があり、沈香は黒系。江戸時代に「茶」の字を加えて、親しみやすい色名にした。沈香の中でも最良のものを伽羅という。

伽羅煤竹（きゃらすすたけ）

別 奇楠煤竹《きゃらすすたけ》

江戸時代に命名。当時人気の煤竹色に、貴重なイメージを伝える伽羅を冠して高級感を強調した。

沈香木画箱（じんこうもくがのはこ・仏への献物箱） 正倉院

文人茶（ぶんじんちゃ）

6 - 60 - 70
C 0 M 30 Y 60 K 70

系 深く渋い橙

文人好みの洒落たイメージの色名。明治中期、鮮やかなプルシャン・ブルーや新橋色、洋紅などに対し、渋い茶色や海老茶が復活、流行した。文人とは、学問を修め、詩文などに携わる人。文人画は、職業画家ではない知識人が、伝統の技術にとらわれず、自由に描いた絵。江戸中期から盛んになり、池大雅《いけのたいが》や与謝野蕪村が有名。

春光晴雨図　与謝蕪村　十八世紀後半　重文　蕪村は松尾芭蕉と並ぶ代表的俳人だが、中国の南画（文人画）の影響を受けて自由な画風を確立した。

桑染（くわぞめ）

6.5 - 60 - 50
C 0 M 23 Y 60 K 50

系 桑茶《くわちゃ》・桑色《くわいろ》・桑《くわぞめ》　系 深く渋い橙

桑の根や樹皮を煎じて染めた色。桑染は江戸時代に「桑茶（くわちゃ）」とあるが、「桑の実色（くわのみいろ）」の二つになり、桑の実色は暗い紅色。まず桑茶。古代からの桑染は桑の木の単一染だったが、楊梅《やまもも》の皮なども使うようになった。桑茶は、それまでの桑染とほとんど差はないという。江戸後期には桑染小紋の足袋が流行した。

↓桑の実色P28

桑の葉は蚕（かいこ）の大切な飼料で、万葉の時代から身近にあった。桑の実は甘酸っぱく、樹皮は紙の材料になった。

煙草色（たばこいろ）

6 - 90 - 50
C0 M45 Y90 K50

系 暗い橙

煙草の葉のような色。「たばこ」はポルトガル語 tabaco の当て字。

煙草は、南アメリカ原産の茄子科の大型一年草の葉を乾燥、発酵させたもの。スペイン人によってヨーロッパに伝えられ、薬用や観賞用になった。日本には十六～十七世紀頃にポルトガル人によって伝えられた。

黄唐茶（きからちゃ）

6.3 - 80 - 40
C0 M34 Y80 K40

別 黄唐茶《きがらちゃ》・黄枯茶《きからちゃ》・黄雀茶《きからちゃ》 系 深く渋い橙

江戸時代からの色。古代の櫨染（はじぞめ）や木蘭色（もくらんじき）、黄橡（きつるばみ）につながる色。『好色一代女』では、腰元奉公に出るとき、女が自分をうぶな娘に見せるための格好に黄唐茶が使われる。「黄唐茶に刻稲妻模様の中形を身狭ばに仕立てて、平髷の中島田に使い捨ての元結をし」（『現代語訳好色一代女』）。

花下の若菜摘み　水野廬朝　江戸時代　ボストン美術館
家族で春の土筆摘み。子どもと話す娘の派手な赤い帯が娘の若さを表している。

幹色（みきいろ）

6 - 70 - 40
0 - 35 - 70 - 40

系 深く渋い橙

正倉院御物の中に樹皮色があるが、その色は黒ずんだ茶色であり、別な色。

金煤竹（きんすすたけ）

6.5 - 90 - 45
0 - 34 - 90 - 45

系 暗い橙

煤竹色に金色みが加わった色。少し鮮やかさが増す。

壁土色（かべつちいろ）

6 - 70 - 50
C 0 M 35 Y 70 K 50

別 壁色《かべいろ》　系 深く渋い橙

壁土の色は、多くの色相に広がっているので特定できないが、見本色は標準値を示した。昭和初期に発表された和田三造氏の壁色調査によれば、色相の中心は橙色。トーンは淡い色から墨に近い灰色まである。彩度の標準はくすんだ色だが、鮮やかな色に近い瑪瑙水晶や紅土もあり、現代の壁色見本帳よりも色域が広い。

壁色：土の色を基本としているが、右の調査にあるように特定できないが、基調色は土の色。

脂燭色（しそくいろ）

異説 → P137

6 - 70 - 60
C 0 M 35 Y 70 K 60

系 深く渋い橙

脂燭色は松に含まれる油脂の色。

脂燭とは、宮中の夜間の儀式などのとき、室内の通路などを照らすための照明具の油脂を多く含む松の木の先を焦がし、そこに油を塗って火をともした。

脂燭に囲まれた空間は気持ちを静寂にさせる。

壁は外部からの侵入を防ぎ、内にいる人を安心させる。壁際といえば、引退を指すが案外居心地がよい。

黄櫨染（こうろぜん）

異説 → P101

木蘭色（もくらんじき）

6.5 - 90 - 65
0 - 34 - 90 - 65

別 木蘭色《もくらんいろ》・乾陀羅色《けんだらじき》・健陀色《けんだしょく》
系 暗い橙

蘭茶（らんちゃ）

異説 → P31・112

木蘭色の別称。江戸期に大流行し色名に「茶」を添えた。

榛摺（はりずり）

6 - 80 - 65
C0 M40 Y80 K65

別 榛染《はりそめ》・蓁《はりそめ》・榛木染《はりのきぞめ》　系 深く渋い橙

榛《はん》の木の実や樹皮で染めたり、蒸し焼きにした実の粉末を布に擦り込んだ色。

『延喜式』では斎服の色とされ「鎮魂斎服。神祇官の伯已下。弾琴已上十三人。榛摺ノ帛袍十三領」とあり、服の色だけでなく、楽士の人数まで規定している。

矢車の実
ハンノキ属。夜叉とも書いて黒染に用い、ハンの実は見本色に染める。

煤竹色（すすたけいろ）

6 - 70 - 70
C0 M35 Y70 K70

別 煤竹色《すすだけいろ》　系 深く渋い橙

長い年月、囲炉裏やかまどの煙などに燻されて煤けて古くなった竹の色。

江戸時代は宝暦期（一七五一〜六四）の頃に小袖や羽織、単物などに大流行したという。実に不思議な江戸時代ならではの流行色だ。色みをほとんど殺し、活気を表す赤茶みを避けて抑制をきかせている。これ以上地味な色はないように思われる色が、廓《くるわ》の遊客の服や帯の色として軽妙洒脱な粋ぶりを表していた。

榛の木
榛の木は、実だけでなく幹も樹皮も古代から染料として親しまれていた。

渋茶（しぶちゃ）

6.5 - 60 - 70
0 - 23 - 60 - 70

系 深く渋い橙

小林一茶の『七番日記』に「柴の戸や／渋茶色なる／キリギリス」とあり、生命の終わりに近い老いを渋茶色で表している。

雪月花図　歌川豊春　江戸時代　ボストン美術館
背景には火鉢をおいて暖をとり、小盆に雪を盛って小さな雪見を楽しんでいる。

空五倍子色（うつぶしいろ）

6 - 70 - 80
C 0 M 35 Y 70 K 80

別 空柴色《うつぶしいろ》
系 深く渋い橙

赤みの強い焦茶から黄色に近い色まで幅広い。白膠木《ぬるで》に虫が卵を産みつけた後の瘤《ひしね》には多量のタンニンが含まれ、喪服に使われた。『南総里見八犬伝』（曲亭馬琴）の、犬川額蔵が犬山道節の肩の瘤を切る場面。「肩なる瘤をきり傷《やぶ》れば、黒血さっとほとばしり」。空五倍子色に違いない。

煙色（イエンスー）

タバコの煙。ラマ僧の色。「青空に消えゆく煙／さびしくも消えゆく煙／われにし似るか」（石川啄木）。

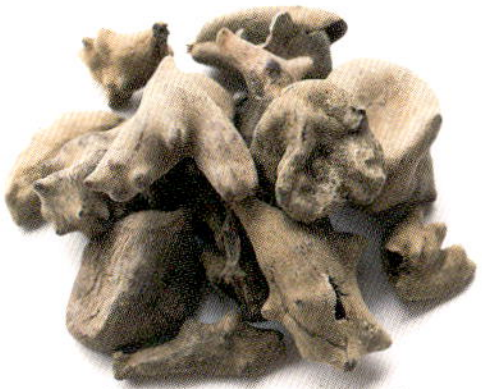

空五倍子
虫が卵を産んだあとの殻で、中は空洞なので空五倍子という。お歯黒にも使い、虫歯を防ぐ効果があった。

焦茶（こげちゃ）

6 - 100 - 85
C 0 M 50 Y 100 K 85

系 暗い橙

江戸の流行色「四十八茶」の中で最も濃い茶色。濃い色や暗い色を表す修飾語には「濃、暗、深」などがあるが、茶系統だけは、焦げた色という意味の「焦」がつく。江戸時代、小袖の地色《じいろ》などに用いられた。焦茶色のお菓子は苦みがおいしい。表面に卵黄を塗って焼いた栗まんじゅうの上は艶のある焦茶色。ちょっと苦めのカラメルもフランスはボルドー地方の伝統菓子カヌレも焦茶色。

青白橡（あおしろつるばみ）

異説 ↓P 166

極焦茶（ごくこげちゃ）

6 - 100 - 92
0 - 50 - 100 - 92

系 橙みの黒

焦茶よりもさらに暗く、ほとんど黒色といえる色。

向日葵色（ひまわりいろ）

7 - 95 - 0
C 0 M 24 Y 95 K 0

系 鮮やかな黄

向日葵の花のような色。向日葵は北米原産。日本には江戸中期に伝わった。向日葵といえば、絵画ならゴッホの描いた強烈な向日葵。映画なら一九六九年のイタリア映画「ひまわり」の向日葵畑。

花欸冬（はなつわぶき）

欸冬はヤマブキともツワブキともされる。平安の当初はしっとりとしたツワブキの花の色を指し、後に黄金色に通じるヤマブキの花の色に変わったと思われる。

鬱金色（うこんいろ）

7.2 - 95 - 0
C 0 M 19 Y 95 K 0

系 鮮やかな黄

鬱金草の根から採れる染料で染めた色。英語名はターメリック。鬱金は灰汁(アルカリ性)を利かせると赤みが強くなり、酢(酸性)を利かせると鮮明な黄色になる。江戸前期、鬱金色は緋色とともに愛用された。鬱金染には殺菌、防虫効果があるとされ、鬱金で染めた「鬱金木綿」は産着や肌着に使われた。また、豪華な印象から古道具や陶器を包む布にも使われてきた。

向日葵
高さ三メートルに達し、花は直径二十センチにもなる。

石路（ツワブキ）の花
キク科の多年草。赤味がかった山吹色と違い、赤みがなく静かな黄色。

濃卵（こいたまご）

7 - 90 - 5
0 - 23 - 90 - 5

系 鮮やかな黄

卵の黄身の鮮やかな色。ちなみに、卵の黄身の色が濃くても薄くても栄養価は変わらないとか。

風流七小町　楚登和小町　菊川英山　江戸時代
北九州市立美術館
鮮やかな黄色と黒に穏やかな赤を添えると、落ち着きがでる。

卵色（たまごいろ）

7 - 70 - 0
C 0 M 18 Y 70 K 0

鬱金は、カレーの黄色や沢庵漬けの大根の黄色など食品の着色料にも使われている。インドでは最古の黄色染料として知られ、生命力の象徴とされてきたという。

瑠黄（りゅうおう）

中国では大地を東西南北に分け、全大地を代表する中央を黄色で表し、皇帝の色とした。

鬱金は今も広い用途で使われている。

鮮やかな黄の衣は街を陽気にする

別 玉子色《たまごいろ》　系 明るい黄

卵の黄身のような色。生卵の黄身の色ではなく、ゆで卵の黄身の色という説や黄身と白身をかき混ぜたような色という説もある。江戸前期からの色名。江戸時代に入ると卵は身近な食品になり、滋養豊富な元気の出る卵の黄色も身近な色名になった。鳥の子色は、黄身の色ではなく、卵の殻の色で淡い黄色。染色法も、鬱金に支子や黄蘗を加えるなど、かなり複雑な方法で染めていた。↓卵黄色P106

鬱金
別名・黄染草。熱帯アジア原産で、日本では沖縄で栽培される。平安時代に日本渡来した。

黄支子（きくちなし）

7 - 90 - 0
0 - 23 - 90 - 0

系 鮮やかな黄

『延喜式』で定められた伝統色。深支子と浅支子には紅色が含まれるが、この色は支子だけで染める。

花葉色（はなばいろ）

経糸黄色、緯糸山吹色に青色で裏打ちするとされる織色。三〜四月に着用することから、この色は山吹色とも推察される。

黄（き）

7.6 - 95 - 0
C 0 M 10 Y 95 K 0

系 鮮やかな黄

「黄」の字源は火矢とされ、キラッと光る様子を表した。色として用いられるのは平安時代以降。それ以前は、赤から黄の色合いを含む幅広い赤の範疇にあったと考えられている。『万葉集』の「もみじ」の多くには「黄葉」があてられている。

蒲公英色（たんぽぽいろ）

蒲公英の花のような色。

承和色（そがいろ）

異説 ↓ P 144

7.6 - 85 - 0
C 0 M 9 Y 85 K 0

別 承和色《じょうわいろ》　系 鮮やかな黄

平安初期の仁明天皇が好んだ黄色い菊の花の色。天皇治世の年号が「承和」だったため「承和色」、また、「じょうわ」がなまって「そが」になったとする説がある。平安時代、長寿の効用があるといわれる、菊の花を浸した菊酒を飲んでいたという。「菊は黄に雨疎《おろそ》かに落葉かな」（与謝蕪村）。

金糸雀色（かなりあいろ）

別 金糸雀色《きんしじゃくいろ》

濁りのないはかなげな色。カナリアは、江戸時代の天明期（一七八一〜八九）に持ち込まれ、金糸雀と呼ばれた。

泊夫藍色（さふらんいろ）

7.4 - 90 - 5
0 - 14 - 90 - 5

系 鮮やかな黄

サフランはアヤメ科の多年草。日本には明治時代に輸入された。春咲きの黄色の花をクロッカス、秋咲きの淡紫紅色の花をサフランという。異説 ↓ P 20

黄水仙（きずいせん）

7.6 - 70 - 0
0 - 7 - 70 - 0

系 明るい黄

黄水仙のような陽気で素直な色。

黄水仙
花芯は花弁よりも一段と濃く、一輪の花の中で同系色の配色になって、穏やかな優しさを表す。

藤黄（とうおう）

7.6 - 90 - 5
C 0 M 9 Y 90 K 5

別 藤黄《しおう》・雌黄《しおう》　系 鮮やかな黄

『正倉院文書』にある「同黄」と同色。藤黄は東南アジア原産の常緑高木。日本画の絵具に用いる。昔より中国で愛され、日本では漆器の春慶塗の深い黄色になり、現在も色名が使われる。「春慶塗の、楕円形をしている卓の向こうに、翁はにこにこした顔をして」（『カズイスチカ』森鷗外）。

石蕗色（つわぶきいろ）

別 欵冬色《かんとういろ》・款冬色《かんとういろ》

古代、石蕗は山吹、欵冬、蕗《ふき》と区別されていなかった。石蕗の花は透明感のある涼しげな黄で山吹色とは異なる。

黄蘗色（きはだいろ）

7.7 - 95 - 10
C 0 M 7 Y 95 K 10

別 黄蘗《きわだ》・黄膚《きはだ》・黄蘗《おうばく》　系 強い黄

黄蘗の内皮の煎汁で染めた色。黄蘗はミカン科の落葉高木。樹皮の内皮の鮮やかな黄色が「きはだ」の名の由来。防虫効果があるため、古くから写経用の紙には黄蘗で染めたものが使われていたという。

『金色夜叉』の貫一、お宮の再会のシーンのお宮の姿、「黄蘗染の半襟に紋御召の二枚袷を重ねた衣紋の綾」。

黄皮の色（きかわのいろ）

黄蘗の皮色とする説と、黄蘗と同じ色とする説がある。

八丈（はちじょう）

7.2 - 100 - 10
0 - 20 - 100 - 10

別 黄八丈《きはちじょう》　系 強い黄

伊豆八丈島特産の八丈刈安で絹地を染めた色。平安時代に黄紬の名で納税され、布の長さが八丈だった。それが島の名の由来とする説もある。

黒船屋　竹久夢二　大正時代　竹久夢二伊香保記念館
黄八丈と黒猫を組み合わせて神秘的なイメージを暗示した夢二の傑作。

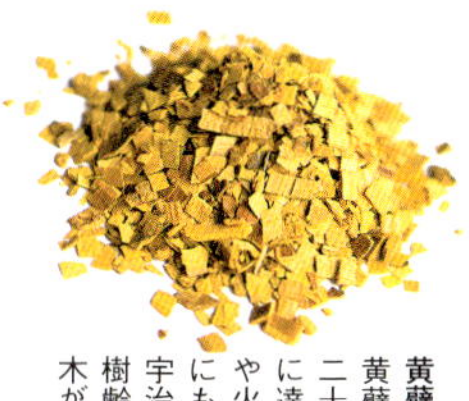

黄蘗
黄蘗の木は高さ二十五メートルに達し、健胃薬や火傷薬、家具にも使われる。宇治万福寺には樹齢三百年の古木があるという。

淡黄色（たんこうしょく）

7.6 - 40 - 0
C0 M4 Y40 K0

系 明るい黄

優しい素直なイメージの色。「木蓮の色は…極度の白さをわざと避けて、あたたかみのある淡黄に、奥床しくも…」（『草枕』夏目漱石）。「彼は胃弱で皮膚の色が淡黄色を帯びて弾力のない不活発な徴候をあらわしている」（『吾輩は猫である』夏目漱石）。

京都・葵祭　淡い黄色は優しい陽気さを表し、屋外の暖かい日差しの中で華やいで見える。

鳥の子色（とりのこいろ）

7 - 20 - 5
C0 M5 Y20 K5

系 淡い黄

鶏の卵の殻のような色。中世からの色名。少し黄みのあるガンピを原料にした、上質な和紙を「鳥の子紙」という。本来、鳥の子といえば雛を指すはずだが、少しひねりのある命名。

卵殻色（らんかくいろ）

卵殻染は、漆塗りの一つで、殻を割って表面に貼ったり、粉末を蒔いて研ぎだす技法。

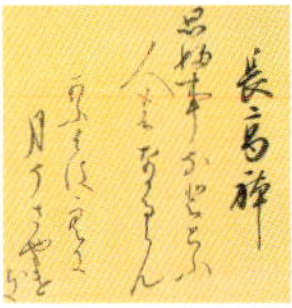

十躰和歌　御西天皇・筆　江戸時代　御物　華やかな美しさを競う書には、美しい彩箋がよく似合う。

黄唐紙（きからかみ）

7 - 60 - 5
0 - 15 - 60 - 5

別 唐紙黄《からかみき》　系 明るい黄

織色。経黄、緯青で織る黄緑とする説と、黄色と白による明るい黄色とする説がある。

魚子黄（ぎょしこう）

7.6 - 30 - 5
0 - 3 - 30 - 5

系 淡い黄

魚の卵を思わせる淡い黄色。黄色い魚の卵といえば数の子。数の子は、「かどの子」がなまったもの。ニシンは江戸時代までは「かど（カドイワシ）」と呼ばれていた。

象牙色

（ぞうげいろ）

7 - 10 - 8

C0 M3 Y10 K8

系 黄みの明るい灰

象牙のような色。色名は、明治以降。「吾輩は波斯《ぺるしゃ》産の猫の如く黄を含める淡灰色に漆の如き斑入りの皮膚を有している」（『吾輩は猫である』夏目漱石）。象が日本に初めて来たのは、室町時代（一四〇八年）のこと。その後何度か渡来している。八代将軍徳川吉宗の「象が見たい」の一言で、安南国《あんなんこく》（ベトナム）から長崎に象が運ばれ、「献上物」として大騒ぎのなか江戸まで歩いてやってきた。葛飾北斎の『群盲象を評す』の象の絵に登場する。

真珠色

（しんじゅいろ）

7 - 3 - 2

C0 M1 Y3 K2

系 白

真珠はほのかな光を反射し、見る角度によって紅や紫など様々に変化する。「美和子の肌は、真珠色に輝いている」（菊池寛『貞操問答』）「やがて真佐子の…真珠色の涙が下瞼から湧いた」（岡本かの子『金魚繚乱』）。「（炊き立ての真っ白なご飯の）一と粒一と粒真珠のようにかがやいているのを見る時、日本人なら誰しも米の飯の有難さを感じるであろう」（『陰翳礼讃』谷崎潤一郎）。肌も涙も米も真珠のようと形容され、透き通る美しさが表される。

淡黄蘗

（うすきはだ）

7.7 - 30 - 5

0 - 2 - 30 - 5

系 淡い黄

明るいが、はかなげな雰囲気のある色。「船に居て青き水よりいづる月見しここちするうす黄の薔薇」（与謝野晶子）暗い青の水平線から月が昇る。まるで黄色い薔薇のように。月の色は、鮮やかな黄色ではなく、うす黄色だ。

薄卵色

（うすたまごいろ）

7 - 25 - 2

0 - 6 - 25 - 2

別 薄玉子色《うすたまごいろ》・淡卵色《うすたまごいろ》 系 淡い黄

卵色の薄い色。優しく初々しい色。井原西鶴の『好色二代男』に「はたちになるまじき女、地は薄玉子に、承平の染紋」とある。

麦藁色（むぎわらいろ）

6.8 - 55 - 15
C0 M17 Y55 K15

系 明るく渋い橙

麦藁帽子など麦藁の色。麦藁色は白ワインの色の表現によく使われる。麦藁蛸といえば、麦藁が出来る頃（麦が実る頃）の蛸が一番おいしいということ。

黄大津（きおおつ）

壁の仕上げ土の色。黄色の粘《へな》土《つち》に牡蠣灰《かきばい》と揉苆《もみすさ》を混ぜたもの。

白橡（しろつるばみ）

7.6 - 60 - 30
0 - 6 - 60 - 30

別 白橡《しらつるばみ》 系 明るく渋い黄

橡で染めた明るい色。橡は櫟《くぬぎ》の古名で、『日本書紀』にも記され、薪の材料やシイタケの原木になり、実の団栗は食用や糊に用いられた。

異説 ➜ P94

窃黄（せっこう）

7.6 - 50 - 10
C0 M5 Y50 K10

系 明るく渋い黄

穏やかな黄色。窃とは「ひそか」なこと。窃慕とはひそかに慕うこと、窃窃はひそひそということ。窃盗はこっそりと盗むこと。

鶏油黄（けいゆうこう）

鶏油は中華料理に使われる。ラーメンにもよく使われる。スープに浮いている黄色い油。味にコクが出る。

玉子鼠（たまごねず）

7.6 - 40 - 25
0 - 4 - 40 - 25

別 卵鼠《たまごねず》 系 明るく渋い黄

鼠とつく色名だが、灰色の量はごく少ない。明るく穏やかな色。

蝋色（ろういろ）

7.6 - 20 - 25
C 0 M 2 Y 20 K 25

系 淡く渋い黄

半透明な黄色を帯びた色。蝋は動物や植物から採取する油脂。灯明用のロウソクに用いられている。加熱すると溶けて燃える。蝋色は、色みのない半透明なところから、病人や死人の顔色を表すときに使われる。

蒸栗色（むしぐりいろ）

7.6 - 20 - 10
0 - 2 - 20 - 10

別 蒸栗色《むしくりいろ》　系 淡く渋い黄

蒸した栗の実の淡くやわらかい黄色。炊きあがった栗ごはんの白いごはんの間から顔をだす栗の実のおいしそうな色。

利休白茶（りきゅうしらちゃ）

7.8 - 20 - 15
C 0 M 1 Y 20 K 15

別 利久白茶《りきゅうしらちゃ》　系 淡く渋い黄

侘茶道《わびちゃどう》の祖・千利休をイメージさせる上品で穏やかな色。利休茶が記されたのは、江戸の寛政期（一八〇四～三〇）。利休白茶は、利休の時代から約二百年後の文化・文政期に流行している。

牙黄（げおう）

7.6 - 20 - 6
0 - 2 - 20 - 6

系 淡く渋い黄

象牙に近い微かに黄色みを帯びてくすみがある白。

梨子色（なしいろ）

7 - 55 - 35
C0 M14 Y55 K35

系 明るく渋い黄

梨の表皮の色。実りの秋を彩る梨は、日本や中国で古くから愛されていた。

梨園といえば唐の玄宗が梨を植えた庭園のこと。自ら音楽を教えた故事から演劇社会、特に歌舞伎界を表す。

比佐宜染（ひさぎぞめ）

別 久木染《ひさぎそめ》

柃《ひさぎ》は赤芽槲《あかめがしわ》やヒサカキの別称で、その葉で染めた色。『正倉院文書』には「久佐木紙」と記されている。『万葉集』に「ひさぎ生ふる／清き河原に／千鳥しば鳴く」とある。

樹皮色（きはだいろ）

異説 ➜ P78

7 - 60 - 50
C0 M15 Y60 K50

別 樹皮色《じゅひしょく》　系 深く渋い黄

木蘭色に似たイメージの色。古代ではさまざまな植物の樹皮や根、実が染料に用いられた。

黄朽葉（きくちば）

くすみのある黄色みを帯びた色。平安の男女は禁色の黄丹色と見まがうほど、この色を鮮やかに染めて着用した。

黄金鼠（こがねねず）

豪華さを表す黄金と穏やかさを表す鼠色の組み合わせは、殺し合って派手すぎず地味すぎずの微妙な色になる。

枯草色（かれくさいろ）

7.8 - 50 - 30
0 - 3 - 50 - 30

系 明るく渋い黄

枯野よりも、かすかに草の緑色を連想させる色。「枯れゆく草のうつくしさにすわる」（種田山頭火）。

山野に秋が訪れると、夏草の鮮やかな緑から静かな草色に変わる。

枯色（かれいろ）

7 - 50 - 45
C0 M13 Y50 K45

系 深く渋い黄

枯れた草木のような色。平安時代の重ねの色目では「表香色、裏青（緑のこと）」冬の色とされている。裏に緑を持ってくるところに、春を待つ日本人の繊細な風情が感じられる。江戸時代には「枯れ野見」というものがあった。郊外の冬枯れた野の景色を見て歩くというもので、向島あたりはその名所だったという。

異説 ↓P115

枯れ野が美しいと感じられるのは、自然に親しんだ日本人の感性から生まれる

鶸茶（ひわちゃ）

7.9 - 60 - 50
C0 M1 Y60 K50

系 深く渋い黄

鶸色の茶色がかった色。鶸の羽のような色。鶸は雀よりやや小さい、スズメ目アトリ科の小鳥。

浅黄（あさぎ）色で薄く染めた下地に、黄色の刈安（かりやす）を重ねて染める。

江戸時代中期頃に小袖の地色などに流行し、「四十八茶」の一色。江戸時代の娯楽雑誌である黄表紙《きびょうし》の登場人物の服装を、鶸茶の腰帯、鶸茶の小紋などとたびたび記されている。

豆殻茶（まめがらちゃ）

7 - 60 - 40
0 - 15 - 60 - 40

系 深く渋い黄

穏やかで明るい茶色。黄緑系の柳鼠とする説もある。豆殻とは、豆をとったあとのさや枝や茎のこと。豆の中で最も親しまれている大豆は、日本人の食生活に欠かせない食品だ。

黄海松茶（きみるちゃ）

7.5 - 50 - 50
0 - 6 - 50 - 50

系 深く渋い黄

海松茶の色名は江戸初期に現れ、黄海松茶、藍海松茶とともに使われる。海松は浅海の岩に着生する緑藻。江戸時代はごく一般的な海産物だった。

市紅茶（しこうちゃ）

7.4 - 60 - 60
C0 M9 Y60 K60

系 深く渋い黄

媚茶（こびちゃ）より少し明るい色。上方の人気役者・市川市紅に由来。『守貞漫稿』では「京阪の芝翫茶、璃寛茶、市紅茶。江戸の路考茶、梅幸茶」と、五色の役者色を当代流行色として紹介している。

媚茶（こびちゃ）

7.4 - 55 - 70
C0 M8 Y55 K70

系 深く渋い黄

江戸時代に流行した茶色の一つ。昆布の色に似ている「昆布茶（こぶちゃ）」がなまって、語呂のよい「こびちゃ」になったといわれる。江戸時代は、語呂のよさや洒落を重視し、色名の由来とはまったく別なイメージになって流行していた。小袖の地色などによく使われ、特に享保期（一七一六〜三五）庶民に愛好された。こんな渋い色が花柳界から流行した色ともいわれる江戸時代。その文化が、いかに成熟していたかがわかる。→昆布茶P160

古茶（ふるちゃ）

7.6 - 40 - 60
0 - 4 - 40 - 60

系 深く渋い黄

茶葉が古くなり暗くなった色。『当世染物鑑』には「ふるちゃ下染ももかわにて染ほしあげ」とあり、かなり暗い色と思われる。

藁色（わらいろ）

7 - 35 - 30
0 - 9 - 35 - 30

系 淡く渋い黄

稲の藁の色。ヨーロッパで藁といえば麦わらだが、日本では稲の茎。縄、むしろ、米俵とリサイクルされていた。枯色、枯草色と同じイメージの色。

東海道五十三次　江尻　歌川広重　江戸時代　山口県立萩美術館・浦上記念館
雨中の田植えには藁で編んだ蓑と笠が欠かせない。日本情緒あふれる田園風景。

灰汁色（あくいろ）

7 - 30 - 50
C0 M8 Y30 K50

系 黄みの灰

灰汁のような色。明るく控えめで、日常生活の中で使いやすい心穏やかな色。

灰汁とは、藁や木を燃やした後の灰を水に浸し、さらに沈殿させた後の上澄みのこと。

平安時代より米のとぎ汁や灰汁が洗濯に使われ、江戸時代には、灰汁桶に入れられた灰汁とたらいで洗濯がおこなわれていたという。石鹸や洗剤を庶民が使うようになるのは明治に入ってから。

江戸鼠（えどねず）

7.6 - 30 - 50
C0 M3 Y30 K50

系 黄みの灰

江戸中期以降の色名という。現代人から見ると、ほとんど特徴のない地味な色だが、色みを抑制した渋さが江戸っ子の粋ぶりを表していた。

江戸時代には「江戸百鼠」といわれるほど多くの鼠色が現れる。また「四十八茶」の中には鼠茶があり、鼠の中には茶鼠、茶気鼠、嵯峨鼠などがあるが、色の違いは微妙だ。

紀州茶（きしゅうちゃ）

7 - 30 - 45
0 - 8 - 30 - 45

系 黄みの灰

紀州侯が愛用したことにちなんだ色名。銀煤竹の別称とする説もある。

異説 壁土色（かべつちいろ）
➜P123

ささやき　鈴木春信　江戸時代　東京国立博物館
江戸時代の繊細な感性は、茶色の中にも様々なニュアンスの違いを見つけ、新しい茶色や鼠色をつくり出していった。

芥子色（からしいろ）

7.4 - 100 - 30
C 0 M 15 Y 100 K 30

帝色（ていしょく）

7.6 - 90 - 30
C 0 M 9 Y 90 K 30

別 辛子色《からしいろ》　系 強い黄

芥子の色。辛子色とも書く。芥子は奈良時代から香辛料として使われていたが、芥子色という色名は昭和以前にはほとんど記録されていないという。カラシは、おでん、トンカツ、豚の角煮などの薬味とするが、江戸時代は、鰹の刺身も辛子（味噌）で食べるのが普通だったらしい。

「初鰹銭と辛子で二度涙」（江戸時代の川柳）

長崎の和食には中国の文化が混ざり合っている。豚の角煮に添えられた芥子。

系 強い黄

銀を含んだ金粉で、蒔絵に用いる。中国の皇帝の色とされる黄色から連想した色名。金色に比べて青みがかっているので青金粉、青金泥ともいう。

牛若丸図　狩野探幽　江戸時代
黄色は開放的で明るい。牛若丸の「若さが」強調される。

藍玉子（あいたまご）

明るく鮮やかな玉子の黄身の色に、黒色を加えるとくすんだ色になり、青みがかったように感じる。

真鍮や金メッキの器具は、開放的な華やかさを表す。

真鍮色（しんちゅういろ）

7.4 - 80 - 35
C 0 M 12 Y 80 K 35

系 渋い黄

真鍮は銅と亜鉛の合金。侵食に強く精密な形をつくるのに適している。このため仏具や工芸品にも用いられ、日本人の生活に密着している。江戸時代には金座や銀座に並んで真鍮座が設けられ、真鍮の銭も発行された。

鍮石色（ちゅうじゃくいろ）

真鍮、黄銅の古代の呼び方。正倉院御物の中に鍮石の仏具の香炉や、塔金宛などが残されている。

鵲尾形柄香炉（じゃくびがたえごうろ）　飛鳥時代　東京国立博物館　法隆寺献納宝物

菜種油色（なたねあぶらいろ）

7.4 - 80 - 40
C 0 M 12 Y 80 K 40

別 菜種油色《なたねゆいろ》・菜種色《なたねいろ》・油色《あぶらいろ》　系 深く渋い黄

菜種から搾り取った菜種油の色。江戸時代には菜種油が灯油として普及し、その油の色は身近になった。江戸中頃、裃《かみしも》の色として流行したという。鼠色と茶色が主流の江戸時代ではかなり派手な色。これも江戸文化の一面だ。

油色：菜種油のような色。江戸時代、灯火の油の菜種油をとる油菜は、農民にとって手っ取り早い現金収入になる作物。至る所に菜の花畑が広がっていたという。

→菜の花色P145

金色（かないろ）

7 - 90 - 20
0 - 23 - 90 - 20

系 強い黄

金属の色。金メッキの色。「お月様が出ているね」「あいつはブリキ製です」「なに　ブリキ製だって？」「ええどうせ旦那　ニッケルメッキですよ」（『一千一秒物語』稲垣足穂）。

神輿（みこし）黒漆地に金色の神輿はきらびやかな中に力強い華やかさがある。

黄櫨色（はじいろ）

7 - 100 - 30
C0 M25 Y100 K30

別 櫨色《はじいろ》・櫨色《はぜいろ》・波自《はじ》　系 強い黄

櫨《はじ／はぜ》の木の芯材の煎汁で染めた色。天皇の袍《ほう》の色の黄櫨染（こうろぜん）は、山櫨《やまはぜ》と蘇芳《すおう》で染めた色で櫨色とは別の色。しかし、自然の素材で染めた色は染める工程の環境で色みが大きく変わるため、二色の差は判然としない。「櫨ちぎり」といえば晩秋の季語。櫨の木は紅葉の後、蝋をとるために実を収穫した。蝋《ろう》をとる木は櫨によく似た別種の木ともいわれる。『正倉院文書』には紙の色名として波自と記され、濃淡二色あった。

金色（きんいろ）

7 - 100 - 20
C0 M25 Y100 K20

別 金色《こんじき》　系 黄金のように輝きのある強い黄

金色は、神聖な天上の世界や極楽世界を象徴している。キリスト像やマリア像の背後に黄金の光背があり、仏像の背後にも黄金の光背がある。金色は、織田信長、豊臣秀吉が活躍した安土桃山時代（一五七三頃～一六一五頃）を象徴する色でもある。富や権勢の象徴としての自己顕示的な色だ。『金色夜叉』は金の誘惑に負けたお宮に裏切られた貫一が、高利貸し、金色の夜叉（金の鬼）となって社会に復讐しようとする話。

宣徳色（せんとくいろ）

7.5 - 100 - 35
0 - 13 - 100 - 35

系 強い黄

宣徳とは、中国・明の宣徳期（一四二六～三五）につくられた銅器。日本では茶道具として使われる「宣徳火鉢」が特に名高い。

京都・金閣寺
室町幕府、第三代将軍・足利義満の別荘として北山に建てられた。近世にも一九五〇年に消失するが、そのつど復元された。

黄橡（きつるばみ）

7 - 90 - 40
C0 M23 Y90 K40

系 暗い黄

渋く落ち着いた黄色で、五位以上の僧尼に許された。『僧尼令』では「木蘭」と記されたが、本来の木蘭色とは別の色。『衣服令』の序列では、紅色に次ぐ高貴な色とされた。橡《つるばみ》（クヌギの古名）の実（ドングリ）の煎汁と灰汁《あく》で染めた色。ドングリに含まれるタンニンを利用している。灰汁ではなく、鉄媒染で染めたものは「橡」という。

↓木蘭色P31・112・123

路考茶（ろこうちゃ）

7 - 90 - 60
C0 M23 Y90 K60

系 暗い黄

茶色の中でも鶯色を連想させる若々しさのある色。

江戸時代、最もよく知られた役者色。

宝暦・明和期（一七五一～七二）の頃、江戸中の人気をさらったという歌舞伎役者、二代目瀬川菊之丞が、明和三年の『八百屋お七』の狂言で、当り役、下女お杉の役で着た衣装の色から流行した。菊之丞は美貌と華やかな芸風で随一の女形といわれた役者。人気絶頂のまま三十二歳で亡くなってしまう。

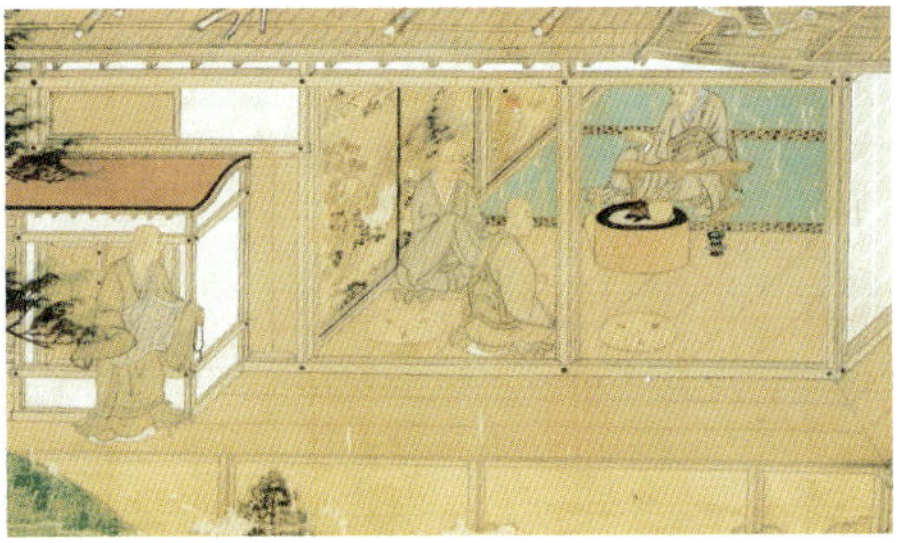

春日権現験記絵巻 第十六巻第一段 高階隆兼 鎌倉時代 御物
櫨色や黄橡は一見して地味なありふれた色に見えるが、実は特別な色。日本の文化の多様な価値観が感じられる。

千歳茶（せんざいちゃ）

7 - 80 - 85
C0 M20 Y80 K85

別 仙歳茶《せんざいちゃ》・仙斎茶《せんさいちゃ》・千斎茶《せんさいちゃ》

系 深く渋い黄

千歳緑（せんざいみどり）が茶色がかった、黒色にかなり近い色。江戸中期の染めの解説書では「藍海松茶に黒みを加えた色」とされる。宝暦（一七五一～六四）の頃、男子の小袖に流行したという。「仙斎茶／後の女房が染直し」は、「仙斎」を「先妻」にかけた江戸後期の川柳。

新斎茶（しんさいちゃ）

千歳茶からの借名。下色に千草色（青）で染めた上に、桃皮（茶）を重ねた色とされる。

川口遊里図屏風
江戸時代
千歳茶のような地味な黒色が鮮やかな紅色や柿色と組み合わせると、艶のある男前のお洒落な色に変身する。

青宣徳（あおせんとく）

7.8 - 90 - 60
C0 M5 Y90 K60

系 暗い黄

宣徳とは、中国の明時代の宣徳三年に皇帝の勅により、つくり始められた銅器。その銅器が青錆びた色を青宣徳という。茶道具として宣徳火鉢の渋さが愛好されている。

福寿茶（ふくじゅちゃ）

福寿草の花びらを支える苞葉のような色。

元日草《がんじつそう》とも呼ばれる福寿草は、幸福と長寿の語をもつ、とてもめでたい花。旧暦の正月頃、春の訪れを告げるように黄色い花を咲かせる。

福寿草
縁起のよい名前が好まれ、正月用に栽培された。実は有毒で根は強心薬になる。

国防色（こくぼうしょく）

7.2 - 80 - 50
C 0 M 16 Y 80 K 50

系 深く渋い黄

太平洋戦争時の陸軍の軍服、国民服の色。昭和十五年（一九四〇）に制定された大日本帝国国民服令による。

満州茶（まんしゅうちゃ）

カーキ色の別名。日露戦争（一九〇四〜五）後に欧米の軍服にならって、それまでの濃紺から自然界の色に合わせた迷彩色に変えた。カーキ色のカーキはヒンズー語の土埃《つちぼこり》の意味で黄土色に近い。

利休茶（りきゅうちゃ）

7.6 - 70 - 70
C 0 M 7 Y 70 K 70

別 利久茶《りきゅうちゃ》　系 深く渋い黄

碾茶（ひきちゃ）より灰色がかった色。江戸中期以降に見られる色名。利休の名がついているが利休とは関係がなく、後世の人が勝手に名を借りたもの。他にも利休鼠（りきゅうねず）などがある。利休といえば抹茶の緑みを連想させる。利休茶もいわゆる茶色の赤みではなく緑色に寄っている。碾茶とは抹茶にする前の茶葉のこと。本来は、飲む直前に茶葉を石臼で碾いて抹茶にするのでこう呼ばれる。

鶯茶（うぐいすちゃ）

7.8 - 70 - 60
0 - 4 - 70 - 60

系 深く渋い黄

鶯色に茶色みの赤みを加えた色。暖色とも寒色ともいえない微妙な色調で、不思議な味わいがある。江戸中期、女性の普段着の色として大流行した。鶯茶の色みは、江戸時代前期より、中期、後期の方が、薄く緑がちになったという。

伽藍石香合　伊賀　桃山時代　東京国立博物館
不昧公（ふまいこう）として名高い松江藩主で茶人、松平不昧が愛用していた香合（こうごう）。日本人のわびを貴ぶ心情はこのような渋く小さい器を宝物としている。

黄色（きいろ）

8 - 100 - 0

C0 M0 Y100 K0

別 黄《き》　系 鮮やかな黄・色料の三原色CMYのY（イエロー）

赤みも青みも全く含まない純粋な黄色。一般的に黄色といえば山吹色に近い赤みを含んだ黄色までを指す。カラー印刷ではこの黄色のインクが基本色。

真黄色（まっきいろ）　別 真黄《まき》

黄色の純粋さを強調した呼びかた。平安時代には庶民の色とされる。一方、この透明な黄色は哲学や精神的な深さを感じさせる色でもあり、僧や中国の帝の色ともされた。

女郎花（おみなえし）

異説 ➡ P128

8.1 - 90 - 0

C2 M0 Y90 K0

系 鮮やかな黄

女郎花の花のような、透明感のある爽やかで涼しげな黄色。女郎とは身分のある女性や若い女性のことで、軽い敬語でもあるという。秋の七草「萩の花／尾花葛花《くず》／なでしこの花／女郎花《をみなえし》／また藤袴／朝顔《あさがほ》が花」（『万葉集』山上憶良《やまのうえのおくら》）のひとつ。「秋の野になまめき立てる女郎花／あなかしがまし／花もひと時」（『古今和歌集』）。秋の野に美しさを競うかのように女郎花が咲いている。

檸檬色（れもんいろ）

8.3 - 95 - 0

8 - 0 - 95 - 0

系 鮮やかな黄

檸檬の果実の表皮のような爽やかでフレッシュな色。実物のレモンは、蜜柑や橙《だいだい》に比べ黄色に近く、青みがかって見える。レモンは、日本には十九世紀後半にやってきた。「檸檬」という漢字は英語の「lemon」を中国語の「檸檬《ねいもう》」から借用した音訳とのこと。

女郎花

やや緑みの黄色で静かな印象を表し、初秋の爽やかな日差しが似合う。

異説 → P150

刈安色（かりやすいろ）

8 - 90 - 4
C0 M0 Y90 K4

別 青茅《かりやす》　系 鮮やかな黄

刈安で染めた色。刈安は手に入りやすく、染めやすかったため、庶民の着物に広く使われた。『延喜式』では、刈安染めの黄色の深黄と浅黄は無位の官人や庶民の服色とされている。刈安は、緑系の色に染めるときにも使われた。植物の緑色は直接染めても定着しないため、刈安で下染してから藍染を重ねて、緑色にした。支子《くちなし》は刈安と同じ黄色だが、赤みを帯びているので、緑色が濁ってしまう。刈安ならば鮮やかな緑色が表せた。

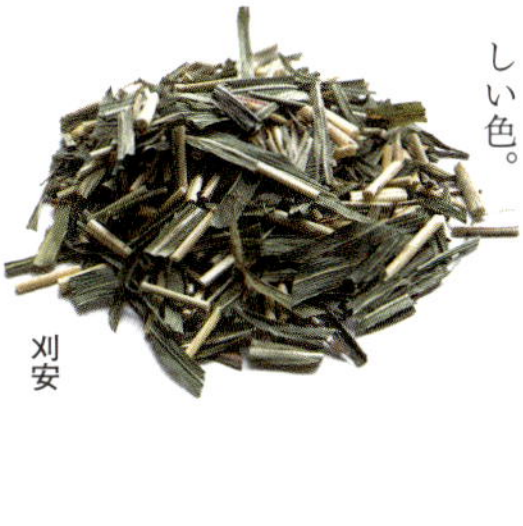

刈安

菜の花色（なのはないろ）

別 菜種色《なたねいろ》

菜の花の緑みの黄色。「菜種色（なたねいろ）」と呼ばれることがあるが、菜種油色も「菜種色」と呼ばれたため区別して「菜の花色」と呼ぶようになったという。戦国時代から江戸時代にかけて、灯油は、荏胡麻から菜種油に代わり、日本の田園風景が菜の花に覆われるようになった。「菜の花や月は東に日は西に」（与謝蕪村）。一面の菜の花畑。その鮮やかな黄色の中に、今、日が沈んでいこうとしている。

菜の花
油菜の花は格式ばらず、気軽に散らばって咲き、親しみやすい。

夕立図　鈴木春信　江戸時代　シカゴ美術館
突然の夕立にあわてている。困惑気味でユーモラスな光景に黄色の軽さがよく似合う。

中黄（ちゅうき）

8 - 70 - 0
0 - 0 - 70 - 0

系 明るい黄

鮮やかな黄色に比べ、一段と優しい色。

鶸色（ひわいろ）

8.5 - 90 - 5
C 11 M 0 Y 90 K 5

系 鮮やかな黄

鶸の羽のような明るく爽やかな色。鎌倉時代の頃に現れた色名といわれる。鶸は雀よりやや小さい鳥。冬になるとユーラシア大陸から日本に渡ってくる。村落周辺の林に群をなして棲み、木の実や草の種子を食べ、世界に約百二十種ある。『枕草子』では「鳥は…都鳥、鶸」と記され冬の季節を感じさせる代表的な小鳥として親しまれていた。

若苗色（わかなえいろ）

9 - 80 - 9
C 20 M 0 Y 80 K 9

系 明るい黄緑

田植えの時期の、植えたばかりの稲の苗の色。平安時代から使われていた伝統の色名。かすかにくすみがある。「若」のつく緑色は、新芽の早春をイメージさせることが多いが、若苗は「初夏」の色とされ、さらに濃くなった苗色は「夏」を表す色とされた。重ねの色目としては初夏の色で「表裏ともに萌黄色」。

早苗色（さなえいろ）

早苗も若苗もともに苗色の明るい色。

鶸色　格式のある紫色の着物のすそから、明るい鶸色がのぞき、若々しい印象を表す。

鶸萌黄（ひわもえぎ）

9.2 - 100 - 10
30 - 0 - 100 - 10

別 鶸萌木《ひわもえぎ》　系 強い黄緑

鶸色（ひわいろ）と萌黄色（もえぎいろ）の中間の色。江戸の染色解説書『当世染物鑑』で紹介されている色名。鶸色も萌黄色も鮮やかな黄緑だが、その中間にこの色を追加している。刈安の上に微かに藍色を重ねてこの色を表した。

水面が隠れるほど苗が育つと、生命感があふれてくる。

黄浅緑（きあさみどり）

9.5 - 90 - 0
C34 M0 Y90 K0

若菜色（わかないろ）

9.5 - 70 - 0
C26 M0 Y70 K0

別 黄浅緑《きのあさみどり》　系 鮮やかな黄緑

『延喜式』によれば黄蘗八両に藍小半囲を染め重ねるとあり、黄みの強いこの黄緑を指す。青浅緑と同じとする説もあるが、前田雨城氏は染める手順によって差が生まれ、青浅緑は別な色としている。同量の染材で染めたとしても、色名を黄と強調してあり、別な色と解するのが自然だ。

系 明るい黄緑

春先の菜の色全体を指す爽やかな色。セリ、ナズナ、ゴギョウ、ハコベ、ホトケノザ、スズナ、スズシロの春の七草も若菜といった。古代の宮中で万病を除くとされ、正月七日の若菜摘みは行事になった。若菜摘む女性の風景は、『源氏物語』や狂言などで春を告げるモチーフになった。「まだ白雪の積れども／若菜の萌えて色青き」（島崎藤村『草枕』より）。まだ、雪は残っているが、若々しい緑が景色を青く染め出している。春の気配がある。

若葉色（わかばいろ）

10.3 - 70 - 5
40 - 0 - 70 - 5

系 明るい黄緑

夏になる前の若葉の色。若菜色より青みが濃い。若菜色と同様にかなり広い範囲を指す。「あらたふと青葉若葉の日の光」は、芭蕉が日光参詣に詠んだ句。

新しい生命は厳しい冬を越えて芽生える。

若草色（わかくさいろ）

9.5 - 100 - 5

C38 M0 Y100 K5

系 鮮やかな黄緑

若草色は若苗色と違い、濁りの少ない緑みの強い色。芽吹いた草が野山を覆い、春の訪れを感じさせる色。「若竹」「若緑」など若の字がつく名の色は明るく鮮やかな緑色だが、「若草」はより生命感に溢れている。「若」には、新鮮な、未熟な、新しいなどの意味がある。枯葉色の冬景色から、若葉が芽生え、命が始まる喜びを感じさせる。と、同時に盛夏の深緑に対して、はかなく未熟な弱さも暗示する。

蓬
枯野の山野に春が来て、黒い大地から若草の明るい世界に変わる。

明るくソフトな若草色に明るい橙色は引き立てあって若さが強調される。

黄緑（きみどり）

10 - 100 - 0

C50 M0 Y100 K0

系 鮮やかな黄緑

緑色と黄色の中間を表す準基本色名。樹の葉色は、春先の新芽のときには明るい黄緑で、徐々に濃い緑色となる。色名に「若」のつく若草、若葉、若苗などは黄緑の一種。

春、落葉樹の新芽が黄緑色になっていっせいに開き樹々はすっかり若返る。

萌黄色（もえぎいろ）

10 - 100 - 10
C 50 M 0 Y 100 K 10

別 萌木色《もえぎいろ》　系 強い黄緑

萌黄、萌木は春の萌え出る若葉の色。黄緑系を代表する、平安時代から使われている色。

萌え出る若木の色から若さを象徴する色でもある。『平家物語』に出てくる平家の貴公子・平敦盛（十七歳）の鎧や那須与一（二十歳）にも使われている色だ。

萌葱とも書かれるが、これは、江戸時代から使われるようになった。アオネギの濃い緑色の部分の色。

平安末期には「萌葱」ともいわれ、アオネギの濃い緑に由来して青色を指し、萌黄と萌葱が混乱し、今日まで続いている。見本色の黄緑を「萌黄」と表し、青色や濃い緑は「青葱」とするのが自然。「萌黄」の萌は活力が満ちていることを示し、黄は新芽の若々しさを表し、見本色の色調になる。

↓萌葱色 P190

萌黄色の衣
春が待ち遠しい平安時代の貴族たちは、春の若々しさを表す代表的なこの色を大切にした。

浅緑（あさきみどり）

10 - 95 - 5
48 - 0 - 95 - 5

別 浅緑《うすみどり》・浅緑《せんりょく》　系 鮮やかな黄緑

平安時代、「浅」は、緑色の薄いことではなく、黄色に近いことを表す深緑の対色。「春はきぬ／春はきぬ／浅みどりなる新草《にひくさ》よ／とほき野面（のもせ）を画《ゑが》けかし／さきては紅き春花《はるはな》よ／樹々の梢を染めよかし」（島崎藤村『春』）。野には新しい緑が敷きつめ、樹々は春の花で赤く染められている。春がきた喜びに満ちあふれたイメージだ。

異説 ↓P170

刈安色（かりやすいろ）

8 - 95 - 20
C 0 M 0 Y 95 K 20

系 強い黄

刈安は黄色を染める代表的な草で、現れる色みに幅がある。見本色は少し渋めな色を示している。刈安色は、黄系の色名では最も古く、奈良時代の古文書『正倉院文書』に既に登場している。刈安は、主産地が近江地方（滋賀県）だったため、刈安といえば「近江刈安」を指した。八丈島の黄八丈を染める「八丈刈安」は、刈安と同じイネ科の小鮒草《こぶなぐさ》。

苗色（なえいろ）

異説 ↓ P 145

9 - 100 - 30
C 25 M 0 Y 100 K 30

系 強い黄緑

稲の苗の色。明るく落ち着きがあり、黒みを含んでいる。平安末期の『助無智秘抄』には「苗色とは黄気ある青物也」、安土桃山時代の『装束抄』には「薄萌木」とある。色名は時代により微妙に変化しつつ受け継がれている。「昨日こそ早苗《さなえ》とりしか／いつのまに／稲葉《いなば》そよぎて秋風のふく」（『古今和歌集』）。若い、輝くような緑から、いつのまにか、成長した稲は緑も濃くなり、葉が風にそよいでさわさわと音をたてている。

香櫞色（こうえんしょく）

9 - 100 - 25
25 - 0 - 100 - 25

系 強い黄緑

香櫞はレモンの一種の枸櫞《くえん》に似た色。丸仏手柑《まるぶしゅかん》の中国名で薬に用いられている。清涼飲料に使われるクエン酸の語源も枸櫞。枸櫞のフランス名はシトロン。

春先の水田を飾る苗の列は、田植を終えたばかりであっても秋の収穫を連想させ豊かな気持ちになる。

柳緑（りゅうりょく）

10 - 100 - 20
C 50 M 0 Y 100 K 20

系 強い黄緑

青柳よりさらに青みの強い緑色に近い色。緑色に比べると黄みが強く、くすみがある。「柳緑花紅《りゅうりょくかこう》」とは、春の美しい風景や自然のありのままの姿を表す言葉。ここで指す緑の範囲は、広く自然全体を柳緑で表している。

少しくすみが加わった柳緑は穏やかで落ち着いた気持ちにさせる。

青柳（あおやぎ）

10 - 85 - 12
C 43 M 0 Y 85 K 12

系 強い黄緑

柳色より青みのある色。「あおやぎの糸よりかくる春しもぞ／みだれて花のほころびにける」（『古今和歌集』）。春、風にそよぐ柳を糸にたとえている。咲き乱れる花を「ほころぶ」で表し、ほころびを縫う糸とかけてある。

源氏物語図　伝・狩野永徳　桃山時代　宮内庁三の丸尚蔵館
柳の下で宴をひろげる。日本人は季節の変化を楽しみ、野外での行事を大切にした。

鸚哥緑（おうかりょく）

9.5 - 100 - 15
38 - 0 - 100 - 15

別 鶯歌緑《おうかりょく》・鸚緑《おうりょく》
系 強い黄緑
鸚哥《インコ》の羽毛の緑色。

明るい法被（はっぴ）を反対色の赤茶色で引き締めてバランスをとる。

若芽色（わかめいろ）

9 - 50 - 0
C 13 M 0 Y 50 K 0

系 明るい黄緑

「若さ」と「芽」を重ねて芽生えたばかりを強調した色名。若葉色、若草色、若菜色、若緑の中で、ひときわ色みの薄い黄色に近い色。「木の芽草の芽あるきつづける」（種田山頭火）。新しい命の始まる春。ただ、歩き続ける男の孤高を、眩しく萌え出る緑の景色がより鮮明にする。

嫩黄色（どんこうしょく）

8.2 - 50 - 5
C 3 M 0 Y 50 K 5

系 明るい黄

穏やかで優しい色。「嫩」とは、若さや弱さと、美しいことを表す。嫩芽《どんが》は新芽、嫩湯《どんとう》はぬるま湯、嫩晴《どんせい》は長雨の後の久しぶりの晴れを表す。

硫黄色（いおういろ）

8.4 - 25 - 8
3 - 0 - 25 - 8

系 淡く渋い黄

黄色とはいえわずかに黄緑がかり、寒色に近づいて涼しさを感じさせる。硫黄は点火すると青い炎で燃えあがる。

薄柳（うすやなぎ）

9.3 - 40 - 5
13 - 0 - 40 - 5

系 明るい黄緑

春の柳を遠くから見ると明るい陽光を受けて眩しい。なぜか凶色であるという。

淡萌黄（うすもえぎ）

10 - 60 - 5
C 30 M 0 Y 60 K 5

別 淡萌木《うすもえぎ》　系 明るい黄緑

萌黄は緑が萌え出る若さを表すが、それに淡さを重ねて、はかない若々しさ、初々しさを強調した色名。

若緑（わかみどり）

10.8 - 55 - 5
C 39 M 0 Y 55 K 5

系 明るい黄緑

瑞々《みずみず》しい松の若葉のような明るい黄緑。常緑と違って、はっきり明るいが新芽より濃い。川上弘美の『センセイの鞄』では「…五月になった。街路樹にも家のそばの雑木林にも、若緑色の葉がびっしりと繁りはじめていた」と、新たなシーンの始まりを若緑色で暗示している。

浅藍色（あさきあいいろ）

10 - 50 - 10
25 - 0 - 50 - 10

系 明るく渋い黄緑

藍と黄檗で薄く染めた色。平安時代の色名では、藍色が「浅い」とは、色みが「薄い、明るい」ことではなく、黄色に近づいた事を表した。

春の庭は、常緑樹の濃い緑に若い新しい芽が加わり、賑やかな空間になる。

浮世美人花見立 丁字屋内ちょう山 鈴木春信 江戸時代 東京国立博物館
背景の畳を明るい若緑色にすると場面全体が若やいで見える。

浅黄（あさきき）

8 - 80 - 30
C0 M0 Y80 K30

別 浅黄《あさき》・浅黄《うすき》・浅黄色《あさぎいろ》
系 渋い黄

浅黄は『延喜式』に記された色名で、深黄の対色で「あさき」という。浅黄色、浅葱色（あさぎいろ）と色名は似ているが、この浅黄は刈安草と灰汁で浅く染めたまったく別な色。平安中期に、藍染めのごく浅く染めた浅葱色との混乱が始まり、『今鏡』（平安後期）には「青なのか黄なのか分からない」とある。浅葱色と混同されるので、江戸時代では「薄玉子」と呼んで区別した。浅葱は明るい青緑を指す。

青朽葉（あおくちば）

異説 ➔ 浅葱色P184

8.4 - 80 - 35
C8 M0 Y80 K35

系 渋い黄

緑みの朽葉色。「赤朽葉」「黄朽葉」と同じく朽葉色のバリエーション。平安時代からある色名。枯れて大地に落ちた朽葉に、平安の人々は季節の移ろい、情緒の深さを感じ「朽葉四十八色」と呼ばれるほど多くの類色がある。青朽葉は、秋の鮮やかな落葉と違い、盛夏の緑色の茂る中で落ちていく朽葉の色。

『枕草子』には、貴族の女児の衣装である汗衫《かざみ》は「夏は青朽葉」とあり、梅雨から夏の時期に着用したようだ。

朽葉色（くちばいろ）

8 - 100 - 45
0 - 0 - 100 - 45

系 暗い黄

異説 ➔ P99

抹茶色（まっちゃいろ）

9 - 90 - 30
C23 M0 Y90 K30

系 強い黄緑

抹茶のような色。抹茶とは、良質な茶葉の新芽を蒸して乾燥させ、葉肉のみを臼でひいて粉にしたもの。茶葉の色みが、美しく残されている。

千利休によって完成された茶道は、江戸時代に入ると「茶の湯」として確立し、文化として開花していく。抹茶色は、その普及にともなって生まれた色名。

煎茶も、江戸時代に入ると各地に産地ができ、庶民の日常生活に定着していく。

柳色（やなぎいろ）

9 - 75 - 30
C19 M0 Y75 K30

系 渋い黄緑

柳の葉のような穏やかな色。柳色は桜色とともに日本の春を代表する色。柳のつく色名は十四色ある。「見渡せば／柳桜をこきまぜて／都ぞ春の／錦なりける」春の景色を詠んだ素性法師《そせいほうし》の歌（『古今和歌集』）。

柳葉色（やなぎはいろ） 別 柳葉色《やなぎばいろ》

柳色に「葉」を加え、柳葉の美しさを強調している。

柳染（やなぎぞめ）

柳の優しい色合いは平安の昔から愛された。

抹茶の味
日本の和菓子やアイスクリームに抹茶を添えると、ほろ苦い大人の味が甘さを引き立てる。

青葡萄色（あおぶどういろ）

9.5 - 75 - 20
28 - 0 - 75 - 20

系 渋い黄緑

黄緑系の葡萄を「青」と表現する。もちろん青色ではない。信号の緑色をアオというのと同じ。

黄草（きぐさ）

8.4 - 90 - 40
9 - 0 - 90 - 40

系 暗い黄

黄色みの強い草色。若いエネルギーの秘められた力強い色。

緑衫（ろくそう）

9.5 - 60 - 40

C23 M0 Y60 K40

別 緑衫《ろうそう》　系 深く渋い黄緑

落ち着きのある緑。平安時代の六位の官人が着た色。衫《そう》は単衣《ひとえぎぬ》や帷子《かたびら》のこと。青衣《あおききぬ》と同じ。

柳茶（やなぎちゃ）

9 - 50 - 40

C13 M0 Y50 K40

系 深く渋い黄緑

柳色に少しくすみの加わった色。江戸の解説書に威光茶と近いとされる。

東都名所・両国夕すゞみ　歌川広重　江戸時代　山口県立萩美術館・浦上記念館
風に揺れる柳の小枝と着物のしなやかなゆれに自然を楽しむ日本人の嗜好を表す。

浅青朽葉（うすあおくちば）

8.4 - 50 - 30

5 - 0 - 50 - 30

系 明るく渋い黄

青朽葉の薄い色。暖色の朽葉色に比べると青色がかって見えるので青と命名された。

呉竹鼠（くれたけねず）

8.4 - 50 - 50

5 - 0 - 50 - 50

系 深く渋い黄

呉竹は、中国の呉から伝わった淡竹の一種。京都御所の清涼殿にも植えられ、高尚なイメージを表す。

湖畔初夏　小林柯白　昭和八年　京都国立近代美術館
湖畔と木々の緑を明るいトーンで描き、初夏らしさを表現している

裏柳（うらやなぎ）

8.4 - 40 - 30
C 4 M 0 Y 40 K 30

利休色（りきゅういろ）

8.4 - 40 - 40
C 4 M 0 Y 40 K 40

別 裏葉柳《うらはやなぎ》　系 明るく渋い黄

柳の葉裏のような色。灰色がかった柳色。また、黄みの少ない明るい緑ともされる。あっさりとして落ち着いた色。江戸時代に用いられた。

重ねの色目では「表白、裏萌黄」とされている。裏柳の染色は江戸時代末の多くの色見本帳にみられる。

浦和柳（うらわやなぎ）

色名だけが伝わり、由来が伝わっていない。

別 利久色《りきゅういろ》　系 深く渋い黄

抹茶の緑みを連想させる穏やかな色。

千利休は、侘茶の完成させた安土桃山時代の茶人。「天下一の茶匠」として名声をほしいままにした。侘《わび》の美意識を大切にする利休は禅の「枯淡閑寂」の精神を求めた。商売では「利」が「休」んでは困ると「久」の字をあて「利久」とすることもある。

三代目沢村宗十郎の大岸蔵人　東洲斎写楽　江戸時代　大英博物館
この大岸蔵人は仇討ちを助ける人物。扇子の渋い緑で芯の強い落ち着いた人柄を表そうとしている。

黄鼠（きねず）

8 - 30 - 40
0 - 0 - 30 - 40

系 黄みの灰

くすんだ黄色。

彦根屏風　江戸時代　国宝　彦根城博物館
宴会を盛り上げる裏方の衣装は控えめな色。

璃寛茶（りかんちゃ）

8 - 35 - 68
C0 M0 Y35 K68

系 黄みの暗い灰

江戸は文化文政（一八〇四〜二九）の頃、大阪で人気の歌舞伎役者、二代目嵐吉三郎（俳号は璃寛）が舞台衣装などに好んで使った色。嵐吉三郎と中村芝翫は人気を二分する激しいライバル関係にあり、十八年間一度も同じ舞台に立たなかったという。両方の色名とも、文化文政から天保までかなり長い期間にわたって人気を誇った。また、一方が流行ものを出すと、他方も対抗して出したという。

橄欖色（かんらんしょく）

8 - 55 - 70
C0 M0 Y55 K70

系 深く渋い黄

オリーブに似た色のこと。橄欖の実の色。実は生食でき、種から油を搾ったりとオリーブに近い。インドシナ原産で江戸時代に種子島に伝わり、今も鹿児島にある。

青茶（あおちゃ）
緑がかった茶色。鶯茶（うぐいすちゃ）、媚茶（こびちゃ）、海松茶（みるちゃ）など微妙なバリエーションがある。

相思灰（シアンスーホイ）
相思鳥は中国・インドに棲む目の周辺が淡い黄色の小鳥。

江戸の流行色、璃寛茶は江戸情緒を伝える色として今も生きている。

浮草鼠（うきくさねず）

8.5 - 23 - 55
3 - 0 - 23 - 55

系 黄みの灰

黄色に灰色をわずかに加えると緑色に見える。利休鼠や鴨川鼠、深川鼠、青柳鼠もこのグループ。

柳鼠（やなぎねず）

9 - 25 - 50
6 - 0 - 25 - 50

海松色（みるいろ）

9.5 - 70 - 70
C 26 M 0 Y 70 K 70

別 水松色《みるいろ》　系 深く渋い黄緑

海松のような色。幽玄を思わせ、鎌倉武士や室町時代の文化人に愛好された。色名が、広く知られるのは江戸時代になってからという。「海松茶」「藍海松茶」「海松藍色」などのバリエーションも生まれた。海松は、『万葉集』や「風土記」にも名が見られる海藻。食用として採取されていた。重ねの色目としては「表萌黄、裏縹」の他、いくつかの説がある。主に年輩者向きで、祝儀の折に着用する、めでたい色とされていたという。

鈍色（にびいろ）

10 - 30 - 80
C 15 M 0 Y 30 K 80

別 鈍色《にぶいろ》・鈍色《どんじき》　系 黄緑みの暗い灰

薄墨（うすずみ）に青花を混ぜたような色、黒橡（くろつるばみ）のうすい色など灰色系の色。喪服に使われる凶色。天皇が親族の喪に服するときは鈍色を「錫紵（しゃくじょ）」といった。鈍色は、僧侶が着る法衣の名前でもあり、その場合は「どんじき」と読ませる。色名を変えるだけでイメージも用途も変わり面白い。「夏の夜の鈍色《にびいろ》の雲おし上げて白き孔雀の月のぼりきぬ」（与謝野晶子）。夏の夜、鈍色の雲間から月がまばゆい輝きを放って昇ってくる。

薩摩鼠（さつまねず）

9 - 40 - 60
10 - 0 - 40 - 60

別 柳鼠《やなぎねずみ》　系 黄緑みの灰

『手鑑模様節用』には、豆殻茶（まめがらちゃ）と同じとされているが、柳鼠は緑みが強い。

↓豆殻茶P135

青柳鼠（あおやぎねず）

10.5 - 30 - 50
19 - 0 - 30 - 50

系 深く渋い黄緑

柳鼠や利休鼠にイメージが似た色。利休鼠より色みが濃い。

系 黄緑みの灰

風に揺らぐ柳の穏やかな情緒は、江戸の町人の心をとらえ、多くの色名に用いられている。

利休生壁（りきゅうなまかべ）

8.4 - 50 - 65
C5 M0 Y50 K65

系 深く渋い黄

利休の名を冠し、抹茶を連想させる黄緑と結びつけた色。黄色に黒みを加えてくすませると、やわらかい黄緑色に感じる。江戸時代の人々にとって、千利休といえば侘茶を完成させた大文化人。

根岸色（ねぎしいろ）

8.4 - 40 - 55
C4 M0 Y40 K55

系 深く渋い黄

穏やかな渋い色。根岸土で上塗りした壁（根岸壁）の色。江戸時代に登場した色名。かつて根岸では、砂質の上等な壁土がとれ、その色を根岸色といった。根岸とは、東京・上野公園の高台から北東側のふもとに当たる地名。江戸時代は閑静な地で鶯の名所、「初音の里」ともいわれた。

オリーブ色

熟したオリーブの実の色。

昆布茶（こぶちゃ）

8.4 - 60 - 70
6 - 0 - 60 - 70

系 深く渋い黄

色名は、昆布の色と茶色を結びつけたと思われる。媚茶（こびちゃ）は昆布茶からの変名とされるが、色みが橙みによっている。昆布は海松とともに江戸の人にとって大切な海の幸だった。

↓媚茶P136

寄三津再十二支　三代目坂東三津五郎　初代歌川国貞　江戸時代　国立劇場
お軽（かる）と勘平（かんぺい）の話は「忠臣蔵」を彩る悲劇のエピソード。お軽の気丈さが二人のポーズに表れている。

華やかなはずの祭りに、こんな地味な根岸色のそろいの法被を着る。江戸の伝統が今も引き継がれている。

麴塵（きくじん）

9 - 50 - 50
C13 M0 Y50 K50

別 麹塵《きじん》　系 深く渋い黄緑

麹《こうじ》のカビのような色。『延喜式』では青白橡の色名で登場する。天皇がケ（平常着）に着る袍《ほう》の色。禁色だった。青白橡（あおしろつるばみ）の中国風の別名ともいわれるが麹塵の方がやや明るく濁りがある。山鳩色と同じともされる。天皇の身のまわりの世話をする蔵人には着用が許されていた。また、『枕草子』には、六位の蔵人の「青色」という名で着用を許されている様子を「めでたきもの」と紹介している。当時の融通無碍《ゆうずうむげ》な様子が興味深い。

山鳩色（やまばといろ）

10 - 50 - 50
C25 M0 Y50 K50

別 鳩染《はとぞめ》・鳩色《はといろ》　系 深く渋い黄緑

天皇の袍の色の一つ。天皇のケ（平常着）の色でもあり、同時に六位の蔵人にも許された色。実際の山鳩にこの色はないが、光線によって、灰みの中に赤紫や緑が見え隠れする。中世になり青白橡（あおしろつるばみ）、麹塵（きくじん）のことをいったともいわれる。「山鳩色の御衣にびんづら結はせ給ひて、御涙におぼれ」。『平家物語』で壇ノ浦で入水する八歳の安徳天皇の御衣も山鳩色だった。→青白橡P166

柳煤竹茶（やなぎすすたけちゃ）

9 - 60 - 70
15 - 0 - 60 - 70

系 深く渋い黄緑

かなり灰色に近い色。「茶」はくすんでいることだけを表す。江戸の解説書には「薄浅黄と刈安で染めた上に墨を刷毛で引く」とある。しかし薄浅黄は薄浅葱とする説もあるが、浅葱に刈安を加えてもこの黄緑にはならないようだ。

→薄浅葱P186

暗色の渋い緑色は力強い生命感を表す。

梅幸茶（ばいこうちゃ）

8.4 - 65 - 50
C7 M0 Y65 K50

系 深く渋い黄

茶色というより、苗色や海松色に近い渋い色。歌舞伎役者の初代尾上菊五郎（一七一七～八三）が好んだ色。梅幸は菊五郎の俳号。梅幸茶は代々の菊五郎に愛用され、音羽屋の色として定着した。菊五郎は渋みのある芸達者で、芝居通の人々に贔屓《ひいき》にされたという。梅幸茶には菊五郎の芸風にも通じる華やかさと渋みが感じられる。

草柳（くさやなぎ）

渋い黄色は黄緑に感じさせる。梅幸茶と同じとされる。

威光茶（いこうちゃ）

8.4 - 70 - 50
C7 M0 Y70 K50

別 威公茶《いこうちゃ》　系 深く渋い黄

茶色の中では、若々しさのある色。柳茶に近い。威公とは、水戸藩初代藩主の徳川頼房《とくがわよりふさ》のおくり名（死後、その人の行いなどを讃えておくる名）。性格は俊邁《しゅんまい》剛殺《ごうさつ》とされた、頼房が好んだ色ともいわれる。

浮世風俗美女競　一泓秋水浸芙蓉　溪斎英泉　江戸時代　千葉市美術館
書きかけの手紙から筆の向きを変えて話しかけている。この微妙な間のズレがかえって時間が止まった間合いの印象を深める。

早蕨色（さわらびいろ）

8.4 - 80 - 50
8 - 0 - 80 - 50

系 深く渋い黄

野山に生え始めたばかりの蕨の茎色。早春に地中から、こぶし形の穂先をした巻き形の茎を出す。「煙たちもゆと見えぬ草の葉を／たれかわらびと名づけそめん」（『古今和歌集』）。燃えているように見えないこの草を誰がわらびと名づけたのだろう。「わらび」と「藁火」、「萌ゆ」と「燃ゆ」をかけている。

柳煤竹（やなぎすすたけ）

9 - 70 - 70
C 18 M 0 Y 70 K 70

系 深く渋い黄緑

江戸時代元禄期につくられた人気の煤竹色のバリエーション。当初は、桃《もも》皮《かわ》やかねくろみで染めた暗めの色だったが、江戸末期には薄浅黄と刈安で染めた、かなり明るい色に変化している。

見立桃園三傑　蹄斎北馬　江戸時代　東京国立博物館
三国志の三傑を見立てる桃園で酒宴中の芸者と遊女。梅幸茶や威光茶は単色で見ると渋い色調だが、鮮やかな紅色をより際立たせる。

苔色（こけいろ）

9.5 - 80 - 50
C 30 M 0 Y 80 K 50

系 深く渋い黄緑

苔のような色。日本人は苔むした老木や庭園に、深い静逸さを感じる特別な文化を持つ。天平年間に創建された西芳寺を「苔寺」と愛称し、心の静まる、深遠な空間として敬愛しつづけている。欧米人や中国人とは異なる文化が、苔色を通して見えてくる。

平安時代に記された「苔衣《こけごろも》」は僧侶や隠者の衣のことで、苔色の衣のことではない。明治以降はモス・グリーンと呼ばれた。

苔は花の咲かない背の低い植物の俗称。いわば名もなき草だが、杉苔、銭苔と個性的な名前がつけられている。

煎茶色（せんちゃいろ）

9.5 - 100 - 50
C38 M0 Y100 K50

別 せん茶色《ちゃいろ》・煎《せん》じ茶色《ちゃいろ》・煎《せん》じ茶染《ちゃぞめ》　系 暗い黄緑

穏やかな緑色。色域は黄色に属するが、黒みが加わって緑色を感じる。これは黄色全般の特徴。煎茶の色は、緑系と赤みがかった茶色の二系統がある現在のように鮮やかな緑色の茶葉が生産されたのは江戸時代後期で、以前の煎茶は文字通り「茶色」だった。

煎茶色
鮮やかな煎茶の緑色は、江戸中期からでそれまでのお茶は文字通りの茶色だった。

鶯色（うぐいすいろ）

異説 → P 113

9 - 90 - 50
C23 M0 Y90 K50

別 鶯染《うぐいすぞめ》　系 暗い黄緑

鶯の羽のような色。江戸時代からの色名。文様の「梅に鶯」という取り合わせは『古今和歌集』からといわれている。「鶯の笠にぬふてふ梅の花／折りてかざさむ／老かくるやと」（『古今和歌集』）。鶯が笠に縫いあげるという梅の花を、ちょっとかざしてみた。少しは老いが隠せるかしらん。春の訪れを感じさせる和菓子に「うぐいす餅」がある。うぐいす粉（青大豆からできたきな粉）をまぶした求肥《ぎゅうひ》で餡を包んだこの菓子の名付けの親は豊臣秀吉だという。

黄木賊（きとくさ）

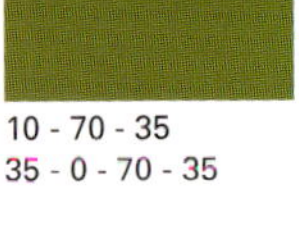

10 - 70 - 35
35 - 0 - 70 - 35

系 渋い黄緑

木賊色に黄みが加わって、渋さの中に若さがある色。

梅に鶯図　金子金陵　宮内庁三の丸尚蔵館

相思鼠（そうしねずみ）

相思鳥の背羽根の色。相思鳥は中国南部からヒマラヤにかけて分布し、美しい鳴き声と仲の良い仕草が愛されている。

異説 → P 235

草色（くさいろ）

9.5 - 100 - 35
C38 M0 Y100 K35

別 草色《そうしょく》・草葉色《くさばいろ》　系 強い黄緑

緑色を代表する色。若草が濃くなった緑色をイメージさせる色名。鮮やかな緑色は、他の色と組み合わせると生々しすぎて調和しにくいが、草色は、かなりくすんでいるので他の色とのバランスがとりやすい。「草青む」は春の季語だが、「草の色」となると紅葉した草の色ということで秋の季語になる。草色の春の味といえば草餅、よもぎ餅。これには邪気を払う意味が込められている。

比金襖（ひこんのう）

10 - 100 - 50
C50 M0 Y100 K50

別 比金襖《ひごんあお》・比金襖《ひごのあお》・比金青《ひこんじょう》　系 暗い黄緑

「比金《ひごん／ひこん》」とは、金糸や細く切った金箔を使った模様で織りだした金襴の類《たぐい》の織物のことされる。「襖《あお》」は青みのある色を意味する。萌葱の濃く暗い色。

青箱草（せいそうそう）

正倉院の薬品リストに記された薬草。

萌葱地唐草萩牡丹丸模様絽金舞衣

陰萌黄（かげもえぎ）

10 - 70 - 50
35 - 0 - 70 - 50

別 陰萌葱《かげもえぎ》　系 深く渋い黄緑

萌葱色に黒みが加わった、落ち着きのある黄緑。江戸時代の『貞丈雑記』には木賊色（とくさいろ）に近いと記されている。

草餅
早春三月三日の節句にハハコグサやヨモギを摘んで、餅と一緒につき、季節の変化を楽しむ。

渋い中に華やかさを表す衣の色で、都大路を飾る

青白橡（あおしろつるばみ）

7.6 - 100 - 80
C10 M0 Y100 K80

別 青白橡《あおしろのつるばみ》・青白橡《あおしらつるばみ》・青色《あおいろ》　系 暗い黄

天皇のケ（平常）の袍《ほう》の色の一つで禁色。平安時代から使われた。昼間の光や夜の燭火など光の具合によって色の見え方が微妙に変化する。『延喜式』では刈安（黄）と紫根（紫）という補色関係に近い色同士の高度な混色で染めると指定されている。青白橡は、単に青色と呼ばれる他、山鳩色、麹塵（きくじん）、天皇の御料（高貴な人の所有物）の音が伝えられた魚綾《ぎょりょう》など、様々な名で呼ばれる。

➜麹塵・山鳩色P161

魚綾（ぎょりょう）

別 御料《ごりょう》・御綾《ぎょりょう》

青白橡のこと。魚綾と別称にしたのは青白橡が天皇の御料《ぎょりょう》（使用するもの）になったため。

手鑑帖　葛に蜥蜴図　酒井抱一　江戸時代　静嘉堂文庫
日常に見かける何気ない光景が江戸時代の人々の心を捉えた。

黄黒（きぐろ）

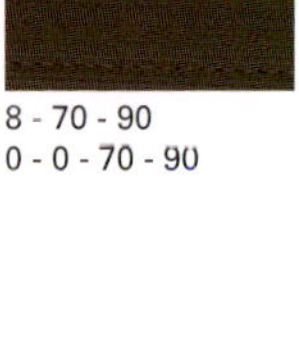

8 - 70 - 90
0 - 0 - 70 - 90

系 黄みの黒

黄色は暖色でも寒色でもない中間の色。赤みの黒や青みの黒は多いが、このように黄みの黒は少ない。

蜥蜴色（とかげいろ）

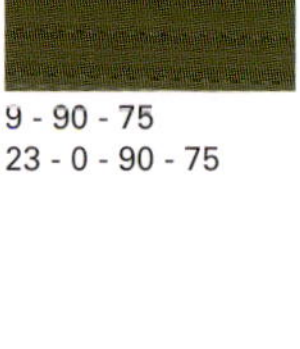

9 - 90 - 75
23 - 0 - 90 - 75

系 暗い黄緑

萌葱（黄緑）の経糸と赤色の緯糸で織った織色。光によって色みが変わって見え、蜥蜴を思わせる。

青丹（あおに）

10 - 90 - 80
C45 M0 Y90 K80

別 青土《あおに》　系 暗い黄緑

青黒い土の色。「あおによし　奈良の都は　咲く花のにほうがごとく　いまさかりなり」と『万葉集』に詠まれた奈良にかかる枕詞の「あおによし（青丹吉）」の青丹は、「青（緑）」と「丹（朱）」の鮮やかな配色のこと。

鮮やかな紅白のふさに青丹を加えると、重さが加わりふさの荘厳さがさらに増す。

黒い文箱が鮮やかな衣装の色を引き締める。

藍海松茶（あいみるちゃ）

10 - 60 - 80
C30 M0 Y60 K80

系 深く渋い黄緑

少し青みがかった海松茶。色みの弱い黄緑。元禄期（一六八八〜一七〇三）の頃に登場した色名。四十年後の元文期には少し明るい色となって再び流行する。

蜷色（にないろ）

9 - 60 - 80
15 - 0 - 60 - 80

系 深く渋い黄緑

蜷《にな》は巻貝のこと。『万葉集』では、「蜷の腸《わた》か黒き髪に」と詠まれている。蜷の内臓が黒いことから、黒髪を強調する枕詞。

勝軍色（かつぐんいろ）

10 - 80 - 85
40 - 0 - 80 - 85

別 軍勝色《ぐんかついろ》　系 深く渋い黄緑

日露戦争に勝利したとき流行した色。

勝軍色のようにおさえた色みを鮮やかな赤と白に添えると、すっきりして引き締まる。

常盤色（ときわいろ）

10.7 - 100 - 30
C68 M0 Y100 K30

系 暗い緑
12 - 100 - 50
C100 M0 Y100 K50

別 常磐色《ときわいろ》　系 強い黄緑

松や杉など、常緑樹の葉のように、変わることのない緑の美称。永遠不滅、不老長寿のシンボルとしての神聖な色。『好色五人女』では、ぬれぎぬを着せられ処刑された清十郎の墓には、意志を変えずに守ることのたとえに使われる常盤木の松柏《しょうはく》が植えられる。

濃緑（のうりょく）　別 濃緑《こみどり》

自然の力を内に秘めた力強い色。「こみどり」ではなく「のうりょく」と読むと、濃い緑と解釈する。

「夏草や兵《つはもの》どもが夢の跡」（松尾芭蕉）。栄光を求め戦った武士たちの戦場の跡に、夏草が深く濃く、茂っている。

浜松図屏風　海北友松　桃山時代　御物
松の木は常緑で年を経るほど風格が表れる。

次緑（つぎのみどり）

11.2 - 100 - 30
80 - 0 - 100 - 30

系 強い緑

『延喜式』で決められた官位を表す色名。浅緑（あさきみどり）の黄緑に対し、青みに寄って濃い緑をいい、更に深い緑を中緑（なかのみどり）、深緑（ふかきみどり）という。

花萌葱（はなもえぎ）

12.5 - 90 - 20
90 - 0 - 79 - 20

系 強い緑

花色（青）に黄を染め重ねて萌葱色に近づけた色。若々しい活気と落ち着きを併せ持つ。

緑（みどり）

12 - 100 - 0
C 100 M 0 Y 100 K 0

系 強い緑
12 - 100 - 20
C 100 M 0 Y 100 K 20

別 翠《みどり》　系 鮮やかな緑・光の三原色RGBのG（グリーン）

初夏の若葉を思わせる、かなり明るい緑から、暗くしっかりと成長した落ち着いた緑までと幅広い。グリーンは緑全般を指す英名。『日本書記』に記された古い色名。古くは、緑を含めて寒色系の色は「あお」と呼ばれていた。これは、緑と青の区別ができなかったのではなく、言葉として使い分けていなかったためだ。青田、青葉、青山、青信号など、今でも緑色を青と表していることが多い。

「分け入っても分け入っても青い山」。種田山頭火が九州の高千穂のあたりを旅していたときの作。季節は6月の終わり頃。真っ青な空の下、どこまで行っても、夏の濃い緑につつまれた、深い山が続いている。ムッとするような緑の匂いと暑さがこみ上げてくる。と同時に寂然としたものもある。

翠・翡翠《かわせみ》の羽の色。翡翠は「ひすい」とも読む。「みどり」は水辺に住む小鳥、翡翠の古名の「そにどり」から転じたともいわれる。全身が青緑色の美しい羽毛を持ち、雄を翡、雌を翠という。

三彩陶器　蓋付壺（骨蔵器）奈良時代　重文京都国立博物館　三色の色釉で華やかに彩られた壷

濡葉色（ぬれはいろ）

12 - 95 - 30
95 - 0 - 95 - 30

別 濡葉色《ぬればいろ》　系 強い緑

葉が雨に濡れると、表面の細かな凸凹がなくなって乱反射がなくなり、深く鮮やかな緑色に変わる。

雨に濡れた緑は、深さが増してみずみずしく輝いている。

中緑（なかのみどり）

系 中緑《なかみどり》

次緑（つぎのみどり）と深緑（ふかきみどり）の中間にあたる緑。次緑より青みが多い。黒みもかなり強い。

草緑色（そうりょくしょく）

11 - 90 - 20
C68 M0 Y90 K20

系 強い緑

草のような力強く爽やかさのある緑。常緑樹の松や杉などの深く青みがかった重厚な緑とは違う。

浅緑（あさみどり）

異説 → P149

11.5 - 50 - 0
C44 M0 Y50 K0

別 浅緑《うすみどり》・浅緑《せんりょく》　系 明るい緑

浅緑は、春に芽吹いた若葉のような明るい黄緑色。特に柳の緑色を指す。『万葉集』には「浅緑染め懸けたりと見るまでに／春の楊《やなぎ》は萌えにけるかも」（浅緑で染めた糸のように、春の柳が萌えだしている）。『延喜式』では「あさきみどり」と読み、深緑や中緑に対し、黄色の強い黄緑を指す。

青浅緑（あおあさみどり）

12.5 - 50 - 0
50 - 0 - 44 - 0

系 明るい緑

青みがかった浅緑。

奥の細道句抄絵　笠島はいづこさつきのぬかり道　小野竹喬　昭和五十一年　京都国立近代美術館
浅緑の美しい光景から爽やかな風音が聞こえてくるようだ。

新緑の淡い葉色は光を透かして思いがけない色に変化し、緑色の世界が広がる。

鮮緑（せんりょく）

11 - 80 - 8
60 - 0 - 80 - 8

系 明るい緑

黒みがなく、純色に近い。新鮮で力強いイメージを連想させる。

新緑色（しんりょくしょく）

初夏の頃の若葉の色。

若竹色（わかたけいろ）

12.5 - 55 - 0
C55 M0 Y48 K0

系 明るい緑

若い竹の幹肌のような明るい緑色。古くから身近な素材の竹がつく色は老竹色や青竹色、煤竹色などがある。しかし、若竹色、老竹色は明治、大正の頃にできた色名という。「空へ若竹のなやみなし」(種田山頭火)。青空にまっすぐに伸びる若竹の、明るく輝く緑色が目に浮かぶ。

薄緑（うすみどり）

12 - 25 - 0
C25 M0 Y25 K0

別 淡緑《うすみどり》・淡緑《たんりょく》 系 淡い緑

薄い緑色。『延喜式』で浅緑とされた鮮やかな黄緑を指すともされる。「うすみどり／飲めば身体が水のごと透きとほるてふ／薬はなきか」は、透明人間に憧れた啄木の歌。

白緑（びゃくろく）

12.5 - 20 - 0
20 - 0 - 18 - 0

系 淡い緑

日本画の顔料。岩絵具の緑青《ろくしょう》を細かい粉末にすると淡いパステル調の白っぽい緑色になる。白緑は奈良時代、寺院の仏像や仏画の彩色に重用された。

薄青（うすあお）

12 - 40 - 5
40 - 0 - 40 - 5

系 明るい緑

青色を薄めただけでは空色になるが、平安時代には黄みを加えて、この色みを「薄い」と表した。「信連がその夜の装束には、薄青の狩衣の下に、萌葱匂の腹巻を着て、衛府の太刀をぞ帯びたりける」(『平家物語』)。

龍泉青瓷釉色（ロンチュエンチンツーユースー）

11 - 30 - 5
23 - 0 - 30 - 5

系 淡い緑

青磁色の一つ。龍泉は中国・浙江省にある千年の歴史を持つ青磁発祥の地。

山葵色（わさびいろ）

12 - 45 - 10
C45 M0 Y45 K10

系 明るく渋い緑

すり下ろした山葵のような色。山葵は、寿司、刺身、蕎麦などの和食に欠かせない日本を代表する香辛料。「山葵と浄瑠璃は泣いてほめる」というが、サビで泣かせる山葵と義理人情の機微で泣かせる浄瑠璃をかけた、粋《いき》な江戸の精神が感じられる。浄瑠璃や音楽など感動的な聞かせどころを「サビ」というが、これは「山葵をきかせる」が語源だとか。

裏葉色（うらはいろ）

12 - 30 - 20
C30 M0 Y30 K20

別 裏葉色《うらばいろ》　系 淡く渋い緑

木の葉や草の裏側の白っぽい色。特に、葛の葉の葉裏の白さが印象的で、葛だけを指す場合がある。平安時代から使われている色名。柳の葉裏の色の柳裏（やなぎうら）、裏葉柳（うらはやなぎ）もあり、裏の色を意識していた。

納涼美人図　喜多川歌麿　江戸時代　千葉市美術館
穏やかな裏葉色を赤色と黒色に組み合わせると妙にあだっぽくなる。

岩緑青（いわろくしょう）

12.5 - 50 - 20
50 - 0 - 44 - 20

系 明るく渋い緑

日本画の岩絵具の一種。孔雀石（マラカイト）を原料にする。

灰緑（はいみどり）

12 - 30 - 40
30 - 0 - 30 - 40

別 灰緑色《かいりょくしょく》　系 緑みの灰

自然のエネルギーを表す緑色に、灰色が加わると穏やかになる。

鴨川鼠（かもがわねず）

12 - 25 - 30
25 - 0 - 25 - 30

利休鼠（りきゅうねずみ）

11 - 20 - 40
C 15 M 0 Y 20 K 40

岩井茶（いわいちゃ）

11 - 40 - 50
C 30 M 0 Y 40 K 50

別 利休鼠《りきゅうねず》・利久鼠《りきゅうねずみ》　系 緑みの灰

後世の人が、大茶人の千利休の名を勝手につけた色名。利休の名がつく色名は、抹茶の連想から緑みがある。緑みの灰色にバリエーションは多いが、利休鼠だけが突出して今日まで親しまれている。大茶人の効果か、役者色と並ぶいわばアイドル色といえる。

淀鼠（よどねず）

黄緑がかった灰色。利休鼠や深川鼠、鴨川鼠とも呼ばれる。ゆったりと時を刻む、大阪の淀の流れを連想させる。

系 深く渋い緑

五代目岩井半四郎由来の色。江戸時代文化・文政期（一八〇四～二九）の頃、生世話物《きぜわもの》（町人社会を取材したもの）を得意とした女形の歌舞伎役者。「目千両」といわれるほど魅力的な目をしていた。

四代目岩井半四郎　勝川春好　江戸時代　中右コレクション　四代目岩井半四郎は女形の名手で、岩井家は代々女形をつとめることになった。

別 加茂川鼠《かもがわねず》　系 緑みの灰

渋い緑色には、しっとりとした情緒があり、江戸時代の人々に好まれた。深川鼠、利休鼠、青柳鼠、千草鼠、淀鼠と様々な色みがあった。

京都・下賀茂　下賀茂神社の辺りから見た加茂川の流れ。両岸に見える整った道の様子に京の人々との深いつながりが感じられる。

松葉鼠（まつばねず）

11 - 30 - 70
23 - 0 - 30 - 70

系 緑みの暗い灰

江戸時代、黄緑がかった灰色は、利休鼠や深川鼠など多くの色調がつくられた。松葉鼠はその中でも渋い色。

仏手柑色（ぶしゅかんいろ）

11 - 70 - 40
C53 M0 Y70 K40

系 深く渋い緑

仏手柑の実の色に似た色。仏手柑色を示す資料はほとんどなく、和田三造氏は、シトロンに近い、渋い黄緑としている。仏手柑は、果実の下部が分裂し、その形が仏の手の指の形に見えるのが由来。色は温かい黄色で、見本色とは別の色。この黄色い実の仏手柑は手仏手柑といい、主に観賞用だ。他に、丸仏手柑という、緑色の丸い形をした食用の品種がある。いわゆるシトロンの一種。

見立和漢故事人物図　川又常正　江戸時代　ボストン美術館
渋い緑の衣裳に赤の裏地をのぞかせて華やかさを表す。

松葉色（まつばいろ）

11 - 80 - 50
C60 M0 Y80 K50

別 松《まつ》の葉色《はいろ》　系 深く渋い緑

松の葉のような色。平安時代からの色名。長寿と不変のシンボルでもある松は、縁起のいい物とされ、その葉色の松葉色も、めでたい色とされてきた。老松（おいまつ）、老緑（おいみどり）、千歳緑（ちとせみどり）、常盤（ときわ）など、松の葉色に関係する色名は多い。

竹林は身近な里の風景をつくり日本人の生活を豊かに支え続けている。

老竹色（おいたけいろ）

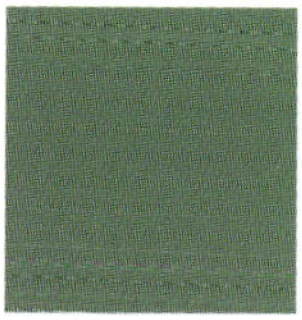

12 - 50 - 40
50 - 0 - 50 - 40

系 深く渋い緑

江戸前期、渋い煤竹色が広く普及し、中期には青竹色が生まれた。明治になると、さらに竹のイメージが広がり、老竹や若竹の色名が生まれた。老竹色はくすみが強く重厚さがある。

琅玕色（ろうかんいろ）

12 - 60 - 30
C60 M0 Y60 K30

系 明るく渋い緑

琅玕のような深い半透明の青みがかった緑色。琅玕とは、装飾に用いられた美しい翡翠《ひすい》の中でも半透明のもの。美しい琅玕は身分の証明であり、決意の固さを示すものだった。色は緑色だけでなく青碧色もある。「（素戔嗚尊は自分の首輪から）美しい琅玕の玉を抜いて無言のまま若者の手に渡した」（芥川龍之介『素戔嗚尊』）。

紅緑（こうりょく）

別 紅緑《べにみどり》

法隆寺の献物帳に記された綱地（錦の織物の生地）の色

紫式部日記絵巻　鎌倉時代　重文
東京国立博物館
床面を優しく上品な琅玕色に塗り、衣装をひきたたせる。

笹色（ささいろ）

12 - 60 - 50
C60 M0 Y60 K50

別 笹紅色《ささべにいろ》　系 深く渋い緑

本紅が乾くと玉虫色の緑に見え笹を連想させることからついた色名。本紅は高価で、濃く塗るほどに緑みをおびる口紅は女性の憧れ。浮世絵で美人の唇が青色で描かれているのは笹紅。本紅の替わりに下唇に墨色を塗ってから似紅を塗る方法が行われていた。「（顔を白く際出せる手段として感心するのは）あの玉虫色に光る青い口紅である（中略）鬼火のような青い唇（その間から光る黒漆色の歯）、これ以上白い顔を考えることが出来ない」（『陰翳礼讃』谷崎潤一郎）。

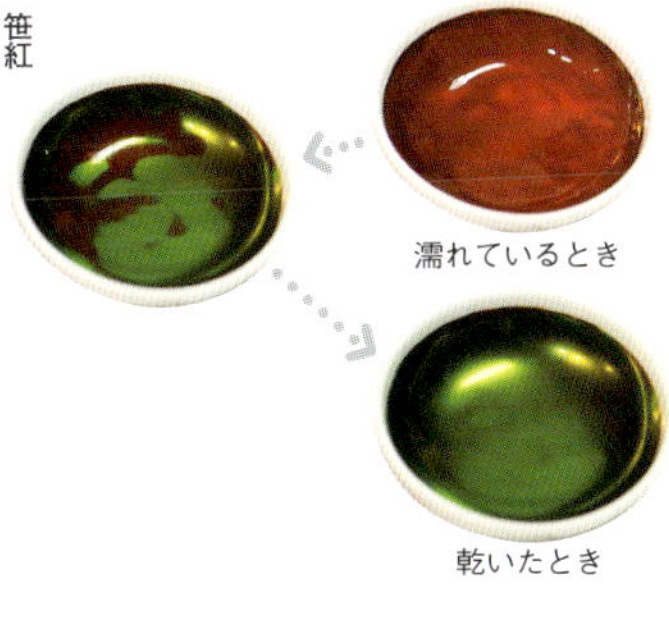

笹紅
小町紅（こまちべに）はお猪口（おちょこ）に塗られた口紅用の本紅。水気を加えて薄めると鮮やかな紅色になり、乾くと緑色になる。現代でも江戸時代の伝統を守り、つくり続けている。
写真は伊勢半本店

左伊多津万色（さいたづまいろ）

11 - 90 - 40
C68 M0 Y90 K40

系 暗い緑

サイタヅマとはタデ科の多年草のイタドリの古名。イタドリは白や淡紅色の小さな花をつける。古代人には身近な草で、『万葉集』にも登場する色名。新芽は食用にし、根は利尿、健胃剤に、葉は煙草の代用にもされた。

百人一首歌留多　清少納言　尾形光琳
十八世紀
十二単（じゅうにひとえ）に緑色を加えると赤の衣装がきらびやかに盛り上がる。

濃萌黄（こいもえぎ）

11 - 100 - 40
75 - 0 - 100 - 40

系 暗い緑

萌黄色に黒みが加わった色。

織部（おりべ）

11 - 90 - 70
C68 M0 Y90 K70

系 暗い緑

織部焼の緑釉の色。桃山時代、茶人古田織部の指導を受けて、現在の岐阜県土岐市で焼かれた織部焼は、武将らしい大胆豪放な意匠に特徴がある。千利休により完成された侘茶を独自の感性で発展させ、多方面に織部好みを流行させた。

織部は武将として信長、秀吉、家康に仕えたが、大阪夏の陣で家康に謀反を疑われ自刃《じじん》する。千利休の高弟で、本阿弥光悦や小堀遠州の師でもあった。

織部扇形蓋物
美濃　桃山時代
東京国立博物館
武将らしい豪放な形と大胆な絵付が織部の特徴

緑茶色（りょくちゃいろ）

12 - 70 - 60
C70 M0 Y70 K60

夏虫色（なつむしいろ）

12 - 60 - 60
C60 M0 Y60 K60

別 緑茶色《みどりちゃいろ》　系 深く渋い緑

緑茶の深く渋い緑色で、色みの幅が広い。緑茶の中には明るい黄緑の抹茶などもあるが、見本色あたりが緑茶の中の濃い色を指す。緑茶は、茶葉を発酵させせず、熱処理で乾かしたもの。

柚葉色（ゆばいろ）

12.6 - 80 - 55
80 - 0 - 68 - 55

別 柚葉色《ゆずはいろ》　系 深く渋い緑

柚子の葉のような色。柚子の青い果皮と青唐辛子、または黄色い果皮と赤唐辛子で作るのが柚子胡椒。鍋物、うどん、みそ汁、焼鳥などなど、なんにでもあう万能の薬味。

系 深く渋い緑

中古の衣の色で、玉虫色と同じとされる。『枕草子』に「さしぬきは／夏むしの色したるも／涼しげなり」とあるように、夏の涼を感じさせる色。

動植綵絵　池辺群虫図　伊藤若冲　江戸時代　宮内庁三の丸尚蔵館
若冲は庭先に集まる小さな昆虫達にも深い関心を寄せた。

葉緑色（ようりょくしょく）

11 - 90 - 50
68 - 0 - 90 - 50

系 暗い緑

緑色といえば葉色のこと。葉と緑、と同じ意味を繰り返し、緑みを強調している。

盛夏、樹木の深い緑は成長を続ける生命の力を暗示する。

深碧（しんぺき）

11 - 100 - 60
75 - 0 - 100 - 60

系 暗い緑

碧色の透明度の高い濃く深い色。色相は青緑とする説もある。

青漆（せいしつ）

11 - 80 - 80
C60 M0 Y80 K80

系 深く渋い緑

漆塗りの色。藍草からとり出した藍蝋《あいろう》などを漆に加えた色。青といっても緑色で温かみがある。

色絵椿図大鉢
伊万里　江戸時代　東京国立博物館
力強い緑色の葉色が椿の花を引き立てている。

天鵞絨（びろうど）

12 - 80 - 75
C80 M0 Y80 K75

系 深く渋い緑

「天鵞」は白鳥のこと。ビロードの生地が光沢のある白鳥の翼に似ていることに由来している。「絨」は厚い織物のこと。『紺屋茶染め口伝書』によると、紺で下染めしてカリヤスで染め重ねた木賊色のような色。

暗緑色（あんりょくしょく）

緑色に黒色を重ねた色。「暗緑色の宇治茶を入れて、それに冷ました湯を注いで、暫く待っていて、茶碗に滴《た》らす。（中略）濃い帯緑黄色の汁が落ちている」（『カズイスチカ』森鷗外）。

老緑（おいみどり）

11 - 60 - 70
45 - 0 - 60 - 70

系 深く渋い緑

渋く穏やかな緑色。若緑の対照語。「若」と「老」は緑系の色の形容に使われる。「若」は明るい、鮮やかさを形容し、「老」はくすんだ、鈍い、暗いなどを形容する修飾語。

千歳緑（せんざいみどり）

12 - 70 - 70
70 - 0 - 70 - 70

別 千歳緑《ちとせみどり》・千歳緑《せんざいりょく》

系 深く渋い緑

千歳とは長い年月を経た常盤を強調する言葉。常葉の松のように、生命の長さを強調した仙斉茶や千歳茶につながる色名。

黒橡（くろつるばみ）

11 - 40 - 90
C30 M0 Y40 K90

系 緑みの黒

橡《つるばみ》はクヌギの古名。黒橡はクヌギの実つまりドングリを煎じて鉄媒染した色。灰汁《あく》媒染すると「黄橡《きつるばみ》」になる。奈良時代、「橡」といえば「黒橡」の色だったが、平安時代になると「黄橡」の色を「橡」というようになる。

古代の衣服令では、橡の衣は身分の低い者の色とされ、川底の黒土で染めていた。しかし、十世紀の『延喜式』では橡に茜を加えて染め、貴族の色となった。一条天皇の時代になると四位以上の袍《ほう》の色に昇格した。同じ色なのに、わずかの間に使い方が逆転した。この色は、本来、威厳や尊厳を表すのにふさわしい。

「紅《くれない》は移ろふものぞ／橡の／馴れにし衣《きぬ》に／なほ若《し》かめやも」。『万葉集』にある大伴家持の歌は、妻がいるのに、新しい女に心変わりした彼の部下を諭した歌。(美しい)紅は色が褪めやすい(心は変わりやすい)、けれど慣れ親しんだ橡の衣のように変わらない妻にまさるものはない、という意味。橡の染色は堅牢だった。

伝・源頼朝像　鎌倉時代　国宝　京都・神護寺
黒色に近い黒橡は力強さを表し、武家を暗示する色。源頼朝は、平治の乱に敗れて伊豆に流され、苦労の末に鎌倉幕府を開いた。

黒緑（くろみどり）

12 - 70 - 95
70 - 0 - 70 - 95

系 緑みの黒

緑を、黒色で閉じ込めた、深く引き締まった不思議な色。

青色麹塵（あおいろきくじん）

11 - 40 - 70
30 - 0 - 40 - 70

系 深く渋い緑

麹塵とは黄色の刈安に紫根を染め重ねた色で、青色麹塵はこの色と同じともいわれる。しかし、「青色」と強調しているので、もう少し紫草を多くかけた、青みがかった見本のような色になるとも思われる。

孔雀緑（くじゃくりょく）

13.5 - 100 - 15
C 100 M 0 Y 63 K 15

真鴨色（まがもいろ）

13.5 - 100 - 25
C 100 M 0 Y 63 K 25

別 孔雀緑《くじゃくみどり》 系 強い青緑

孔雀石（宝石のマラカイト）の粉末で染めた色。非常に高価。「春の日となりて暮れまし緑金の孔雀の羽となりて散らまし」（与謝野晶子）。金色の輝きを放つ緑色の光線が孔雀の羽のように広がる夕暮れ。

系 強い青緑

雄の真鴨の頭から頬にかけて光る青緑。羽色全体はかなり地味な色だが、小さな面積に見える鮮やかな青緑がこの真鴨らしさの特徴だ。

真鴨
北半球に分布し、日本へは冬に来て春に帰る。家鴨（アヒル）は真鴨を家禽化したもの。

緑琉璃色（リューリューリースー）

13 - 80 - 25
80 - 0 - 60 - 25

系 渋い青緑

中国の寺院、宮殿の屋根を輝かせる瓦の緑。黄色、赤色の三色を組み合わせて絢爛豪華な光景をつくる。

青緑（あおみどり）

13 - 100 - 20
100 - 0 - 75 - 20

系 強い青緑

藍と黄檗で染重ねられた色。『延喜式』の色調はこの色。青緑という名から、十世紀にはすでに「色名」を体系的に捉えていたと思われる。「渦巻き流れて来る木曽川の水は青緑の色に光って、乾いたり濡れたりしている無数の白い花崗石《みかげいし》の間に躍っていた」（島崎藤村『夜明け前』）。

14 - 100 - 0
100 - 0 - 50 - 0

系 鮮やかな青緑

緑色に青みが加わると、盛夏の活気あふれる緑から、すずしげな緑に変わる。

中藍色（なかのあいいろ）

14 - 90 - 25
C90 M0 Y45 K25

別 中藍色《なかあいいろ》　系 強い青緑

『延喜式』では深藍色より一段階浅いとされる色名。緑色が強く、藍一圍に対し、黄蘗十四両を加えた色。色が浅いとは色が薄くなるのではなく、黄色に近づくことを指す。一方、藍だけで染めた色は『延喜式』では縹（はなだ）とされ、「中縹、綾一疋につき藍七囲」と記録されている。

➡深藍色P183

美しい青や赤、黄の繧繝模様は現実界とは異なる夢の世界を表す。

織色（おりいろ）

14.5 - 80 - 30
C80 M0 Y30 K30

系 渋い青緑

織色とは、特定の色みのことではない。糸を染めてから織った布の色こと。経糸と緯糸の色を変えて複雑な色みを表す。その種類には紅梅色（経紫、緯紅）、萩色（経青、緯蘇芳）、女郎花（おみなえし）（経青、緯黄色）、香色（経赤、緯黄色）などがある。花葉色（はなばいろ）（経黄色、緯山吹）のように、近い色を組み合わせて微妙な変化を楽しむ織色もある。織名から古代の人の繊細さが見える。

➡花葉色P127

神社の正殿正面に下げられた鈴を鳴らすための縄状の祭具の色は、中国で生まれた五行説に基づいている。自然界の木・火・土・金・水を色で表し、青は東の青龍と木を表し、赤は南の朱雀を表す。

蒼色（そうしょく）

13 - 90 - 40
C90 M0 Y68 K40

系 暗い青緑

蒼とは、草が深く生い茂ること。蒼山は青く緑深い山をいう。古代では、日本でも中国でも、緑色と青の使い分けがはっきりせず、混然としていた。

碧緑（へきりょく）

12.5 - 100 - 35
100 - 0 - 88 - 35

系 強い緑

透明な緑。碧は石英の結晶体。碧には様々な色みがあり、古代から神秘的な貴石とされた。

蒼色
里山に蒼色が重なった光景は、自然の豊かさを感じさせて人の気持ちを力強く励ます。

翠色（すいしょく）

13.5 - 100 - 30
C100 M0 Y63 K30

別 翠緑《すいりょく》　系 強い青緑

翡翠は「カワセミ」とも読む。雄を翡、雌を翠という。実際のカワセミの羽色は緑青や、紫がかった青色までと幅広い。翠緑：この色名では緑を強調しているが、翠色と同じ色。

品緑（ヒンリュウ）

中国で農民が剪紙（切り絵）に用いた紙の色。

簗図屏風　伊藤若冲　江戸時代　エツコ&ジョー・プライスコレクション
翡翠（かわせみ）は、スズメより少し大きいほどの小鳥で、羽色が美しく川蝉とも書き、鴗（そにどり）とも呼ばれて古代から愛されている。

碧色（へきしょく）

14.5 - 90 - 35
C90 M0 Y34 K35

系 強い青緑

碧色の基準は青みの緑。碧玉は、石英に不純物が混じった結晶。色みは紫から青、緑、紅と幅広い。古代から曲玉《まがたま》などの装飾品や印材（印鑑の素材）に用いられた。三月の誕生石であるブラッド・ストーンも碧の一つ。日本では佐渡の赤玉、島根の玉造石、津軽の錦石の一部が碧とされる。ターコイズ・ブルーはトルコの宮殿を彩る青緑。

深藍色（ふかきあいいろ）

異説→P222

14 - 90 - 50
C90 M0 Y45 K50

別 深藍《こきらん》・深藍《ふかあい》　系 暗い青緑

「ふかきあい」と読むと、『延喜式』の「藍」を指す。藍と黄蘗を染め重ねた見本のような緑色で、藍染の藍色とは違う色。庶民の生活に浸透していた藍色だが、読みかたが違うと色も違う。

胆礬色（たんばいろ）

14 - 80 - 40
80 - 0 - 40 - 40

系 深く渋い青緑

胆礬とは、坑道の壁などで発見された硫酸銅の結晶体。歌舞伎では恐怖のあまり青くなった顔色の形容にも使われる。

海緑色（かいりょくしょく）

冷たそうな深い海の色。海緑石は緑色や青緑色の鉱物。

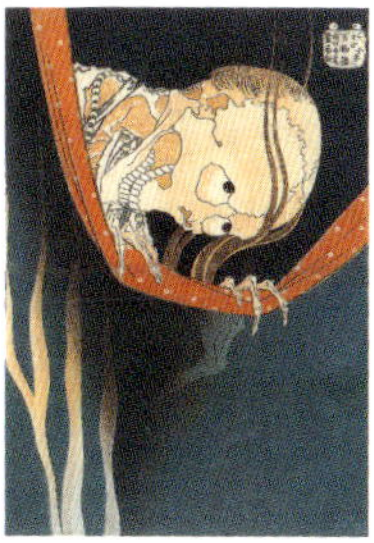

百物語　こはだ小平二　葛飾北斎　江戸時代　山口県立萩美術館・浦上記念館
後妻に殺された小平二が蚊帳の中を覗き込む恨めしげでユーモラスな目つき。

胆礬色
大日本地誌略図　美濃石炭山之図　三代歌川広重　明治時代　中山道広重美術館
タンバンは石炭を掘った坑道（こうどう）などから発見される。明治時代に入ると石炭掘りが奨励されて絵師のモチーフになり、スポットライトが当てられた。

青竹色
（あおたけいろ）

13 - 80 - 15
C80 M0 Y60 K15

別 青竹色《あおだけいろ》　系 渋い青緑

青々と成長した竹の色。青竹色は江戸中頃に生まれ、若竹、老竹、煤竹などのバリエーションが多い竹色の中でも代表的な色。竹が日本人の生活に深く根ざしていたことは、竹色のバリエーションが多いことでもわかる。明治以降、一八七七年に作られた化学染料マラカイト・グリーンを青竹色というようになった。

「光る地面に竹が生え／青竹が生え」（『竹』萩原朔太郎）青竹の色は、力強い生命を感じさせる。

浅葱色
（あさぎいろ）

14.5 - 80 - 0
C80 M0 Y30 K0

異説 ➜ 浅黄P154

系 明るい青緑

『延喜式』に規定された明るい黄色の浅黄（あさきき）と混同される色名だが、見本色の通りの明るい青緑。浅葱は、薄いネギの葉色、青緑系の色。「葱」という字は青を示す色名に使われる。南北朝時代を舞台にした『太平記』では、浅葱色は青系の色として扱われている。平安時代から浅黄色とも書かれ、『今鏡』では「青なのか黄なのかわからない」とあり、現在も混乱が続いている。江戸時代、浅葱色は野暮の代名詞で、江戸勤めの地方諸藩の侍は、江

竹虎図襖　狩野探幽　重文　京都・南禅寺
竹はアジア全域で人々の生活を支え、古事記の時代から歌に詠まれる東洋美術の基本のモチーフだ。

戸の気風や吉原の作法に疎かった。そんな田舎から出てきた侍の羽織の裏地には、流行遅れの浅葱色が多かったため、吉原では、気のきかない田舎侍を浅葱裏と呼び、野暮の代名詞としたのだ。新撰組の隊服の段だら模様の羽織の色にも一時使われた。映画やドラマではよく見るが、実際はほとんど着られることはなかったらしい。

水浅葱地富士三保松原模様振袖　大正時代　東京国立博物館
空の青と海の青を一体にすると自然の空間が抽象化され、幻想の空間が生まれる。

水浅葱（みずあさぎ）

14.5 - 60 - 0
C60 M0 Y23 K0

系 明るい青緑

藍染めの薄い浅葱色。藍染は藍瓶に糸や布を何回も浸して濃い色に染めていく。最初の段階を瓶覗（かめのぞき）というが、水浅葱は、その次の淡く薄い色、あるいは、同色ともされている。江戸時代の川柳に「親分は水浅葱まで着た男」というものがある。水浅葱は罪人のお仕着せの色にも使われていたようだ。「今でも、処刑のときの浅葱の小袖を着たおさんの面影が見えるようだ」（『現代語訳好色五人女』）。

→瓶覗P204

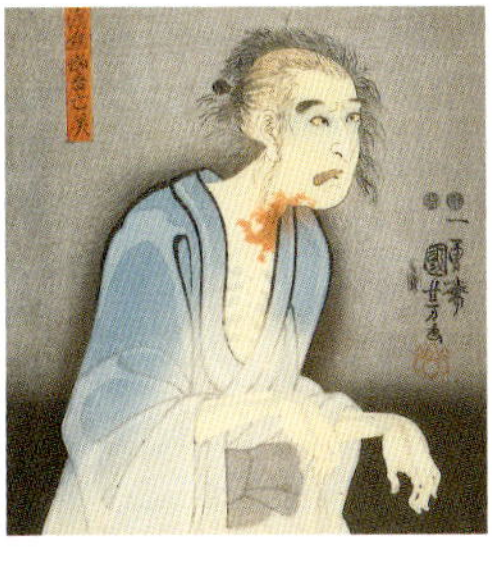

東山桜荘子　四代目市川小団次の浅倉当吾亡霊　歌川国芳　江戸時代　山口県立萩美術館・浦上記念館
浅倉当吾は、圧政に苦しむ農民のために直訴し磔（はりつけ）になる。水浅葱の衣装は、罪人専用の色だった。

花緑青（はなろくしょう）

14 - 60 - 10
60 - 0 - 30 - 10

系 明るく渋い青緑

亜砒酸酢酸銅の顔料の色。十九世紀初めにパリで生産されたパリス・グリーン。有毒のため、色名だけが残る。日本では青を表す「花」を冠して旧来の緑青と区別した。

青磁色（せいじいろ）

13 - 35 - 10
C 35 M 0 Y 26 K 10

別 青瓷色《せいじいろ》　系 淡く渋い青緑

西周、漢の時代から中国で焼かれていた青磁の色。磁器素地と釉《うわぐすり》に含まれる微量の酸化第二鉄を還元焼成すると表れる色。見本色を中心に、明るさや色みに幅がある。特に、素晴らしい磁器が多くつくられた中国唐代の越州窯《えっしゅうよう》のものは、宮廷で珍重された。秘色（ひそく）とも呼ばれ「秘色とは人巧の及びかたき色といふ義也」といわれている。

青磁の理想の色は「雨過天青《うかてんせい》」とされる、雨上がりの晴れた空の澄んだ青さという意味。

『源氏物語』では「あをじ」と呼ばれている。

物理学者であり随筆家でもあった寺田寅彦は「青磁のモンタージュ」で、青磁を「緑色の憂愁」のシンボルとし、「女性的なセンチメンタリズムのにおい」を感じている。

「息をわれほとつく時にほと吹きぬ青磁の色の初春の風」（与謝野晶子）。ホッと、一息ついた、そのとき、ふっと吹き抜けた初春の風を、明るく柔らかい青磁色で表した美しいイメージ。

青磁下蕪花生　龍泉窯　南宋　東京・アルカンシェール美術財団
堂々とした形態と静かな青磁色の組み合わせが神秘性を表わす。

薄浅葱（うすあさぎ）

14.5 - 40 - 0
40 - 0 - 15 - 0

別 淡浅葱《うすあさぎ》　系 明るい青緑

浅葱色の、さらに浅い色。涼しげで爽やかな色。

薄水色（うすみずいろ）

14 - 30 - 0
30 - 0 - 15 - 0

系 淡い青緑

かすかに緑みを帯びた青緑を明るくすると水色になる。さらに淡くすると薄水色になる。

秘色（ひそく）

13 - 30 - 0
C30 M0 Y23 K0

別 秘色《ひしょく》　系 淡い青緑

青磁の中でも最高級品の色。中国浙江省、越州窯で焼かれた。『源氏物語（末摘花）』では「御壺、秘色やうの唐土やうのものなれど、人わろきに、何のくさはひもなくあはれげなる、まかでて人々食ふ」とある。お膳には、中国渡来の秘色らしき食器があるが、古ぼけている。料理も貧弱だ。それを、仕える女房たちが食べている。古ぼけてみすぼらしい膳とはいえ、高級な秘色の器を使っていると、それに気づく源氏は目ざとい。

錆青磁（さびせいじ）

13 - 35 - 35
C35 M0 Y26 K35

系 淡く渋い青緑

青磁色のくすんだ色。中国の南宋時代につくられた青磁の美しい色調は、日本でも愛好され、色名として明治時代に広く使われている。

青磁透彫唐草文箱　高麗　東京国立博物館
高麗の青磁は一品制作が主体なので、緻密な細工が施されている。

青白磁（せいはくじ）

14 - 8 - 3
8 - 0 - 4 - 3

系 青緑みの白

白磁の一種。素地に模様を彫った凹みの、かすかに青みがかった釉のたまりで模様が白く浮き出る。別称影青（インチン）。十一世紀の北宋年間に江西省景徳鎮で作られた青みの白磁をいう。

豆青（とうせい）

13 - 30 - 20
30 - 0 - 23 - 20

系 淡く渋い青緑

主に中国・龍泉でつくられた磁器の、豆の青さを思わせる淡緑。磁器全体が均一なものを豆青、他の色と混じり合ったものを豆彩、色の濃いものを豆緑という。

緑青（ろくしょう）

13 - 60 - 15
C60 M0 Y45 K15

系 明るく渋い青緑

銅に生じる錆の色。また、孔雀石からつくる緑青色の顔料。飛鳥時代に中国から伝わったという緑系の代表的な色の一つ。『続日本紀』に金青とともに献上された記録がある。寺院の装飾や彫刻に使われている最古の顔料。日本画では、炭酸銅と水酸化銅からなる硬質な孔雀石を砕いてつくる岩絵具。常緑樹の緑、松の緑を表すのに欠かせない色。白緑（びゃくろく）は、緑青の粒子を細かくした白色に近い明るい色。

山藍摺（やまあいずり）

14 - 50 - 30
C50 M0 Y25 K30

系 明るく渋い青緑

山藍をこすり付ける原始的な染色。『万葉集』には「山藍もち摺れる衣着て」とあり、神事に用いた。山藍は通常の良質な蓼藍《たであい》と違い、山野に自生するトウダイグサ科の宿根草で、すぐに色落ちした。

湊煤竹（みなとすすたけ）

14 - 40 - 50
40 - 0 - 20 - 50

系 深く渋い青緑

大阪湊村《みなとむら》で漉《す》かれた湊紙《みなとがみ》の色にちなむといわれる色。

風神雷神図屏風　尾形光琳　江戸時代
東京国立博物館
風神を岩絵具の緑青で描き、金箔の黄色と対比させて華やかさを盛り上げている。さらに風袋の白色と雲の墨色の重なりが風神の力強さを増している。

鎌倉・長谷大仏
緑青にふかれ、与謝野晶子に美男と詠われた。

孔雀石

深川鼠（ふかがわねず）

14 - 30 - 40
C 30 M 0 Y 15 K 40

別 深川鼠《ふかがわねずみ》　系 青緑みの灰

緑みを帯びた灰色。この系統の色名はかなり多い。深川鼠は、華美を嫌い、渋さを好んだという深川の芸者衆に好まれた色。

明暦の大火（明暦三／一六五七年）後、江戸の深川には庶民的な享楽街が生まれた。木場があり、材木商の人足たちも多い土地柄から、意気と侠気《おとこぎ》が売り物の辰巳芸者が活躍する。

鉄深川（てつふかがわ）

14 - 50 - 60
50 - 0 - 25 - 60

系 深く渋い青緑
深川鼠よりも少し黒ずんだ、渋く落ち着いた色。

現代にも江戸の渋く粋（いき）な着こなしが生きている。

江戸名所 するが町　歌川広重　江戸時代　山口県立萩美術館・浦上記念館
商店街を散歩する江戸町人は派手な帯色を組み合わせて着物の色を楽しんでいた。

浅葱鼠（あさぎねず）

14.5 - 30 - 30
30 - 0 - 11 - 30

系 淡く渋い青緑
江戸好みの、渋く穏やかな青。

千種色（ちぐさいろ）

13 - 50 - 40
C50 M0 Y38 K40

異説 → 千草色 P199

別 千草色《ちぐさいろ》　系 深く渋い青緑

浅葱色の古着に薄い藍染をかけて染め直した色。千草は「いろいろな」という意味。江戸時代、商家に奉公する丁稚《でっち》の股引《ももひき》やお仕着せ、庶民の日常着に使われた。鴨頭草（つきくさ）から転じた明るい青色ともいわれる。

石緑（せきろく）

別 石緑《せきりょく》・銅青《どうせい》・銅青《どうしょう》

地中の炭酸銅などから取り出した緑青色の顔料。

萌葱色（もえぎいろ）

13 - 60 - 50
C60 M0 Y45 K50

異説 → P149

別 萌木色《もえぎいろ》　系 深く渋い青緑

葱の濃い緑。平安末期から萌黄と混同されている。歌舞伎の定式幕の三本の縦縞や唐草模様の風呂敷、獅子舞の被り布にも使われている。木綿染の萌葱色は実務的なものに使われるため従来の萌葱色より濃い緑色だ。萌葱色は、江戸時代の宝永年間（一七〇四〜一一）に蚊帳の地色として流行、雷除けの色とも信じられていたという。

青苔（あおごけ）

青みがかった苔色。鎌倉時代の武士に好まれた。

薩摩納戸（さつまなんど）

13 - 60 - 60
60 - 0 - 45 - 60

別 薩摩御納戸《さつまおなんど》　系 深く渋い青緑

緑みがかった納戸色。薩摩の名を冠した色には緑系が多い。江戸の解説書『染物早指南』には「下染め空色。かや鉄醤酢」とあり、薄い青と渋い橙を染め重ねたかなり複雑な渋い緑になる。

木賊色（とくさいろ）

12.5 - 70 - 40
C 70 M 0 Y 61 K 40

別 砥草色《とくさいろ》　系 深く渋い緑

木賊の茎のような色。木賊色の狩衣《かりぎぬ》は、中世の武家や高齢者の服色に愛用されたという。鮮やかな緑色は、きつすぎて落ち着かないが、木賊色は、自然な落ち着きがあって使いやすい。

かつて、木賊はどこにでも見かける一般的な草だったので、木賊色という色名も誰もが思い浮かべられた。茎はとても堅いので、乾燥させて、木工細工や刃などを磨くとき、サンドペーパーのように使われた。「砥草」とも書く。

青銅色（せいどういろ）

13 - 70 - 30
C 70 M 0 Y 53 K 30

系 渋い青緑

青銅本来の色は明るい黄みの濁った色。ブロンズ（英名）。しかし、多くの人がイメージする青銅色は、緑青の青色と重なり、見本色の緑青に近い。

『青べか物語』（山本周五郎）では、「風に揺れ動くくさむらも、すっかり色や陰影を失って、ただ非現実的な青銅色ひといろに塗りつぶされてしまい…」と、陽は落ちて暗くなったが、空には、まだ、ほのかに明かりの残る情景の色彩を青銅色で表している。

木賊（とくさ）　常緑のシダ植物で、地下茎から一直線に伸び、枝分かれしない。

黒木賊（くろとくさ）

13 - 80 - 70
80 - 0 - 60 - 70

系 深く渋い青緑

木賊色の暗い色。祝いの日や日常には用いない、忌みの色とされた。

袈裟襷文銅鐸　弥生時代　神戸市立博物館
弥生時代を代表する銅鐸（どうたく）で、流水文（りゅうすいもん）や鋸歯文（きょしもん）の抽象的な文様の他に、サギや魚、クモ、人物、弓などが表されている。

島松鼠（しままつねず）

12 - 40 - 50
C40 M0 Y40 K50

系 深く渋い緑

静かに落ち着いた色は、島の先端に風や波にさらされて生える松の枝ぶりを連想させる。鎌倉前期に編纂された『金槐和歌集』に「から衣／きなれの里に君をおきて／島松の木の／待てば苦しも」とある。

千種鼠（ちぐさねず）

13 - 35 - 60
C35 M0 Y26 K60

別 千草鼠《ちぐさねずみ》　系 青緑みの暗い灰

千種色より灰色に近い色。千種色は、色褪せた着物を染め直すときの定番のリサイクル色。千種鼠は、さらに汚れが目立ちにくい灰色がかった、実用本位の色。

納戸茶（なんどちゃ）

別 御納戸茶《おなんどちゃ》

納戸色に、茶色が加わったと想像した色。江戸後期の随筆に、藍海松茶（あいみるちゃ）に染めた布が年を経てこの色に変わり、気に入って、納戸茶と名づけた、とある。

相合傘　喜多川歌麿　江戸時代　東京国立博物館
歌麿には珍しい芝居のシーン。浮世絵の研究者稲垣進一氏によれば、許されぬ愛の結末として死への道行の場だというが歌麿は甘美に描いている。

茶畑の深い緑が広がる。

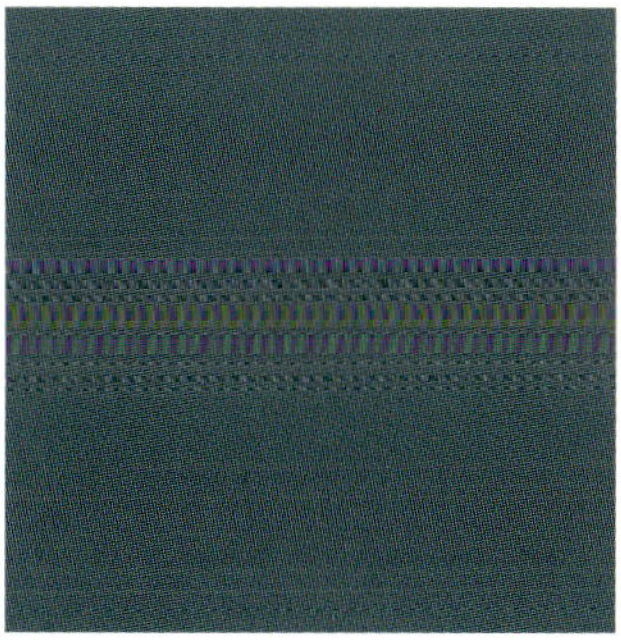

鉄御納戸（てつおなんど）

14.5 - 50 - 65
C50 M0 Y19 K65

別 鉄納戸《てつなんど》　系 深く渋い青緑

鉄色がかった納戸色。堅実な色みが好まれ、江戸時代では日常で使われていた。この抑制のきいた男らしい強さに惹かれてか、日露戦争の戦勝後の明治三十八年と大正三年の秋に流行したという。

錆鉄色（さびてついろ）

14 - 50 - 85
50 - 0 - 25 - 85

系 深く渋い青緑

鉄色の渋い色。鉄色は色みを抑えた地味な暗い青緑だが、さらに色みを抑えた渋い色。

御召茶（おめしちゃ）

14 - 40 - 70
C40 M0 Y20 K70

系 深く渋い青緑

茶といっても赤系ではなく渋い青緑を指す。花色で下染し、藍海松茶（あいみるちゃ）や納戸茶と同じ青色系の色。「御召《おめし》」とは、着ることや着物の尊敬語。十一代将軍徳川家斉《いえなり》が好んで着用した高級な縮緬《ちりめん》を御召料（高貴な方の御召物）とし、それを略して「御召」といわれるようになったとのこと。御召茶は、その縮緬の色に由来する。江戸好みの粋の中にも威厳がある、将軍にふさわしい色だ。

江戸の流行色はそれだけで情緒を伝える。

藍銀煤竹（あいぎんすすたけ）

14 - 30 - 70
30 - 0 - 15 - 70

系 青緑みの暗い灰

くすんでいることを表す「銀」「煤竹」を重ねて強調している。

軍勝鼠（ぐんかつねず）

軍勝色に灰色を加えた色。

革色（かわいろ）

革を染めるときは藍色系がよく使われた。そのため、革本来の茶系と染め重なったこの色調が、革色と呼ばれるようになった。

玉虫色（たまむしいろ）

12.5 - 100 - 60
C100 M0 Y88 K60

系 暗い緑

玉虫の羽のような青緑とする説と紫みの緑とする説など、まさに意味不明な玉虫色の説がある色。玉虫の羽は光の具合によって複雑な色に輝き、工芸品などに使われた。

■ **虫襖**（むしあお） 別 虫青《むしあお》

玉虫の羽のような色。虫襖の虫は玉虫のこと。『貞丈雑記』（一八四三年刊行。武家の有職故実の参考書）には「襖の字付きたる色は皆青みある色と心得べし。襖は青の字の代に用いたる也」とある。鎌倉時代からの色名。

藍碧（らんぺき）

14 - 90 - 70
90 - 0 - 45 - 70

系 暗い青緑

碧は透明感のある緑色や青色。碧河（みどりかわ）、碧海（あおみ）と水の形容に使われる。「白き鳥の…藍碧なる水面を横ぎりて舞へり」（『竜潭譚』泉鏡花）。

深川御納戸（ふかがわおなんど）

14 - 60 - 53
C60 M0 Y30 K53

別 深川納戸《ふかがわなんど》 系 深く渋い青緑

深川鼠より色みが濃い色。納戸色は、江戸時代の町人好みの色だったが、船橋聖一が描いた昭和初期の光景にも、鴨川納戸、相生納戸、花納戸、橋立納戸、墨田納戸、深川納戸など、多くが記されている。

■ **錆鉄御納戸**（さびてつおなんど）

かなり渋く引き締まった色。江戸後期の色と考えられる。冠となる「錆鉄」で色相を、語尾に収まる「御納戸」でトーンを表す。

今様なゝ小町　雨乞　歌川国芳　江戸時代　太田記念美術館
江戸の女性たちには、美女の小野小町にならい男性も美男ぶりがもてはやされた。

深緑（ふかみどり）

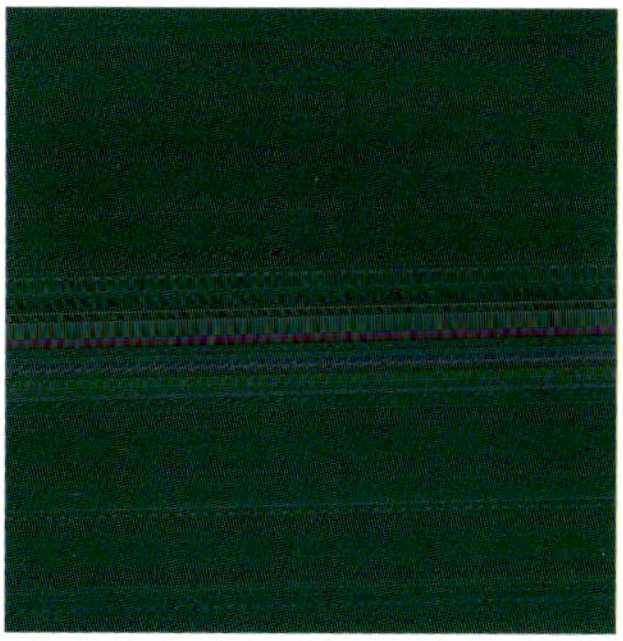

13 - 100 - 75
C100 M0 Y75 K75

別 深緑《ふかみどり》　系 暗い青緑

平安時代の深き緑は、黄色から離れて青に近いことをいう。次緑、浅緑、となるほど黄色みが増し、青緑から緑、黄緑と変化する。

この深緑は、青みが強く黒みもかなり強い。

色の濃さを形容する字を「深、浅」を使って、「こき、うす」と呼ぶか、「ふか、あさ」と呼ぶかで意味が変わってくる。

鉄色（てついろ）

14 - 70 - 80
C70 M0 Y35 K80

別 鉄色《くろがねいろ》　系 深く渋い青緑

焼いた鉄肌のような色といわれるが、青みがかった鉄肌ではなく、緑みがかった色。また、釉薬の呉須《ごす》のくすんだ青色を指すこともある。藍染めの一種で、染色は江戸後期頃から始まったといわれる。明治中頃から大正にかけて流行、番頭や手代の前掛けの色に用いられた。

『金色夜叉』には五十近くの貴婦人がこの色の身につけている。「黒綾の吾妻コオト着て、鉄色縮緬《ちりめん》の頭巾を領《えり》に巻きたる五十路に近き賎《いや》しからぬ婦人」。

蒼黒（そうこく）

14 - 90 - 90
90 - 0 - 45 - 90

系 青緑みの黒

力を内に秘めた、静けさを感じさせる色。

新勝色（しんかちいろ）

14 - 20 - 100
20 - 0 - 10 - 100

系 黒

「勝」の縁起をかついだ搗染めに対し、日清日露戦争では紺色が勝色とされ、第一次世界大戦では、この色が用いられた。禁欲的な質素さに対し、強さが強調された。

孔雀青（くじゃくあお）

15 - 100 - 25

C100 M0 Y25 K25

系 強い青

ピーコック・ブルーの訳語。近代からの色名。南アジアに棲む孔雀は、江戸時代の絵画にも、かなり正確な姿で描かれている。日本でも実物の孔雀が見られたようだ。デルフト・ブルーはオランダの磁器の色。

牡丹孔雀図屏風　長沢芦雪　江戸時代　エッコ&ジョー・プライスコレクション
江戸時代の画家は、孔雀が羽根を閉じたときの構造まで丁寧に観察していた。

孔雀の羽根色
お目当てのメス孔雀に羽根を大きく広げて元気さをアピールする。

新橋色（しんばしいろ）

15 - 85 - 5

C85 M0 Y21 K5

別 金春色《こんぱるいろ》　系 鮮やかな青

東京の新橋が由来の色名。明治末頃から大正時代にかけて流行した。青色は本来理性や堅実さを表す色だが、新橋色だけは華やかで艶っぽいイメージを表し、美人画にも描かれている。

文明開化が進む明治中期、化学染料が日本に輸入され、それまでになかった鮮やかさが新鮮な感覚として喜ばれ人気となる。鮮やかな青を、先端を切って和服に取り入れて愛用したのが新橋の芸者衆だった。当時、花柳界の

濃浅葱（こいあさぎ）

15 - 95 - 25

95 - 0 - 24 - 25

系 強い青

浅葱色（➔P184）の濃く暗みが加わった青色。藍で染めるので、濃くすると少し黒みが加わる。

吹雪　伊東深水
昭和二十二年頃
西宮市大谷記念美術館
鮮やかな新橋色は、新しもの好きを表す。

花浅葱（はなあさぎ）

15 - 80 - 5
C80 M0 Y20 K5

新興勢力だった新橋には、新政府の政治家や新興の実業家たちが集まり、江戸の伝統をもつ柳橋などとは違う、ハイカラな雰囲気が生まれていた。

明治初期の頃、芸者には等級があり一等が新橋で花代一円、二等が日本橋、葭町《よしちょう》、新富町、数寄屋橋で八十銭、三等が烏森、吉原で五十銭、四等が深川、神楽坂の三十銭、赤坂は五等だったという。ちなみに、当時の公務員の初任給は二十円くらいだったようだ。また、芸者の置屋が金春新道《こんぱるしんみち》にあったため金春色《こんぱるいろ》ともいう。今も銀座には今春通りが残る。

系 明るい青

花色がかった浅葱色。花色は、元は、露草《つゆくさ》で染めた青色をいったが、後に藍染による縹（はなだ）も花色と呼ぶようになる。「花浅葱」の染色は、江戸末期からといわれる。「はなあさぎ」の名は、平安時代からあったが、染法が変化し、その色みの確定は難しい。

美人十二ヶ月 端月の初卯 歌川国芳 江戸時代 北九州市立美術館

おめでたい正月の初卯（はつう）の日にわが子を抱き上げる若い母親。江戸時代は、子育ての中の母親も美人の一姿だった。

活色（かついろ）

15 - 95 - 5
95 - 0 - 24 - 5

系 鮮やかな青

晴れわたった青空を思わせる緑みの青。大漁旗や大漁時に船主から配られた万祝《まいわい》の羽織に染められた活気あふれる青。

鮮やかな活色は真夏の暑さを吹き飛ばして元気な気分にさせる。

織浅黄（おりあさぎ）

15 - 75 - 0
75 - 0 - 19 - 0

系 明るい青

浅葱色と同じ織物の色。

青（あお）

16 - 100 - 0
C100 M0 Y0 K0

系 強い青

17 - 100 - 20
C100 M25 Y0 K20

別 蒼《あお》・碧《あお》　系 鮮やかな青・色料の三原色CMYのC（シアン）

青といえば、空や海や水のすんだ色。静かで冷静な様子、理知的な堅実さを表す。英名ブルー、シアンともいい、カラー印刷の基本色。

かつて青は、植物の緑色、黒、白も指したという。また、青の反対色は赤で、赤と青の境界は、黄とオレンジの間にあったという説もある。平安時代、青色といえば青白橡（あおしろつるばみ）のくすんだ橙みの黄だった。さらに、「あか」が明るいこと、「くろ」が暗いこと、「あを」は薄暗いことを意味したともいう。

真青（まあお）　別 真青《まさお》・真青《まっさお》

青の範囲はかなり広く、寒色全体を指した。真っ青といえば顔色が病や恐怖で青ざめること。「河内山の顔は真青だった」（『天保悪党伝』藤沢周平）。

東大寺に伝わる過去帳の話がある。鎌倉時代、亡くなった東大寺関係者の名前を読みあげる行法を僧がしていると、「なぜ私の名を呼ばない」と青い衣を着た女人が現れる。驚いた僧が、すぐに「青衣の女人」と読みあげると姿を消したという。以来、過去帳には「青衣の女人」と記載されたという。この青は魂の色、死者の色を象徴か。

雪山童子図　曾我蕭白　江戸時代　三重・継松寺
赤色の鬼はいかにも怖そうだが、青色の鬼はなんだか情けない。気味は悪いが、そうもひどいことはしなさそうに見える。これは、青色の持つ「沈着」のイメージによる効果だ。青男、青女とは、年若く未熟な男女のこと。青二才も未熟なことを指し、木の葉が若い青葉と同じことのようだ。

三十六佳選　花見　水野年方　明治時代
町田市立国際版画美術館
朱色の山門と鮮やかな青色との対比が武家の奥方らしい厳しさを表す。

天色（てんしょく）

17.5 - 85 - 0

C85 M32 Y0 K0

別 天色《あめいろ》・天色《あまいろ》・天色《そらいろ》　系 鮮やかな青紫

晴天の澄んだ空の色。空模様や天候を指すこともある。中国では、天色はほの暗い色を指すので、江戸以前は暗い色を指したと思われる。「天声清朗なる夜は、更深るまで、かくして業を務めしが」（『西国立志編』中村正直役）。

維新の花　三木翠山　昭和十五年　京都国立近代美術館
新橋色に通じる鮮やかな青色は、古い習慣にとらわれない新しい時代の気合いを連想させた。

ぽっかりと白雲を浮かべた天色の空は、爽快なクリアさを表す。

露草色（つゆくさいろ）

異説 → P217

17.5 - 60 - 0

C60 M23 Y0 K0

別 月草《つきくさ》・鴨頭草《つきくさ》・着草《つきくさ》　系 明るい青紫

露草の花のような色。露草の花の汁を摺りつけて染めた露草色は、色がとても落ちやすいので、『万葉集』では、「うつろう」「消える」などにかかる枕詞に使われる。

千草色（ちぐさいろ）

古代の月草、搗草（つきくさ）からの変名ともいわれる。江戸時代の解説書には「花色より薄く、浅葱より濃く、京ではこの色をつきぐさという」とされる。

異説 → P190

露草の花
古代はこの花を布に摺りつけて青色を染めた。雨にぬれるとたちまち溶けて流れ出したようだ。

空色（そらいろ）

16 - 45 - 0
C45 M0 Y0 K0

17 - 60 - 0
C60 M15 Y0 K0

別 空天色《くうてんしょく》・碧天《へきてん》　系 明るい青

晴れた日の空のような色。空天色、碧天とも書く。空の色を中国では幽玄に通じる色と見ていたが、日本人はかげりのない色とみていた。スカイブルー（英名）。『空色のゆりいす』という安房《あわ》直子《なおこ》の童話がある。目の見えない自分の娘に、たった一つの色を教えるとしたら空色を教えたいと思う、いすづくりの話。その空色は、心の中までしみ込んでくるような、目を閉じてもまぶたのうらに、青い空が広がる色。

青空のような色。平安時代からの色名だが、広く使われるようになったのは、明治、大正の頃から。『源氏物語』には「空の色したる唐の紙」と使われている。

中色（なかいろ）

藍染めの一つ。花色より薄く、浅葱より濃い中間の色。

空青（くうせい）

奈良時代の大安寺『伽藍縁起并流記』資材帳に緑青や胡粉とともに記された顔料。

青空
透き通った深い青空に白色の雲。思わず深呼吸をしてみたくなる。

白群（びゃくぐん）

16.5 - 35 - 5
C35 M4 Y0 K5

別 白群青《びゃくぐんじょう》　系 淡い青

日本画の岩絵具の色。岩絵具の粒子は大きく、これを砕くと細かな粒子になり拡散反射光が重なり合い、白っぽく見える。とくに群青の粉末を白群、白群青《びゃくぐんじょう》という。

勿忘草色（わすれなぐさいろ）

17 - 40 - 5
C40 M10 Y0 K5

系 明るい青

明治時代からの色名。勿忘草の花のような色。「フォーゲット・ミー・ノット（forget - me - not）」の訳語。元はドイツの伝説に由来。恋人のために、青い花を採ろうとして川に落ち、急流に流された青年の最後の言葉「私を忘れないで」がそのまま花の名前になったという。上田敏訳『海潮音』にドイツの詩人ウィルヘルム・アレントの「わすれなぐさ」が紹介され、それがそのまま花の名前、色の名前として知られるようになったともいわれる。

天青（てんせい）

16 - 40 - 5
40 - 0 - 0 - 5

系 明るい青

明るく晴れた空の色。藍と蘇芳で染めるとされ、わずかな曇りがある。天青石とは、かすかに青みがかった半透明のストロンチウム鉱石。島根県で産出する。

浅藍（うすらん）

16 - 60 - 5
60 - 0 - 0 - 5

系 明るい青

藍色の薄い色。藍白や瓶覗よりかなり濃い青。『延喜式』に定められた四段階の藍は緑色だが、一般的な藍は青色を指す。

浅青（せんせい）

16 - 50 - 5
50 - 0 - 0 - 5

系 明るい青

かすかにくすみがある青。藍染の浅縹に似た色だが、浅青はもう少し色の範囲が広い。

浅縹（あさきはなだ）

15 - 60 - 0

C60 M0 Y15 K0

別 浅縹《あさはなだ》・浅縹《うすはなだ》・薄縹《うすはなだ》　系 明るい青

縹色の中で最も浅く染めた色。うすはなだ、あさはなだともいう。明るく落ち着いた爽やかな色。平安時代の朝服の中では身分の低い初位の色とされた。

浮世美人十二箇月　四月廓公初鰹　溪斎英泉　江戸時代
いなせでいきのいい船宿の美人女房が初鰹を片手にぶら下げて、手ぬぐいを肩から引っさげている。

水色（みずいろ）

15 - 50 - 0

C50 M0 Y13 K0

系 明るい青

水浅葱より淡い青。澄んだ水のような色。江戸時代、帷子《かたびら》の地色として水色が流行。帷子とは一重《ひとえ》の着物。元は麻だったが、綿が主流になっていった。ちなみに浴衣《ゆかた》の語源は、入浴後に着る湯帷子《ゆかたびら》。江戸時代以降、夏に着る単衣を「ゆかた」というようになった。「みづいろの窓によりかかりて／われひとりうれしきことをおもはむ」（『旅上』萩原朔太郎）。フランスへの旅もかなわず、新しい服を着て出た気ままな汽車旅での光景。

花鳥遊魚図巻　長沢芦雪　江戸時代　個人蔵
葦の生える流れに泳ぐ鮒などの小魚が生き生きと描かれている。

水縹（みずはなだ）

15 - 50 - 5

C50 M0 Y13 K5

別 水縹《みはなだ》　系 明るい青

『延喜式』で記された浅縹に比べわずかに淡い色。平安期には水縹と浅縹が混在していたが、中世になると水色や水浅葱と呼ばれた。縹色を染める藍は、明るく染めると緑みがかって見え、濃くすると紫みがかる。「夏河を越すうれしさよ手に草履」（与謝蕪村）。真夏、草履を手に持って、素足で川を越える。青く澄んだ水の冷たさが心地いい。

神官（しんかん）のまとう袴（はかま）の淡い青色は、爽やかなすがすがしさを表す。

百人一首歌留多　在原業平　尾形光琳　江戸時代

在原業平は平安初期の歌人で容姿端麗の情熱的な美男。

砧青磁（きぬたせいじ）

15 - 35 - 10

C35 M0 Y9 K10

系 淡く渋い青

青磁の中でも美しいとされる明るい空を思わせる青。十二世紀終り頃の南宋後期、浙江省龍泉窯で、官窯に影響され美しい青磁を完成させ、これを日本では砧青磁と呼んだ。砧は衣板《きぬいた》のこと。絹布を槌で打ってやわらげ、つやを出すのに用いた。青磁の花生けが砧の形に似ていたのでつけられた、との説がある。

青磁鳳凰耳花生龍泉窯　南宋　重文　安宅コレクション

力強く堂々とした壷の形と、静かな青磁の色の組み合わせがバランスよく安定している。

瓶覗（かめのぞき）

15 - 25 - 3
C25 M0 Y6 K3

別 甕覗《かめのぞき》・覗色《のぞきいろ》　系 淡い青

藍染で、もっとも薄い色の一つ。瓶覗とは、藍瓶をちょっと覗いたくらい、つまり少し浸した程度に染めたということ。江戸時代に登場した色名らしく、遊び心のある小粋な呼び名だ。室町時代には、藍瓶に一度だけくぐらせた薄い藍染を一入染《ひとしおぞめ》といっていた。

藍染は、浸す回数によって色の濃さが変わるので、段階によって、淡い順から藍白《あいじろ》、白殺し《しろころし》、瓶覗、浅葱、縹《はなだ》、藍色、紺などいろいろな呼び名がある。その色の差は職人の腕（判断）によって違っていた。濃い色は、浸けては取り出す作業を何度も繰り返すため高額であり、尊重された。浅い色は庶民的な料金でできたため軽視されたこともあった。

近世職人尽絵詞　鍬形蕙斎　江戸時代　東京国立博物館
藍屋の工房で男が藍玉をまとめ、別な男が藍瓶に布を浸して染めている。

白藍色（しろきあいいろ）

14.5 - 20 - 0
C20 M0 Y8 K0

別 白藍色《びゃくらんいろ》・白藍《しらあい》　系 淡い青緑

藍染の最も淡い色。『延喜式』では「藍小半圍に黄蘗七両」と記されている。藍だけでなく黄色も加わり、薄いだけでなく少し緑がかる。

藍白（あいじろ）

15 - 15 - 2
C 15 M 0 Y 4 K 2

蟹鳥染（かにとりぞめ）

16 - 15 - 0
C 15 M 0 Y 0 K 0

系 青みの白

藍染の最も淡い色。白藍色よりも淡い。ほとんど白色に近く、白殺しともいう。古代の藍白は、藍と黄檗で染め、緑色がかっていた。

白花色（しらはないろ）

辛夷《こぶし》や蕎麦《そば》の花のような白い花の色。その色みは、かすかに青緑みを帯びて白縹に近いとされる。

辛夷（こぶし）の花 モクレン科の落葉樹で高さ十メートルになる。花からは香水を、樹皮からはこぶし油をとる。

別 蟹鳥染《かにどりぞめ》 系 青みの白

花田色の淡い色。蟹取とは貴人の産衣のこと。練絹を薄縹に染め、蟹、鶴、宝尽しの小紋を描いたもの。

白縹（しろきはなだ）

別 白縹《しろはなだ》

縹色の中で最も淡い色。水縹や浅縹よりも一段と明るく、瓶覗より淡い。

白青（しらあお）

別 白青《しろあお》・白青《びゃくせい》

白藍色と違い黄みがない。『貞丈雑記』に「白襖は青みある色と心得べし。元来は装束の色也」とある。

朝爽 菊池契月 昭和十二年 京都国立近代美術館
蟹鳥染の上品で静かな着物の色が朝の爽やかさを表している。

淡水色（うすみずいろ）

15 - 20 - 2
20 - 0 - 5 - 2

系 淡い青

かなり淡く染めた藍染の色。瓶覗より淡く、白藍よりは、少し濃いめの青。

明るい空の青がさざ波の川面に映り、静かな時の流水を感じさせる。

空色鼠（そらいろねず）

16 - 15 - 25
C15 M0 Y0 K25

薄鈍色（うすにびいろ）

17 - 15 - 35
C15 M4 Y0 K35

系 青みの明るい灰

薄曇りの中に、かすかに感じる、明るい空色。

水色鼠（みずいろねず）
青色系の灰色の中で、最も明るく爽やかな色。

京鼠（きょうねず）
鴨川鼠に近い、華やかさのある上品な色。

空がぼんやりしてもやがかかって空色鼠になる。あいまいな色調がゆったりした気持ちにさせる。

別 薄鈍色《うすにぶいろ》 系 青みの灰

鈍《にび》とは渋いこと。平安時代には、喪服時の凶色とされる一方、日常生活の色でもあった。薄鈍色は鈍色と同じように喪服や僧服に用いられた。

薄藍（うすあい）

17 - 30 - 15
30 - 8 - 0 - 15

系 淡く渋い青

藍色の薄い色。すっきりとした気取りのない江戸好みの色。

江戸の好みは何気ない渋い色の中に美しさを発見すること。

青袋鼠（せいたいねず）

17 - 30 - 30
30 - 8 - 0 - 30

系 淡く渋い青

江戸時代に記された『染物秘伝』に「水色に少し墨を加え」とあり、明るい灰色を指した。

一遍上人絵伝　南北朝時代　神戸市立博物館

兵庫の観音堂で病の床についた一遍上人を、西宮の神主が見舞いに訪れ、上人から十念を授かっている。上人もその弟子達もすべて同じ薄鈍色の僧服を着ている。一方、訪れた神主も僧衣に合った穏やかな色の衣を着て、両者の平和な関係が暗示されている。

蒼白色（そうはくしょく）

17 - 15 - 5
C15 M4 Y0 K5

異説 ↓P24参照

別 青白《あおじろ》・蒼白《あおじろ》　系 青みの白

蒼白は、青白いことをいうが、特定の色ではなく、青みがかった様子全般を指す。

顔面蒼白とは、血の気が失せることをいう。歌舞伎の隈取では、鮮やかな青色を塗って蒼白さを表す大胆なイメージ表現だ。怒っている様子を、青筋が立つというのは、静脈の青さを強調したもの。

同じ青白さでも、蒼白は急激な様子を、青白は時間に限定されない静かさを表す。反対に、健康なこと、喜びが高揚する様子は「赤み」で表す。

実際に日本人の肌色で青白いと感じるのは、橙色から離れた見本色あたりを指す。

青白い月、蒼白な雲といえば、青みがかった夜空に対して同系色の淡い青色を表す。たとえば、上の見本色あたりを指し、静逸で沈着な様子を表す。

江國香織の『きらきらひかる』では、「私はきょとんとして樫部さんの青白い顔を見つめた。線の細い、端正な顔」と、活動的ではない、静かな人柄を「青白」で表している。

名所江戸百景大はしあたけの夕立　歌川広重　江戸時代　山種美術館
激しい夕立に向こう岸がかすんでおぼろに見える。

朧花色（おぼろはないろ）

16.5 - 40 - 20
40 - 5 - 0 - 20

系 明るく渋い青

おぼろげに見える花色。花色は縹色（↓P216）のこと。

藍鼠（あいねず）

17 - 35 - 70
C35 M9 Y0 K70

別 藍鼠《あいねずみ》・藍味鼠《あいみねず》 系 青みの暗い灰

藍の色みが加わった鼠色。いろいろな鼠色が流行したのは、幕府からの度重なる「奢侈禁止令《しゃしきんしれい》」に対する庶民の反発と、染料の原料が手に入りやすかったことがある。『諸色手染草』（一七七二）には、下地を薄浅葱に染めてから鼠色に重ねると解説されている。

■藍媚茶（あいこびちゃ）

媚茶も藍色も江戸の流行色。媚茶は江戸初期に現れ、この色は江戸後期に表れる。

■藍気鼠（あいけねず）

別 藍気鼠《あいけねずみ》

「気」とは、語尾の色に対して、ある色が加わっていることを表すときに使う。「〇〇みのある」と同じ。

■藍生鼠（あいおいねず）

別 相生鼠《あいおいねず》

藍生鼠は、縁起のいい「あいおい（相老、相生）」にひっかけて藍鼠を呼びかえたもの。江戸時代のしゃれ心のひとつ。相生とは、一つの根から二つの幹がでること。夫婦が共に長生きすることを意味する相老にも通じている。「わかやぐや、雪のしら髪も、うちとけて、もとのいろなる、相生の松。年ふりてけふあひ生《おい》の、松こそめでたかりけり」（『南総里見八犬伝』曲亭馬琴）。

納戸鼠（なんどねず）

15 - 30 - 60
30 - 0 - 8 - 60

系 青みの暗い灰

錆納戸よりさらに灰色がかった、控えめな色。

→錆納戸 P212

藍生壁（あいなまかべ）

17 - 30 - 60
30 - 8 - 0 - 60

系 青みの暗い灰

生壁は、塗りたての、まだ乾いていない、しっとりとした壁の色。江戸時代の人には、日常の見慣れた色だった。

鉛色（なまりいろ）

17 - 20 - 60
C20 M5 Y0 K60

別 鉛色《あおがねいろ》　系 青みの暗い灰

鉛の色に似た色。色名が表れるのは明治以降。「鉛色の海」、「鉛色の空」など、暗く重苦しい海や雲が低く垂れこめた、どんよりとした空の表現によく使われる。「冬の曇天の／凍りついた天気の下で／そんな憂鬱な自然の中で」（『蒼ざめた馬』萩原朔太郎）のようなイメージ。童話『幸福の王子』では、自分を飾る宝石や金箔を、ツバメに運ばせた王子の像の最後の姿が、鉛色で表現されている。

錫紵（しゃくじょ）

17 - 20 - 40
C20 M5 Y0 K40

系 青みの灰

天皇が二親等以上の親族の喪に服するときに着用する鈍色（にびいろ）を錫紵という。錫紵を着ると定めたのは「皇帝が喪服として「錫衰《しゃくさい》」を着る」（『唐書』）という中国の制にならったため。しかし、唐でいう錫は、目の細かい白い麻布のこと。つまり白なのだが、日本人は、それを金属の錫《すず》と勘違いし、錫色（薄墨）に染めてしまったのだという。が、実際の錫はもっと明るい。

湊鼠（みなとねず）

16.5 - 30 - 40
30 - 4 - 0 - 40

別 湊鼠《みなとねずみ》　系 青みの灰

深川鼠と似た色とされるが、青みが勝っている。湊の名は大阪の湊村でつくられた湊紙からといわれる。現在も湊紙は作られ、茶室の腰紙などに使われている。三椏で漉き返した粗い鳥の子紙の一種で、濃く渋い色。

灰青（はいあお）

16 - 20 - 50
20 - 0 - 0 - 50

系 青みの灰

青に灰色を加えた色。「柔らかい青灰色の夜明けの霧が開かれたままの扉からあふれこみ」（『不意の唖（おし）』大江健三郎）。

青鈍（あおにび）

16 - 20 - 70
C20 M0 Y0 K70

別 青鈍《あおにぶ》　系 青みの暗い灰

鈍色に藍を淡く重ねた青みの灰色。平安時代は凶色とされ、喪服や尼僧の衣に用いられた。

『源氏物語』では、光源氏の正室の葵の上が亡くなったあと、六条の御息所から光源氏のもとに弔問の文が届けられる。その文は「菊のけしきばめる枝に、濃き青鈍の紙なる文つけて」と、青鈍の紙に書かれている。また、光源氏の愛人だった朧月夜の君が出家するとき、源氏に贈った決別の歌を添えた手紙にも、青鈍の紙が使われている。

芥川龍之介の作品に、平安時代の『今昔物語』などを題材にした『芋粥』がある。主人公は風采のあがらない臆病な男。着物らしい着物を一つも持っていない男が唯一着ているのが、青鈍色の水干《すいかん》と同じ色の指貫《さしぬき》だった。しかも、古びて、「藍とも紺ともつかないような色」になっていた。江戸時代に入ると、鈍系統の色は「○○鼠」といわれて細分化が進み、凶色としての観念はなくなっていった。

正札附俳優手遊　歌川芳年　江戸時代　国立劇場
おもちゃ屋の店先でうれしそうに気に入った役者のお面を選んでいる。今にも手が伸びそうで形ひざが立ち上がっている。

藍錆色（あいさびいろ）

17 - 35 - 65
35 - 9 - 0 - 65

別 藍細美《あいさび》　系 青みの暗い灰

藍媚茶と似ているが、色みが抑えられ、渋さがより際立つ色。

暑中の夕立　歌川国芳　江戸時代　太田記念美術館
激しい夕立の中で、着物をたくし上げ、足元は裸足なのに、傘の下には雨はなく、表情は涼しげ。

熨斗目色（のしめいろ）

16 - 30 - 80
C30 M0 Y0 K80

系 青みの暗い灰

熨斗目は、江戸時代の人にとって日常でよく目にする、士分以上の礼服のこと。熨斗目のつく色名は多く、熨斗目浅葱、熨斗目納戸、熨斗目空色などがある。この色は熨斗目色と花色の中間に当たる。市川団十郎の役者色舛花色（ますはないろ）は、この色から派生したといわれる。

鋼色（はがねいろ）

17 - 40 - 80
C40 M10 Y0 K80

系 深く渋い青

鋼の色。「（雲が）残照を一点に集めるかのように、いっとき明るい橙色に輝いたが、それも見るまに褪せて、鼠色にかすみながらはがね色に澄みあがった空へ溶け込んでいった。」夕暮れの一瞬の情景を、見事な色彩で表したのは山本周五郎の『青べか物語』。

宵闇に浮かぶ永代橋のシルエット。夜空になると今も江戸時代の情緒がよみがえる。

帯黒色（たいこくしょく）

系 黒く感じるすべての色

特定の固有色名ではなく、赤みの黒、青みの黒と、黒く感じるすべての色を指す、かなり大まかな表現。

錆鼠（さびねず）

17 - 30 - 80
30 - 8 - 0 - 80

系 青みの暗い灰

鼠色というよりも黒色に近い。錆は芭蕉の寂にも通じ、江戸時代に好まれ、盛んに用いられた。

黰色（つじみいろ）

16 - 50 - 85
50 - 0 - 0 - 85

別 黰色《つつしみいろ》　系 深く渋い青

かすかに青みがかった黒染めの一種。喪服に用いられる。艶黰色ともいう。

藍砥茶（あいとのちゃ）

15 - 50 - 40

C 50 M 0 Y 13 K 40

別 藍沈香茶《あいとのちゃ》　系 深く渋い青

沈香茶（殿茶／とのちゃ）の藍みがかった色。御召御納戸の薄い色とする説があるが、藍色を強調しているので、一段階青みが濃い。

沈香茶（とのちゃ）

15 - 30 - 40

C 30 M 0 Y 8 K 40

別 殿茶《とのちゃ》　系 青みの灰

江戸の解説書に「御召納戸のうすい色を殿茶（沈香茶）」と記されている。沈香で染めてもこのような青にはならないが、推定すると見本色のようになる。江戸時代の茶色の概念は広い。似た色名の礪茶（とのちゃ）は別な色。

➜ 礪茶 P91

名所江戸百景　大伝馬町こふく店　歌川広重　江戸時代　三菱東京ＵＦＪ銀行貨幣資料館

日本橋・大伝馬町の大丸呉服店の店先を描いている。右の人物群は新築の棟上げ祝いの帰り道の棟梁たち。

高麗納戸（こうらいなんど）

15 - 70 - 70

C 70 M 0 Y 18 K 70

系 深く渋い青

江戸・天明年間の人気役者、松本幸四郎の屋号・高麗屋にちなむ。歌舞伎「鈴が森」で、旗本奴と争い、殺された人気の侠客、幡随院長兵衛《ばんずいいんちょうべえ》が着た合羽の色。

錆納戸（さびなんど）

15 - 50 - 60

C 50 M 0 Y 13 K 60

別 錆御納戸《さびおなんど》　系 深く渋い青

くすんだ青色の納戸色に錆が加わると、さらに灰みの強い色になる。御納戸の「御」がつくのは、江戸城の納戸から始まったことに由来している。

御召御納戸（おめしおなんど）

16 - 40 - 65

C 40 M 0 Y 0 K 65

系 深く渋い青

御召とは縮緬（ちりめん）のこと。十一代将軍徳川家斉《いえなり》が愛用したことから御召と呼ばれた。納戸色より少し引き締まった色。

熨斗目花色（のしめはないろ）

16 - 60 - 60
C60 M0 Y0 K60

系 深く渋い青

熨斗目とは江戸時代の人々の目にふれていた士分の礼服のことで、熨斗目色は暗い灰色。これに「花」が加わると、青みが鮮やかになり見本色の色になる。この色よりさらに華やかさが増すと舛花色（ますはないろ）となる。

舛花色P215

潤色（うるみいろ）

別 うるみ色《いろ》・濁色《うるみいろ》・潤色《うるびいろ》・濁色《うるびいろ》

「うるみ」とは「くもった、濁った」という意味の漆特有の呼称。黒みをおびた朱色のくすんだ色を潤み朱（うるみしゅ）という。また「潤」はうるおうことも意味し、新鮮さも表す。ともに深く沈んだ色みを表す。

裏色（うらいろ）

17 - 60 - 50
C60 M15 Y0 K50

系 深く渋い青

夜具や衣服の裏地の色。中世までは赤系が主流だったが、江戸中頃からは藍を基調にした色に変わった。

藍摺（あいずり）

藍一色で摺った版画を藍絵といい、江戸末期の葛飾北斎が有名。

富嶽三十六景　常州牛堀　葛飾北斎　江戸時代　山口県立萩美術館・浦上記念館
藍一色だけで表現すると画家の力量がはっきり表れる。大きく左へ向かう苫舟（とまぶね）の動きに対し、毅然とした富士が画面全体に緊張感を生み出している。

納戸色（なんどいろ）

15 - 80 - 50
C80 M0 Y20 K50

別 御納戸色《おなんどいろ》　系 深く渋い青

藍染の色。江戸時代からの色名。名前の由来には「衣服や調度品を納める納戸（物置）の入口に引かれた幕の色」「薄暗い納戸部屋の色」「納戸に出入りした役人の着物の色」など、いくつかの説がある。

青系統を代表する色として流行り、宝暦期（一七五一～六四）には男物の裏地の色として愛用された。文化・文政期（一八〇四～三〇）に再び流行し、「鉄色錆びてお納戸現わる」と報じられたという。江戸末期になると、婦人の和服の色にも多く用いられ、藤色と共に明治、大正の頃まで流行する。

船橋聖一の『悉皆屋康吉』には、深川納戸の染めを安易に引き受けた康吉が、納戸色のバリエーションの多さ、その区別の難しさを通して悉皆屋の心得を諭される場面がある。悉皆屋《しっかいや》とは、染めや染め替え、洗い張りを請け負い染物屋に送り、仲介する染色ディレクターのようなもので現在もまれに見かける。

『吾輩は猫である』の先生の家に入った泥棒は「唐桟《とうざん》の半纏に、御納戸の博多の帯を尻の上にむすんで」いた。

青碧（せいへき）

15 - 90 - 50
90 - 0 - 23 - 50

系 暗い青

異説 ➔ P217

納戸麻地剣酸醤紋看板　江戸時代　東京国立博物館

納戸縮緬地帆掛舟松鶴模様小袖　江戸時代　東京国立博物館

ともに納戸色だが、色相もトーンもかなり違う。色名の幅は予想外に広いものだ。

舛花色（ますはないろ）

16 - 80 - 50
C80 M0 Y0 K50

系 深く渋い青

江戸で人気の役者色の一つ。安永天明期（一七七二〜八九）、江戸で人気のあった五代目市川団十郎ゆかりの色。市川家のお家芸に使われたことからこの名がついた。団十郎茶と共通した、落ち着きと力強さのある色。

「舛」は市川家の家紋の三舛《みます》（大中小の三つの舛形を組み合わせた模様）。「花色」は花田(縹《はなだ》)色のこと。

青黛（せいたい）

17 - 80 - 40
C80 M20 Y0 K40

別 青袋《せいたい》・青代《せいたい》 系 深く渋い青

青黛とは、藍を建てるとき、水面に浮かぶ藍の花（泡）を集めて乾燥させた顔料。藍鑞（→P220）とも呼ぶ。『正倉院文書』にも青代、藍花の名で残されている。青色のまゆずみの色。演劇などで、眉を剃ったあとを青で表すときに使われる、顔料でもある。『東海道中膝栗毛』に「月代《さかやき》にぬる」という文がある。月代（額から頭の中央にかけて剃り落とした髪型のこと）を青く見せるために青黛を塗っていたという。

陰浅葱（かげあさぎ）

15 - 75 - 50
75 - 0 - 19 - 50

別 陰浅黄《かげあさぎ》 系 深く渋い青

江戸時代の、有職故実の解説書『貞丈雑記』には浅葱の黒みある色とされている。錆はくすみを表し、陰は黒みがかったことを表す。

錆浅葱（さびあさぎ）

15 - 60 - 40
60 - 0 - 15 - 40

系 深く渋い青

錆は寂《さび》に通じる、くすんだ色。江戸時代に盛んに用いられ、藍色の明るい色である浅葱色と組み合わされた。

縹色（はなだいろ）

16.5 - 85 - 35
C85 M11 Y0 K35

別 花田色《はなだいろ》・縹色《ひょうしょく》・花色《はないろ》 系 強い青

青色の代表的な色名。古くは、はなだ色、平安時代は縹色、江戸時代には花色（はないろ）と色名を変えて伝わった。花田の花とは、鴨頭草（つきくさ／露草の古名）のこと。花の青い汁で摺染（すりぞめ）したことに由来。

『延喜式』には、深縹（こきはなだ）、中縹（なかのはなだ）、次縹（つぎのはなだ）、浅縹（あさきはなだ）の四段階が記され、それぞれに濃さが定められていたが、縹色は『延喜式』に縛られない広い範囲を指す。熨斗目色（のしめいろ）とほぼ同色という説もある。

『源氏物語』では、柏木が玉鬘に恋文を出すとき、縹色の唐の紙を使っている。江戸時代になると花色と呼ばれ、裏地や木綿に使用された。木綿は、庶民の代表的な衣料の素材だ。『護持院原の敵討』（森鷗外）で、敵の居場所がわかった九郎右衛門は、花色木綿の単物に茶小倉の帯を締め、紺麻絣の野羽織を着て、旅立つ。ちなみに、護持院原は現在の神保町、竹橋、近くの一ツ橋あたり。

『花色木綿』という落語の噺がある。家賃が払えず困っていた八五郎の部屋に泥棒が入る。これ幸い、八五郎は、家財を盗まれたことにしようと、大家に、盗られた物を

次縹（つぎのはなだ）

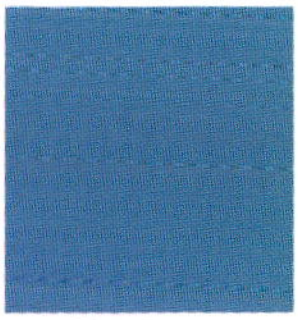

16 - 80 - 30
80 - 0 - 0 - 30

別 次縹《つぎはなだ》 系 渋い青

『延喜式』に定められた四段階の縹色のひとつで、中縹より明るく、浅縹より濃い色。『延喜式』で定めた縹は藍だけで染め、この次縹は帛一疋に対し、藍を四囲で染めると定められ、中縹が五囲、浅縹が半囲なので、二色の中間といっても中縹に近いことがわかる。

藍御納戸（あいおなんど）

17 - 80 - 50
80 - 20 - 0 - 50

系 深く渋い青

納戸色より青紫みが強まった色。

でっち上げていく。そして、大家の布団が「裏は花色木綿」だと聞くと、帯も羽二重も桐の箪笥も南部鉄瓶でもなんでも「裏は花色木綿」とトンチンカンに答えていく。正岡子規は「紫陽花やはなだにかはるきのふけふ」と詠っている。縹青は縹色の青さを重ねて強調した色名。

鬼若丸 歌川国芳 江戸時代 太田記念美術館 源平の合戦で活躍した熊野の鬼若丸が古池の鯉と戦う図。

青碧（せいへき）

異説 ↓ P214

15 - 100 - 40
C100 M0 Y25 K40

系 暗い青

青碧とは、中国産の青緑の貴石。碧には様々な色みがあるが、青碧は、深く透明感のある沈着な青色を指す。「空破れ富士燃ゆるとも本栖湖の青犯されず静かならまし」（与謝野晶子）。朝日で燃えるように赤い富士。その麓には、本栖湖が深い青をたたえ、静かにたたずんでいる。

鴨の羽色（かものはいろ）

別 鴨羽色《かものはねいろ》

鴨は古代から愛され『万葉集』にも詠われている。大伴家持「水鳥の鴨の羽色の青馬を今日見る人はかぎりなしといふ」。

露草色（つゆくさいろ）

17.5 - 80 - 30
80 - 30 - 0 - 30

系 渋い青紫

古代、様々な名で呼ばれていた露草の花を搗《つ》いた青汁を布に擦り付けて染めた色。しかし褪色しやすく、藍染が始まるとその染色法はなくなり、色名だけが残った。

異説 ↓ P199

藍天鵞絨（あいびろうど）

17 - 90 - 40
90 - 23 - 0 - 40

系 暗い青

重厚な青。ビロードはポルトガルやスペインから、近世に伝わったパイル織。しなやかで長い毛足とつやが愛され、マントやショールに用いられた。

藍色（あいいろ）

16.5 - 90 - 60
C90 M11 Y0 K66

東京・青梅市の藍染工房、壺草苑（こそうえん）で染めあがったばかりの絹糸の藍染め。青梅織物の歴史は、室町末期から始まり、江戸時代には青梅嶋の粋ぶりが人気になった。

系 暗い青

藍は人類最古の植物染料の一つ。藍は、葉を刻んで発酵させ、乾かし固めた藍玉《あいだま》を染料とする。『延喜式』で定められた藍色は、深藍色、中藍色、浅藍色、白藍色の四段階の濃度になっているが、その藍色は、蘗《きはだ》を加えた緑に近い青で、純粋な青色を指す縹色や、赤みのある紺色と区別された。

明治二十三年に来日したラフカディオ・ハーン（小泉八雲）は『東洋の土を踏んだ日』で、小さな家々の屋根は青く、店には青い暖簾《のれん》がかけられ、みんな、青い着物を着ている。濃い青に白く染め抜かれたそのデザインで、粗末な家や衣装が華やかに見えると、藍色に染まる日本の風景を美しさに魅了されている。

藍には大別して蓼藍《たであい》と木藍《きあい》がある。日本で藍といえば蓼藍。徳島県吉野川流域で採れる阿波藍をはじめ日本の各地でつくられる。木藍は山藍、唐藍、インド藍、インディゴとも呼ばれる。蓼藍は、濃く染めると赤みが増し、紫に近づく。木藍は、濃くすると赤みが消え、くすんだ黒色に近づく。

青藍（せいらん）

17.5 - 100 - 40
100 - 38 - 0 - 40

系 暗い青紫

島崎藤村は『落梅集』に「夜に入りて、天青藍を流したらんやうに、雲色の暗きはいよいよ暗く、星も見えそめぬ…」と、深い藍色に包み込まれた幻想的な情景を描いている。

二重緑（ふたえみどり）

16 - 90 - 70
90 - 0 - 0 - 70

系 暗い青

二重は色の濃さを表す。染色の紺と同じとされる。古代では、緑色と青は同じ色名で呼ばれた。

青摺（あおずり） 別 青摺《あいずり》

布に染料を擦り付ける染色法。古代から用いられ、神事用として後代まで伝わった。→山藍摺P188

元青（げんせい）

正倉院の薬帳に麝香や犀角とともに記された薬品。

媒染と染料

媒染とは染料を繊維にしっかり固着するための補助剤のこと。

媒染剤には、アルミニウム塩やタンニン、鉄塩があり、『延喜式』の頃から使われている灰や明礬《みょうばん》は、アルミニウム塩の一種。媒染剤は色素を固着させるだけでなく、染料の発色を変える。同じ石榴《ざくろ》の表皮で染めても、媒染剤を変えると鮮やかな橙になったり、黒色になったりする。

一方、藍のように媒染が不要な染料もある。

染色法は複雑で高度な技術を必要とした。例えば平安時代の延喜式には次のように記されている。

浮世七小町　鸚鵡　鳥居清長　江戸時代　たばこと塩の博物館
江戸の人々は染色の技術をしっかりと身につけ、微妙な色みの違いを染め分けていた。

深藍。絲一絢。藍一圍小半。黄蘗十四両。薪廿斤。

深紫。綾一疋。紫草三十斤。酢二升。灰二石。薪三百六十斤。

深藍の項には染料と燃料の薪しかなく、媒染がない。一方の紫色は紫草の他に酢と灰が記され、媒染が必要なことがわかる。また、藍に比べて二十倍近い大量の薪を使う。複雑で繊細な技術で色を表す。色料には染料と顔料があり、染料は水に溶け、土や岩を砕いてつくった顔料は水に溶けず、布にこすり付けて着色した。色料の仕組みを理解すれば、千年前の色名であっても、おおよその色相を知ることができる。

古代から江戸時代までの色料は、藍や紅、茜などの植物染料、黄土や朱などの鉱物顔料など自然界のものだ。

近代に入ると一七〇四年のベロ藍、後のプルシャン・ブルーや一八五六年のモーブなどの着色しやすい優れた合成色料が大量に生産され、明治以降の染色環境は大きく変化した。

呉須色（ごすいろ）

17 - 80 - 60
C80 M20 Y0 K60

系 深く渋い青

磁器や陶器の染付《そめつけ》の彩色に用いる顔料の色。日本人の生活の中で見かける、もっとも身近な藍色。染付は中国の景徳鎮から日本の伊万里に伝わり、近代のヨーロッパ人を魅了、やがてドイツのマイセンで、美しい青が開発された。

酸化コバルトを主成分とする呉須は、高温で焼成すると青い色になる。これを日本では染付と呼び、中国では青花《チンホワ》という。南京染付や祥瑞《しょんずい》染付が焼かれた。

染付（そめつけ）

呉須の藍色。陶磁器の染付は、素焼きした器に呉須で筆書きし、透明釉を掛けて高温で焼き付ける。

藍蠟（あいろう）

藍染用の瓶に浮かんだ泡（藍花）を乾かし、棒状や墨の形にした顔料。『正倉院文書』に「藍花」の記録があり、後の藍蠟と思われる。

青花龍文壺　景徳鎮窯　中国元　東京国立博物館
同じ呉須で絵付けしても、筆に含ませた呉須の量や濃さ、焼成の違いによってさまざまな呉須色が生まれる。

当世形浴衣揃　不破伴左衛門　市川団十郎　豊原国周　明治時代
開幕前、鏡台の前に座り、団十郎独特の大胆な文様の浴衣を着て役に入りつつある。

紺藍（こんあい）

17 - 80 - 70
80 - 20 - 0 - 70

系 深く渋い青

紫みがかった藍色。紺も藍も濃く暗い青色の代表的色名。二色を重ねて青の濃さが強調されている。

花葡萄色（はなぶどういろ）　別 花葡萄染《はなえびぞめ》

青みの葡萄色。つまり、くすんだ紫とする説がある。

伯林青（べれんす）

17 - 90 - 70
C 90 M 23 Y 0 K 70

別 伯林青《べるりんあお》・ベロ藍《あい》　系 暗い青

一七〇四年、プロシアの伯林《ベルリン》と巴里《パリ》で同時期に発明された顔料の色。ベルリン・ブルー、パリ・ブルーなどと呼ばれたが、のちにプロシアのという意味の「プルシャン・ブルー」になった。陶磁器の呉須の青色に魅了されたヨーロッパの人々が生み出した青だ。

日本では、ベルリンが訛《なま》った「へろりん」や「べれんす」、または「ベロ藍」などと呼ばれ、浮世絵に使われる。例えば、北斎の「凱風快晴」では富士山のバックの青い空がそうだ。

ヒロシゲ　別 ホクサイ

ベロ藍の別称。江戸中期の十八世紀初めにベルリンでつくられた青は、百年後に江戸に伝わり、美しい浮世絵の藍色のグラデーションをつくり出した。その浮世絵は、ヨーロッパに伝わり、ベロ藍は「ヒロシゲブルー」とも「ホクサイ」とも呼ばれ賞賛された。

名所江戸百景　日本橋雪晴　歌川広重　江戸時代　三菱東京UFJ銀行貨幣資料館
隅田川を濃いベロ藍で染め、雪景色の江戸の町並みを浮かび上がらせている。

紺鉄（こんてつ）

17.1 - 80 - 80
80 - 22 - 0 - 80

系 深く渋い青紫

鉄色は緑みを帯び、紺は紫みを帯びた青。紺鉄はその中間になる。

濃藍（こいあい）

17 - 90 - 80
C90 M23 Y0 K80

別 濃藍《こあい》　系 暗い青

藍染の中で最も濃い色のひとつ。暗い藍。鉄紺にほぼ近い濃さ。平安時代には、濃い色ほど高貴な色とされたが、藍色は日常色で、濃くても高位ではなかった。それでも、やはり濃い色は魅力的だった。

深藍（ふかあい）

異説 → P183参照

15 - 100 - 75
C100 M0 Y25 K75

別 深藍《しんらん》　系 暗い青

ほとんど黒色に近い威厳のある色。武家に好まれた勝色と同じイメージ。

「ふかきあい」と読むと『延喜式』に定められた、藍に黄蘗を染め重ねた緑みの暗い青色を指す。藍色の深い色は青の暗い色になるが、『延喜式』の表記では、緑みの青になる。

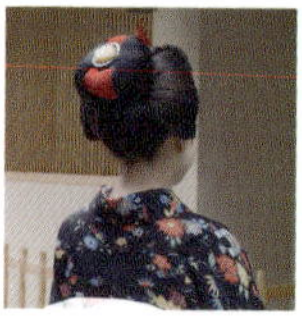

散らされた紅色との対比が粋なあでやかさを増す。京都・祇園にて。

契情曽我廓亀鑑　四代目市村家橘の賤の男福松　歌川国周　明治時代　国立劇場

男は、「賤の男福松」。江戸の歌舞伎では身分の低いことがかえって美化されている。

濃花色（こいはないろ）

16.5 - 90 - 75
90 - 11 - 0 - 75

系 暗い青

花色、縹色よりも一段と濃い、きりりと引き締まった色。

藍褐（あいかち）

17 - 100 - 70
100 - 25 - 0 - 70

系 暗い青

藍色は、かなり暗い青色だが、「褐」が加わるとさらに黒色に近くなる。

深縹（ふかきはなだ）

17 - 100 - 60
C100 M25 Y0 K60

別 紺《ふかきはなだ》・紺《こきはなだ》・深縹《こきはなだ》 系 暗い青

飛鳥・白鳳時代から始まり、『延喜式』で定められた最も暗い青。『満佐須計装束抄《まさすけしょうぞくしょう》』では、「深縹の狩衣も／すずしうら(生絹)は悪ろし／練りうらは良きなり」と同じ深縹でも、絹地の微妙なマチエールの違いを区別している。川端康成は『雪国』で「その山の全き姿、淡い夕映の空がくっきりと濃深縹色に描き出した。」と、山なみの濃い青を、夕映えの橙色と対比して強調している。川端康成は、しばしば対比色を生かして、ドラマチックな情景を描いている。

藍鉄色（あいてついろ）

15 - 90 - 80
C90 M0 Y23 K80

系 暗い青

暗い青の藍色と、暗い赤の鉄色を重ねると、渋い緑みがかった青色になる。江戸時代には、派手さを抑えた茶色や鼠色が粋な色とされて流行。派手さを抑えた藍色と鉄色の両方を組み合わせた色名は、いかにも江戸時代らしい、渋好みのものだ。

中縹（なかのはなだ）

17.2 - 100 - 50
100 - 30 - 0 - 50

系 暗い青紫

『延喜式』で定められ、深縹より一段階、明るい色。さらに明るい縹が次縹、さらに浅縹となる。「綾一疋につき、藍七囲、薪九十斤」とされ、藍だけで染めた色。質素で落ち着いた色。

赤と濃い藍の組み合わせは力強く、仕事をバリバリ片付けるイメージを表す。

印度藍（いんどあい）

17 - 85 - 85
C85 M21 Y0 K85

別 木藍《きあい》　系 暗い青

印度藍は熱帯のマメ科の小低木で木藍《きあい》といわれる。日本で藍というと、一般的には蓼藍《たであい》と呼ばれるタデ科の草藍を指す。木藍は琉球藍の別称でもある。木藍は、濃く染めると蓼藍より黒みが強くなり、その染料はインディゴと呼ばれる。日本には、明治時代に工業用に輸入されたが、現在はアニリンを原料にして合成している。

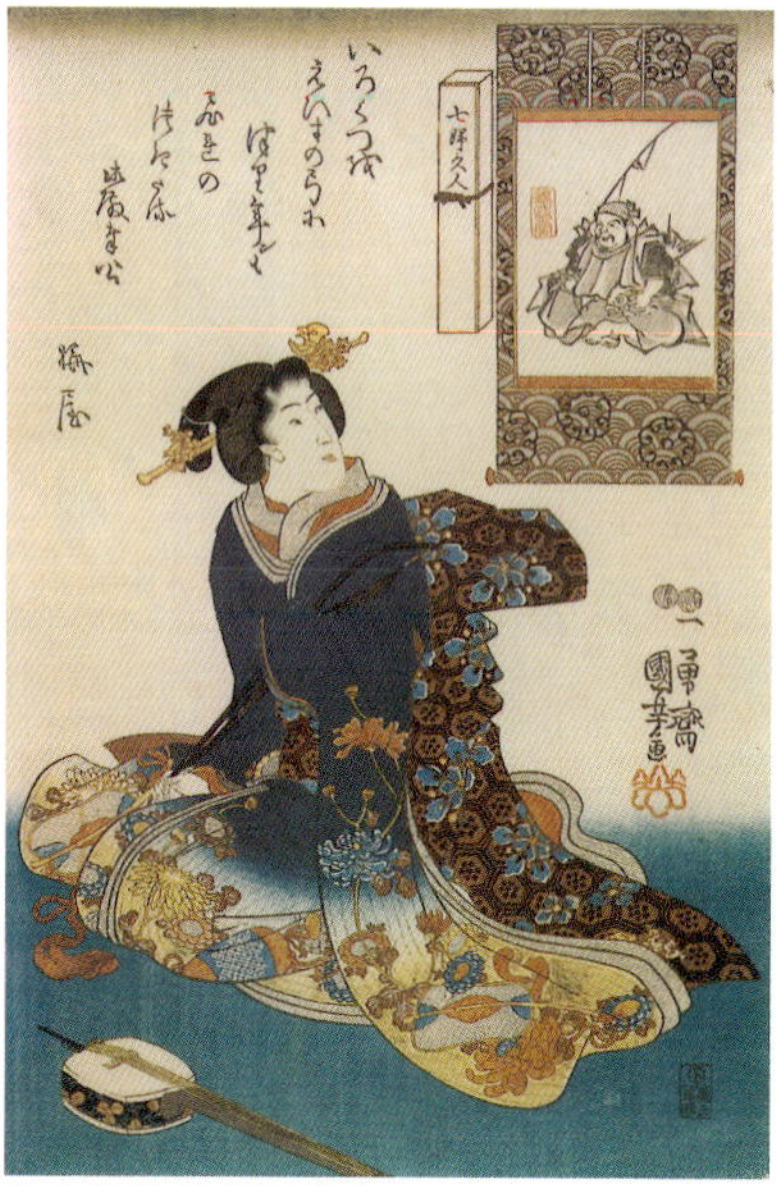

七婦久人　恵比寿　歌川国芳　江戸時代　名古屋テレビ放送
タイトルは七福神のえびす様を「七婦久人」と書く、江戸のセンスは洒落好みだ。

鉄紺（てっこん）

16 - 85 - 85
85 - 0 - 0 - 85

系 暗い青

紺鉄よりわずかに濃い色。藍染を繰り返すと紺色になり、やや紫みが帯びる。しかし、紫みのない紺色を鉄紺といって区別した。

海松藍色（みるあいいろ）

15 - 90 - 75
90 - 0 - 23 - 75

系 暗い青

海松色のくすんだトーンをした藍色。

青墨（あおずみ）

16 - 50 - 88
50 - 0 - 0 - 88

別 藍墨《あいずみ》　系 深く渋い青

日本画の青色顔料を墨の形に固めた絵具を青墨という。藍棒ともいう。

檳榔子黒（びんろうじぐろ）

17 - 50 - 100
C50 M13 Y0 K100

別 檳榔子染《びんろうじぞめ》　系 青みの黒

檳榔子の実で染めた色。薬用として奈良時代に輸入され、六百年後の南北朝時代に染色に利用される。藍染の下染に、檳榔子染した染色は、紋付の黒染では最高級とされているという。檳榔子そのものも高価なものだったようで「檳榔子の相場買いに失敗して、とうとう家を失ってしまった」という記述が（『現代語訳好色五人女』井原西鶴）にある。「うちわは、檳榔の葉を張り、金でふちどりしたぜいたくなもの」（『国盗り物語』司馬遼太郎）。

三代目中村歌右衛門　歌川豊国　江戸時代　ボストン美術館
江戸の渋好みの着こなしは羽二重の黒色にも色気を感じさせる。この三代目中村歌右衛門は、俳号を芝翫と名乗る人気役者だった。

青褐（あおかち）

17 - 100 - 100
C100 M25 Y0 K100

系 青みの黒

青みの強い褐色《かちいろ》。古代から中世にかけて、黒に近いくらい濃い藍染の色を「褐色（かちいろ）」、搗色（かちんいろ）」と呼んでいた。茶系の褐色《かっしょく》とは別の色。

四谷怪談のお岩の亡霊が現れる場面で、五代目坂東彦三郎の佐藤与茂七が身構えている。

五代目坂東彦三郎の佐藤与茂七　三代歌川豊国　江戸時代　国立劇場

青黒（あおぐろ）

16 - 60 - 85
60 - 0 - 0 - 85

系 深く渋い青

平安時代の色目に登場する伝統の色。「（鷺山の小城は）どの建物も青黒く焼きしめた美濃瓦が、ずしりとのっている」（『国盗り物語』司馬遼太郎）。

群青色（ぐんじょういろ）

18.3 - 100 - 5
C100 M58 Y0 K5

青紫（あおむらさき）

異説 ↓ P230

18 - 100 - 0
C100 M50 Y0 K0

系 鮮やかな青紫

群青は、青の集まりという意味。青の中の青、青の王者などともいわれるコバルトブルー。古代より貴重な青色の岩絵具だった群青は、宝石に匹敵するほどの貴重品。群青で表現される対象は、如来像や菩薩像の頭髪、曼荼羅の一部など、尊いものでなくてはならなかった。『国盗り物語』で庄九郎が美濃土岐家に仕官する際、用意させた珍しい唐物《からもの》の中に絵の道具もある。「大明渡来の墨、硯、朱、群青、胡粉、絵絹などもそろえてもらおう」。

岩群青（いわぐんじょう）

日本画の岩絵具。「岩」とは日本画の絵具であることを表し、「天然の石」の意味。油性で混ぜると緑色に変わる。

系 鮮やかな青紫

青色と紫色の中間にある準基本色。色彩体系での青紫はこの見本色を指すが、一般的にはこれより紅みの濃い紫を指すことが多い。

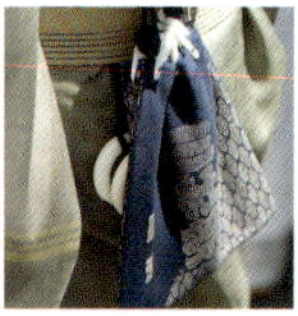

着物をはさんだ青紫の小布は男性的な強さと優美さを演出する。

碧瑠璃（へきるり）

18 - 100 - 30
100 - 50 - 0 - 30

系 強い青紫

碧は石英の結晶体。様々な色みがあるが、瑠璃色の碧は気高く神秘的。「みづからは半人半馬降るものは珊瑚の雨と碧瑠璃の雨」（与謝野晶子）。ギリシャ神話を思い起こさせる神秘的な歌。珊瑚色と碧瑠璃色の雨が輝きながら降る。

天藍（てんらん）

18 - 100 - 20
100 - 50 - 0 - 20

系 強い青紫

磁器の青磁に対する濃い青。「天」は限りなく美しいことを表す。

金碧珠
(きんぺきしゅ)

18.5 - 100 - 5
C100 M63 Y0 K5

別 金碧《きんぺき》　系 鮮やかな青紫

中国の色名で、瑠璃色(るりいろ)のこと。金碧とは、金色と青緑色の組み合わせ。大海から朝日の出る様子を表す。又、北宋の山水画で、岩を緑青、白緑、群青で描き、地を金泥にしたものをいう。

霽青
(せいせい)

中国の磁器の色。コバルト顔料の釉から生じる。また、晴れ上がって、透き通った青空のような気分をいう。

蓬莱山図　酒井抱一　江戸時代　個人蔵
作者の酒井抱一は大胆な構図と装飾性を重視する光琳、宗達を継承する最後の琳派の画家のひとり。

紺碧
(こんぺき)

18 - 90 - 30
C90 M45 Y0 K30

系 強い青紫

紺碧の空、紺碧の海など、空や海の深く透明感のある美しい青の表現によく使われる。「ころり寝ころべば青空」(種田山頭火)。寝ころんで、青空を見上げていると、身体に青がしみ込んでくる。正しい青空の見方の一つ。

白い雲は、どこまでも澄み渡る紺碧の空を引き立て身近にする。

瑠璃色（るりいろ）

18.8 - 100 - 10
C100 M70 Y0 K10

別 琉璃色《るりいろ》　系 強い青紫

宝石の瑠璃の色。最上の青に対する美称。瑠璃色はキリスト教でも仏教でも至上の色として神聖視されている。本来の瑠璃とは、仏教世界の中心にそびえ立つ須弥山《しゅみせん》に産する宝石とされ、仏教の七宝の一つ。後に中国や日本では青色系ガラス質をいうようになる。

正倉院には、鉛系ガラスの緑瑠璃、白瑠璃、紺瑠璃の碗や杯、高杯がある。

平安初期にできた『竹取物語』には「金、しろかね、るりいろの水、山より流れ出たる」と書かれ、貴重な鉱物とされている。

（青洲の妻）加恵は喪服姿の於継をとても美しいと思い、「まるで来迎之図《らいごうのず》の中の菩薩であった。於継の全身から瑠璃色の光が射している」ように見えた（『華岡青洲の妻』有吉佐和子）。

藍銅鉱・アズライト
炭酸銅の結晶で銅や青紫の美しい透明感のある顔料をつくる。熱湯で分解し、二酸化炭素ガスを発生する。

透明感のある瑠璃色は静かで幻想的な深海を思わせる。

天壇青（てんだんせい）

19 - 90 - 10
C 90 M 68 Y 0 K 10

系 強い紫

天壇は、中国の皇帝が冬至の日に天をまつる儀式を行う祭壇のこと。北京の紫禁城《しきんじょう》の南に現存する天壇の美しい青瓦を称えてこの名で呼んだ。天壇は一五世紀の明代につくられ、その後一部は落雷で消失し、再建され、現在は世界遺産に登録されて、天壇公園として親しまれている。

ウルトラマリンは深い海の色。

桔梗色（ききょういろ）

異説 → P243

19.5 - 95 - 0
C 95 M 83 Y 0 K 0

別 桔梗染《ききょうぞめ》　系 鮮やかな紫

桔梗の花のような色。平安時代から愛されていた色名で「きちこう」とも呼ばれた。

宮沢賢治の作品には、桔梗色が幻想的で美しいイメージを広げている。「美しい美しい桔梗いろのがらんとした空の下」（『銀河鉄道の夜』）。「その冷たい桔梗色の底光りする空間」（『インドラの網』）。「桔梗いろの天球には、いちめんの星座がまたたきました。」（『水仙月の四日』）。

正岡子規も「紫のふっとふくらむ桔梗かな」と詠んでいる。

濃桔梗色（こいききょういろ）

19 - 100 - 20
100 - 75 - 0 - 20

系 強い紫

鮮やかな桔梗色よりもさらに濃く鮮やかな色。鮮桔梗色ともいわれる。

桔梗の花
秋の七草の一つで、夏秋に優美な花を咲かせる。源氏物語で、「女郎花、桔梗など、咲きはじめたるに」と語られ、平安時代からの人気の花。

青紫（あおむらさき）

19.6 - 85 - 0
C85 M77 Y0 K0

系 鮮やかな紫

平安時代の『栄華物語』にも記された伝統色。華やかで優美な色。体系だった基本的な色名のつけ方。

紅青（こうせい）

正倉院の雑物請用帳に金青や胡粉、青黛とともに記された顔料。

織り文様をちりばめた衣は、さらに豪華な装いになる。

竜胆色（りんどういろ）

異説 → P226

19.6 - 65 - 5
C65 M59 Y0 K5

系 明るい紫

竜胆の花のような色。竜胆は桔梗と共に、日本の秋を飾る代表的な花。竜胆の根は非常に苦く、熊《くま》の胆《い》よりも苦いので、竜の胆《きも》のようだとたとえられ、竜胆と呼ばれるようになったという。

「雲一つなく晴れ渡った空の色は、竜胆色に冴えかえっていた。」（『花冷え』瀬戸内寂聴）。竜胆色の空には、明るいけれど、ただの青空とは違う、どこまでも空の中に沈み込んでいきそうな神秘さもある。

菫色（すみれいろ）

19.4 - 90 - 0
90 - 77 - 0 - 0

系 鮮やかな紫

菫の花のような色。二説あり、この見本色より赤みの強い紫色もある。与謝野晶子ら浪漫主義の文学者たちは、星や菫によせて恋などを歌うので「星菫派（せいきんは）」と呼ばれた。

宝石藍（パオシーラン）

異説 → P243

宝石のように美しく輝く紫。中国の門上に掲げる額の地色。

竜胆の花
日本の山野に自生し、古くから愛好され、紋所の池田竜胆、笹竜胆、竜胆菱、竜胆車などのモチーフになった。

移色（うつしいろ）

18 - 60 - 5
C60 M30 Y0 K5

系 明るい青紫

本来は露草を摺り移した色。変色、褪色が激しいために、「心移り」を連想して命名された。栽培種のツユクサが生まれると、和紙に花の汁をしみ込ませ、使うときに水につけて色を出す方法が考え出される。この紙を青花紙《あおはながみ》、うつし紙という。その色を「うつし色」というようにもなった。

↓露草色P199
↓縹色P216

み空色（みそらいろ）

18 - 60 - 0
C60 M30 Y0 K0

系 明るい青紫

み空の「み・御」は、尊いものなどの美称。み吉野、み雪、み山などがある。「…み空行く雲にもかもな」（安貴王『万葉集』）。セルリアンブルーはラテン語の空の色。

薄群青（うすぐんじょう）

18 - 70 - 0
70 - 35 - 0 - 0

系 明るい青紫

神秘的な輝きのある群青色を薄めると、優しい色調になる。

西に傾きかけた太陽が白い雲をゆっくりと藤色に染めてゆく。

紺藤（こんふじ）

18 - 60 - 10
60 - 30 - 0 - 10

系 明るく渋い青紫

紺藤は、明るい青紫の青藤色よりも濃い色。藤色は江戸時代の女性も魅了し、様々な派生色を生んでいる。

紫陽花青（あじさいあお）

18 - 60 - 5
60 - 30 - 0 - 5

系 明るい青紫

み空色に比べ、わずかなくすみがある。「紫陽花やきのふの誠けふの嘘」（正岡子規）。紫陽花の花の色は様々に変化する。その移ろいやすさは、人の心も同じと詠んでいる。

藤色（ふじいろ）

異説 → P259

19.4 - 40 - 0
C40 M34 Y0 K0

系 明るい紫

藤の花のような色。平安時代から近代にかけて、日本女性に最も愛好され、生活のなかに定着していた色のひとつ。藤の名は、花が風に散る「風散《ふぢ》」に由来する。『枕草子』をみると「あてなるもの（上品なもの）」に「藤の花」を、「めでたきもの（立派なもの）」に「色あひふかく、花房《はなぶさ》ながく咲きたる藤の花の、松にかかりたる」を、「なまめかしきもの」に「むらさきの紙を包み文にて、房ながき藤につけたる」があげられている。長い房が風に揺れる様子は、さぞかし優雅に感じられたと思われる。

明治時代、『たけくらべ』の勝ち気なヒロイン美登利は「藤色絞りの半襟《はんえり》を袷《あわせ》にかけて」いる。作者の樋口一葉は藤色の原稿用紙を愛用していたという。『野菊の墓』（伊藤左千夫）の野菊のような民さんも、藤色の半襟をつけている。

雪月花　上村松園　昭和十二年　御物
優しい色の十二単を着た二人の女性が、縁台から静かに昇った満月を見上げている。

藤（亀戸天神）

青藤色（あおふじいろ）

18.5 - 50 - 0
50 - 31 - 0 - 0

系 明るい青紫

青紫の青みの強い明るい色を青藤といい、紅色の明るい色は紅藤と呼んで、いつの時代も女性に愛された。

薄花色（うすはないろ）

18 - 50 - 0
C50 M25 Y0 K0

系 明るい青紫

花色の薄い色。平安中期の女流歌人・小大君《こだいのきみ》の家集『小大君集』に、この色の微妙さにかけて、心の移ろいを描いている。

人心　うす花染めの狩衣
　さてだにあらで　色やかはらむ

人の心は、薄花染めの衣のようだ。そのうすい色さえ保てず、褪せてしまうのかしら。

薄藤色（うすふじいろ）

異説 → P259

19.6 - 25 - 0
C25 M23 Y0 K0

系 淡い紫

藤色の薄い色で、淡藤色よりわずかに濃い。染色は浸している時間や染材の温度変化によって色調が刻々と変わる。そんな不安定な中で、淡藤色との微妙な差を区別している。

白菫色（しろすみれいろ）

19 - 10 - 0
10 - 8 - 0 - 0

系 紫みの白

明るい紫色は広く好まれ、このような白色に近い色にまで色名がつけられた。

淡藤色（うすふじいろ）

19.6 - 20 - 0
20 - 18 - 0 - 0

系 淡い紫

優しく女性らしい藤色をさらに淡くした色。女性の優しい艶やかさをひときわ強く表す。

異説 → P259

白藤色（しらふじいろ）

19.6 - 12 - 0
12 - 11 - 0 - 0

系 紫みの白

平安時代の色目。平安時代、既に藤色には多くのバリエーションがあった。

異説 → P259

似藤（にせふじ）

19.4 - 35 - 15
C35 M30 Y0 K15

系 淡く渋い紫

伝統の紫根を用いずに、蘇芳と鉄を代用して染めた似せ色。江戸時代も紫根での染は手数がかかり高価だった。

春遊柳蔭図屏風
勝川春章　江戸時代　ボストン美術館
子どもを抱きかかえて春の野を散歩する母親。

藤鳩羽色（ふじはとばいろ）

19.6 - 40 - 30
C40 M36 Y0 K30

系 明るく渋い紫

藤色に、くすみが加わった落ち着いた色。華やかではかなげな藤色にくすみが加わると、穏やかな落ち着きのある、女性的で優しい情緒が現れる。

紅碧（べにみどり）

19 - 50 - 15
50 - 38 - 0 - 15

系 明るく渋い紫

紅掛空色（べにかけそらいろ）と同じような色。碧は「みどり」と読んでも青色のこと。その青と紅を掛け合わせて見本色の色が生まれる。藤色よりも濃く、くすんでいる。

江戸納戸（えどなんど）

18 - 50 - 30
50 - 25 - 0 - 30

系 明るく渋い青紫

納戸色に比べ、明るく少し紫みがかった色。

つるば鼠（つるばねずみ）

19 - 20 - 20
20 - 15 - 0 - 20

系 淡く渋い紫

真鶴《まなづる》の羽色。茶色みの橡鼠と同じとする説もあるが、真鶴の羽色は褐色がかっていない。

藤鼠（ふじねず）

19.6 - 20 - 40
C20 M18 Y0 K40

別 藤鼠《ふじねずみ》　系 紫みの灰

藤色よりも一段とを鮮やかさを抑えた上品な色。江戸時代中頃の染見本には「不二鼠（ふじ鼠）」の名で登場している。

女性をとりこにした色のようで、明治時代になると、「新駒色（しんこまいろ）」の名で、大流行する。

新駒色（しんこまいろ）

江戸時代に流行した藤鼠と同じ色。明治中頃、花柳界から始まり、良家の令嬢まで流行。大正時代には襟に、もてはやされた。

相思鼠（そうしねず）

異説 → P164

19 - 30 - 45
C30 M23 Y0 K45

系 紫みの灰

くすんだ藤色。相思鳥はスズメ目の美しくさえずる小鳥。比較的新しい色名なのに、具体的な色域が判然としない。相思鳥は止まり木で身を寄せ合って羽づくろいし合う様子からその名がつけられたという。羽色は背が緑灰色で、胸が黄橙色であり、見本色とは異なる。

藤生壁（ふじなまかべ）

19.6 - 30 - 45
30 - 27 - 0 - 45

系 紫みの灰

華やかな藤色と渋い生壁色という、江戸時代の人気色同士の組み合わせ。シックで華やかな色が生まれた。

遊女と禿図　菱川宗理　江戸時代　ボストン美術館
琴に見立てた凝ったつくりの帯を飾り、ふところ手の遊女のポーズで二人の禿（かむろ）を連れて街を歩く。

瞑色（めいしょく）

18 - 60 - 60
C60 M30 Y0 K60

系 深く渋い青紫

夕方のほの暗い色。暮れ色。「何処《どこ》となく云はれぬ境に一種の瞑色が漂って居て」（永井荷風『ふらんす物語』）。「日が入って風物総《すべ》てが青味を帯びて見られる頃だった」（『真鶴』志賀直哉）。

青石脂（せいせきし）

正倉院の薬帳に龍骨や五色龍歯とともに記された薬品。

青木香（せいもっこう）

『正倉院献物帳』に御刀子とともに御物として記されている。従二位藤原仲麻呂が参奉した。

※

紺鳶（こんとび）

18 - 50 - 70
C50 M25 Y0 K70

系 深く渋い青紫

紺は青で鳶は暗い赤色。江戸時代の人は、色相の離れた色名を大胆に結び付けて、色のイメージをふくらませて創作していた。

※**御殿山の花見図**　歌川豊広　江戸時代　東京国立博物館

渋く暗い色も、他の色や文様との組み合わせで優しさが生まれる。

紺滅（こんけし）

18 - 40 - 80
C40 M20 Y0 K80

系 深く渋い青紫

くすませた紺色。紺色をさらにきりりと引き締めて色みを滅した、江戸の粋好みが表れている。

紺鼠（こんねず）

18 - 30 - 80
C30 M15 Y0 K80

系 青紫みの暗い灰

紺滅より、さらに青色の色みを少なくすると渋さが強まり無彩色の灰色に近づき、色名も鼠色にかわる。

葡萄鼠（ぶどうねず）

19 - 45 - 60
C45 M34 Y0 K60

別 葡萄鼠《ぶどうねずみ》・葡萄鼠《えびねず》・葡萄鼠《えびねずみ》

系 深く渋い紫

葡萄鼠には青みの強い桔梗鼠や、錆桔梗に近いこの色と、紅みの強い色とがある。江戸の滑稽本や円朝の落語にも登場する人気の色。

異説 → P28

今鶴羽（いまつるは）

19 - 30 - 60
C30 M23 Y0 K60

系 紫みの暗い灰

鍋鶴（なべつる）の羽根の色。「今」は「流行《はや》りの」といった意味。紅の淡く濁った色とする説もある。鍋鶴は、丹頂鶴よりも小形の鶴。全体は灰黒色で首から上は純白、額に赤い肌が見える。かつては日本各地に飛来したが、現在では天然記念物。

群鶴図屏風　鈴木其一　江戸時代　ロサンゼルス・カウンティ美術館 心遠館コレクション
鈴木其一（きいつ）は、琳派の構成を酒井抱一に学んだ。

鳩羽紫（はとばむらさき）

19 - 40 - 50
C40 M30 Y0 K50

系 深く渋い紫

くすんだ紫の鳩羽鼠より紫の色みが濃い色。

錆桔梗（さびききょう）

桔梗は、藤色と並んで人気の色。様々なトーンと組み合わせて色名に使われている。

鉄葡萄色（てつぶどういろ）

18 - 90 - 70
C90 M45 Y0 K70

系 暗い青紫

語頭の鉄がトーンを表し、語尾の葡萄が色相を表すとすれば、この暗い青と思われる。

藤煤竹（ふじすすたけ）

19.6 - 30 - 70
C30 M27 Y0 K70

系 紫みの暗い灰

藤色も煤竹色も江戸で人気の色。両者を合わせたこの色名は、江戸元禄期の色見本帳に紹介されている。

藤鳩羽より一段と暗い色。

藤納戸（ふじなんど）

19 - 60 - 25
C60 M45 Y0 K25

別 藤御納戸《ふじおなんど》
系 明るく渋い紫

平安の昔から多くの女性に愛された藤色と江戸期に流行した渋い納戸色を組み合わせた色名。

二藍（ふたあい）

19.6 - 50 - 30
C50 M45 Y0 K30

系 明るく渋い紫

藍と紅花の二色の藍で染めたという意味。古くは紅（くれない）は呉藍と表された。紅と藍の割合は、着る人の年齢によって違い、若いほど華やかな紅を強め、高齢になるほど藍に近づけた。『源氏物語』には、光源氏が息子の夕霧《ゆうぎり》に「そろそろ落ちついた青みの強い二藍がよい」と助言する場面がある。

単に色を楽しむだけでなく、白紐と結い合わせて色の組み合わせをつくり出す。

紫青（なだいろ）

18 - 100 - 40
100 - 50 - 0 - 40

別 灘色《なだいろ》　系 暗い青紫

中古の色目に「灘」の色がある。灘は潮流の激しい航海の難所。その深く厳しい青を指す。

四季風俗図巻　西川祐信　江戸時代　ボストン美術館
幼さの残る元服したての若侍。

桔梗納戸（ききょうなんど）

19 - 60 - 35
60 - 45 - 0 - 35

系 明るく渋い紫

桔梗色の青紫をした渋い色。渋さの中に優雅さを感じさせる。

濃二藍（こきふたあい）

18 - 80 - 40
80 - 40 - 0 - 40

系 深く渋い青紫

二藍の濃い色。二藍は藍に近い色から紅に近い色まで幅広い。

紺桔梗（こんききょう）

19 - 90 - 50
90 - 68 - 0 - 50

韓藍色（からあいいろ）

18 - 80 - 60
C 80 M 40 Y 0 K 60

別 唐藍色《からあいいろ》・唐藍色《とうあいいろ》　系 深く渋い青紫

色には二説ある。日本の蓼藍に対して、外国伝来の美しい藍色という意味で唐藍と呼ばれたという説。この場合、くすみの少ない見本色の色。「唐藍の花ますらをのかの青雲を慕ふごと」（島崎藤村『鷲の歌』）。もう一つは呉藍（くれない）。紅花で染めた鶏頭の花色と同じ紅とする説。韓藍は鶏頭の古名。しかし、夏に花開く紅花では『万葉集』にある「秋さらば／うつしもせむと／わが蒔きし／韓藍の花を／誰か摘みけむ」と、季節が矛盾し、見本色が自然。

紺青（こんじょう）

異説 → P15

18.5 - 100 - 45
C 100 M 63 Y 0 K 45

別 金青《こんじょう》　系 暗い青紫

濃い紫みがかった青色。岩絵具の群青のような色。平安時代に中国から輸入された藍銅鉱《らんどうこう》（アズライト）からつくった顔料。金青とも書く。『続日本記《しょくにほんぎ》』に、文武天皇二年、安芸・長門より緑青とともに献上されたとある。

金青（きんせい）

奈良時代の『大安寺資材帳』に記される顔料。朱沙と並んで当時の多くの文書に現れる。

鉢巻
文様手ぬぐいを折って巻いただけで江戸の風情が表れる。

別 紺桔梗《こんぎきょう》　系 暗い紫

江戸中期に発生した桔梗よりひときわ濃い色。

瑠璃壺　正倉院

紺瑠璃（こんるり）

18.5 - 100 - 50
100 - 63 - 0 - 50

別 瑠璃紺《るりこん》　系 暗い青紫

江戸時代、高貴な瑠璃色がかった紺色は、暗い紺に対して輝くように見え、紺瑠璃と呼ばれて流行した。『源氏物語（若紫）』で、僧が光源氏に、薬を入れ、藤や桜などをつけた紺瑠璃の壺を贈る。これは、光源氏を薬師如来に見立て、薬壷を贈る趣向だとか。薬師如来の正式な名は薬師瑠璃光如来。

褐色（かちいろ）

19 - 60 - 85
C60 M45 Y0 K85

別 搗色《かちんいろ》・勝色《かついろ》　系 深く渋い紫

濃い藍染の色。藍をよくしみ込ませるために布を搗《か》つ（つくこと）音が「勝つ」に通じると縁起をかついだ色名。鎧《よろい》の糸をこの色で染めたものを褐色縅（かちいろおどし）といった。江戸時代には「かちんいろ」とも呼ばれた。↓褐色P65

■ **褐返し**（かちがえし）　別 褐返《かちかえ》し

褐色を濃くした色。『古今著聞集』（一二五四年）では「かちかへしの狩衣」と、勇ましい武者ぶりを褐返しの衣で強調している。

紺色（こんいろ）

18 - 100 - 80
C100 M50 Y0 K80

系 暗い青紫

藍染の濃い色。『延喜式』では「深縹（ふかきはなだ）」と記されている。縹色が最も純粋な青色を指すが、『延喜式』の藍色は、黄蘗と染め重ねた緑色がかったもの、この紺色は赤みがかっている。『魏志倭人伝』の卑弥呼への下賜リストにも、「紺青五十匹」とあり、赤みがかった深青色に染めた百反の帛《きれ》を賜った。

「いとほしや元の白地を浅黄より。恋は誉田《こんだ》の八幡に起請誓紙の筆の罰。」（『冥土の飛脚』近松門左衛門）。元の白地に戻

燻色（ふすべいろ）

18 - 60 - 80
60 - 30 - 0 - 80

別 燻色《いぶしいろ》・熏色《えぶりいろ》　系 深く渋い青紫　異説 ↓P102

五倍子鉄漿色（ふしかねいろ）

18 - 20 - 90
20 - 10 - 0 - 90

別 付子鉄漿色《ふしかねいろ》・附子鉄漿色《ふしかねいろ》　系 黒

五倍子鉄漿はお歯黒に使われていた。鉄漿《かね》とは壷に茶、酒、酢などを入れて古釘などを浸し酸化させた液体。この液体に五倍子《ふし》の粉を混ぜて歯に塗る。五倍子には歯垢をおさえる作用があるという。

濃紺（のうこん）

18 - 100 - 90
C 100 M 50 Y 0 K 90

れないなら浅黄より濃い、紺のような深い恋に染まってしまおうという意味。誉田の誉に紺をかけている。紺色は赤みがかっている。

■紺天鵞絨（こんびろうど）

南蛮渡来のビロードは毛足が深く、見る角度によって色みが変わり、神秘的で不思議な色に見えた。

■織紺（おりこん）

経糸、緯糸ともに紺色の木綿で織った色。染色の紺色に比べ、細かくしっかりしたマチエールが表れる。

系 青紫みの黒

紺色の中でも特に濃いものを濃紺という。植物染料では、色が濃いほど手間や経費がかかるので、紺屋泣かせの色だった。濃い色ほど位階の高い色と決まっていたので、紅や紫の濃い色は禁色になった。しかし、藍染だけは、濃く染めることを禁じられなかった。生活に不可欠な染色として古来より庶民に深く浸透していたからだろう。

■留紺（とまりこん） 別 留紺《とめこん》

もう、これ以上は濃く染められないという、紺屋泣かせの色。

『好色五人女』（井原西鶴）の樽屋おせんは、幸せな新婚生活当時、ふしかね染の縞木綿を織る内職で、せっせと稼いでいた。

相済茶（あいすみちゃ）

18 - 40 - 90
40 - 20 - 0 - 90

別 藍墨茶《あいずみちゃ》 系 青紫みの黒

根津権現の祭りの日、喧嘩があったが和解が成立。その明かしに、双方がこの色の着物を着た、というのが色名の由来。つまり、一件落着、相済んだことから「あいすみちゃ」となった。江戸は天下泰平、粋な時代だった。

紫（むらさき）

21 - 95 - 0
C71 M95 Y0 K0

20 - 100 - 0
C100 M100 Y0 K0

系 鮮やかな紫・光の三原色RGBのB（ブルー）

紫根（紫草の根）で染めた色。紫系の色の総称。古代の日本では最高位の色だった。

色の濃淡を表すのに「濃、薄」を使うが、平安では「濃色（こきいろ）」「薄色（うすいろ）」といえば紫のこと。『枕草子』に「花も糸も紙もすべて、なにもなにも、むらさきなるものはめでたくこそあれ」とあるほど、紫は色の中の色だったのでわざわざ紫という必要はなかったのだ。

濃い順から、深紫（ふかきむらさき）、黒紫（ふかきむらさき）、中紫（なかのむらさき）、浅紫（あさきむらさき）と呼ばれ、濃い色ほど権威を表した。また、蘇芳で染めた似紫（にせむらさき）に対し、紫根で染めた色を古代紫、本紫（ほんむらさき）として区別した。

平安時代には「ゆかり（縁）の色」ともいう。その由来は、『古今和歌集』の「紫の／一本《ひともと》ゆゑに武蔵野の／草はみながら／あはれとぞみる」という歌にあるという。一本の紫草への愛情は、その縁で武蔵野のすべての草への愛につながるという歌だが、恋人を一本の紫草にたとえ、その女性に縁のあるものは何でも愛《いと》しいという意味。紫草は、かつて武蔵野のシンボルになるほど群生していた。

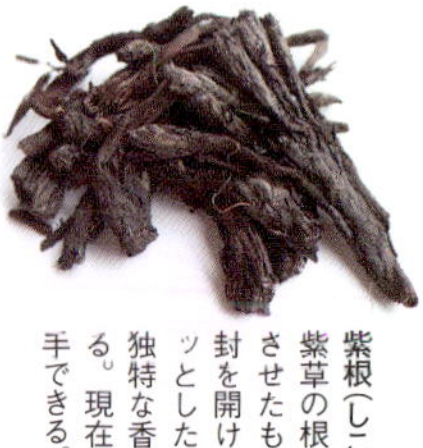

紫根（しこん）
紫草の根を乾燥させたもので、封を開けるとムッとした紫草の独特な香りがする。現在でも入手できる。

梅幸百種之内 奴凧 豊原国周 明治時代 町田市立国際版画美術館
紫色と白色を大胆に組み合わせると元気いっぱいの伊達ぶりが表れる。

紫の幕を張るだけでその場所が特別なところだということを伝える。

菫色（すみれいろ）

異説 → P230

20.4 - 100 - 0
C90 M100 Y0 K0

系 鮮やかな紫

菫の花のような色。「春の野に／すみれつみにと／来し吾ぞ／野をなつかしみ／一夜宿《ね》にける」（『万葉集』山部赤人）。菫は万葉の時代から愛されていたが、色名として使われるのは近代以降。ハイカラ趣味から洋名バイオレットで呼ばれることも。パープルは貝紫の貝のことで、渋い赤紫だが現在は鮮やかな紫を表す。

「やをら白羽二重のハンカチイフを取出して、片手に一揮揮るよと見れば鼻を拭へり。菫花（ヴァイオレット）の香は咽《むせ》ばさるるばかりに薫じ遍《わた》りぬ」（『金色夜叉』尾崎紅葉）。

桔梗色（ききょういろ）

異説 → P229

20.4 - 80 - 0
C72 M80 Y0 K0

系 明るい紫

今紫（いまむらさき）

今紫の「今」は流行の、最新の、といった意味。つまり、今、流行っている紫、最新の紫ということ。ただ、それは江戸時代のこと。対語は古代紫（こだいむらさき）。

桔梗紫（ききょうむらさき）

平安時代から愛用された桔梗の色名は、江戸時代に入ると様々な色名と組み合わされて用いられる。

菫の花 万葉集にも詠まれた可憐な花で、襲の色目にもなっている。表紫、裏薄紫。バイオレットは菫のことで、パンジーといえば三色菫をいう。

本草図譜 岩崎灌園 江戸時代 東京大学大学院理学部付属小石川植物園 この『本草図譜』は、日本で最初の植物図鑑で筆写されて頒布された。

本紫（ほんむらさき）

21 - 85 - 0
C64 M85 Y0 K0

系 鮮やかな紫

紫根染による紫色。江戸時代、紫根染の紫が禁制になると、茜や蘇芳で染める「似紫（にせむらさき）」が流行した。それに対し、紫根で染めた色を紫を「本紫」と区別した。

縁色（ゆかりのいろ） 別 ゆかり色《いろ》

紫色の別称。「千五百番歌合」に「さらにまた妻どふ暮の武蔵野に縁の色もむつまし」とある。

帝王紫（ていおうむらさき）

ローマ皇帝を象徴する、紫貝で染めたロイヤルパープル。

菖蒲色（しょうぶいろ）

異説 → P18

21.5 - 90 - 5
C56 M90 Y0 K5

別 菖蒲色《あやめいろ》 系 鮮やかな紫

花菖蒲のような紫色。「あやめ草足に結ばん草蛙の緒」という芭蕉の句がある。端午の節句の日に仙台を訪れた芭蕉一行は、画工の加右衛門と知り合う。彼に、名所を案内してもらい、餞別に紺の染め緒の草蛙までもらう。感激した芭蕉は、染め緒の色から、邪気を払うあやめ草を連想し、草蛙の緒にあやめ草を結び、感謝と道中の無事を詠んだ。あやめ草とは菖蒲のこと。

京都・下賀茂神社の菖蒲池。朱色の太鼓橋とよく似合っている。花菖蒲はおアヤメ科、菖蒲はサトイモ科で実は別のもの。

杜若色（かきつばたいろ）

20 - 65 - 0
C 65 M 65 Y 0 K 0

系 明るい紫

杜若の花のような色。「かきつばた」の名は、花の汁をこすりつけ（書き付け）て染色する「書き付け花」が転じたものとされている。

葡萄紫（ぶどうむらさき）

異説 → P256

21 - 70 - 40
C 53 M 70 Y 0 K 40

別 葡萄色《ぶどういろ》　系 深く渋い紫

葡萄の実の色。ブドウ属のものは、古来より山野に自生し葡萄葛《えびかずら》、葡萄蔓《えびづる》などと呼ばれていた。食用のものは、鎌倉時代より甲州の勝沼で栽培が始められたという。

花紫（はなむらさき）

20 - 70 - 20
70 - 70 - 0 - 20

系 渋い紫

藍で染めた花色に、紅花を染重ねた色。華やかだが、落ち着きもある色。

湖畔　黒田清輝　明治時代　東京国立文化財研究所
黒田は明治期の洋画の開拓者で、外光を大切にし、浅井忠（ちゅう）らの画風と区別されて「紫派」と呼ばれた。

葡萄

杜若図　尾形光琳　江戸時代　国宝　根津美術館
尾形光琳（おがたこうりん）は本阿弥光悦、俵屋宗達に傾倒し、琳派といわれる装飾画風を完成させた人。この絵の一部には型染めを応用している。

藤紫（ふじむらさき）

20 - 50 - 0
C 50 M 50 Y 0 K 0

系 明るい紫

藤も紫も女性に愛される色の代表だが、染色の名が見られるのは江戸時代後期からという。明治に登場した、化学染料の、彩度の高い鮮やかな色にも「藤紫」の名が使われるようになった。明治文化を代表する色名の一つといわれ、樋口一葉や夏目漱石などの作品にも出てくる。美人画にも描かれる「薄藤色（うすふじいろ）」は藤紫のことだという。

藤紫色絽地田家風景模様振袖
明治時代　東京国立博物館

紫苑色（しおんいろ）

20 - 45 - 5
C 45 M 45 Y 0 K 5

系 明るい紫

紫苑の花のような色。紫苑は、秋に咲くキク科の植物。石川淳に『紫苑物語』という作品がある。弓の名手で国の守の宗頼は、わすれ草のある小屋に住み、仏を彫ることが念願の平太と出会う。が、平太に敵意を覚えた宗頼は「わしはそれ（人を殺すこと）を、好む、好んでみせる」と決意。以後、射抜いた者から流れた血を吸った地面に、紫苑を植えさせる。宗頼はいう「紫苑はものをおぼえさせる草、いつまでもわすれさせぬ草じゃ」。

棟色（おうちいろ）

20.4 - 45 - 0
41 - 45 - 0 - 0

別 樗色《おうちいろ》　系 明るい紫

棟は、初夏に淡い紫色の花を咲かせる栴檀《せんだん》の古名。南方熊楠《みなかたくまぐす》は臨終の床で「天井一面に紫の花が咲いている。医者が来るとこの花が消えてしまうから、呼ばないでおくれ」と言ったというが、その紫の花は棟といわれている。

薄紫（うすむらさき）

22.5 - 30 - 15
11 - 30 - 0 - 15

別 うす紫《むらさき》　系 淡く渋い紅紫

葵色（あおいいろ）

21 - 50 - 0
C 38 M 50 Y 0 K 0

系 明るい紫

葵の花の色。花名の葵は、夏、まっすぐに伸びた茎に大輪の花を咲かせる立《たち》葵《あおい》のこと。葵の花は白や紅、白と赤系の斑など様々だが、平安人の好みが反映され、葵色は、明紫系の色となっている。

浅紫（あさきむらさき）

22 - 40 - 3
C 20 M 40 Y 0 K 3

別 薄色《うすいろ》・浅紫《うすいろ》　系 明るい紅紫

『延喜式』で定められた三段階の紫のうち、最も明るい色。平安時代、最高位の象徴であり、色の中の色だった紫。深紫（こきむらさき）は最上位の紫で禁色だった。しかし、薄色は、色みが淡いので深紫とは別色とされ、後に、誰でも使える許色《ゆるいろ》になったという。『延喜式』では、浅紫（あさきむらさき）とよび、中紫に続く上位の色とされた。後に、これより濃いめの色を半色（はしたいろ）（➜P258）という。

高貴な色の紫は、薄くなっても二位、三位の高位の色とされた。「馬鈴薯の／うす紫の／花に降る／雨を思えり／都の雨に」（石川啄木）。啄木が切なく故郷を思い出したとき浮かんできた色は、雨に濡れるうすい紫だった。

紅掛空色（べにかけそらいろ）

20 - 45 - 10
45 - 45 - 0 - 10

系 明るく渋い紫

明るい青空の空色に、紅色を重ねると紫色になる。染色の手順をいうことで、その色を表している。

淡紫色（たんししょく）

20 - 20 - 0
20 - 20 - 0 - 0

系 淡い紫

浅紫よりさらに淡いトーンの色。

霞色（かすみいろ）

21 - 10 - 5
8 - 10 - 0 - 5

系 紫みの白

日本人は霞を通して、現実から遠い夢の世界を感じ取っている。

貴族鼠（きぞくねず）

20 - 20 - 30
C 20 M 20 Y 0 K 30

系 紫みの灰

江戸時代に鼠色が流行し、この色名が生まれた。紫色は、貴人を連想させることから、源氏鼠（→P27）も生まれた。

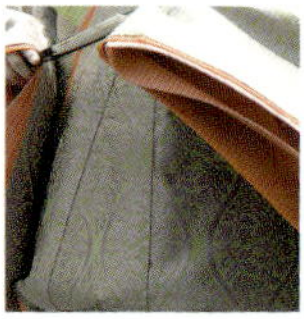

紅湊（べにみなと）

20 - 30 - 20
C 30 M 30 Y 0 K 20

系 淡く渋い紫

『手鑑模様節用』に色名があるが、どんな色か資料がない。湊は湊紙の青色を指し、紅掛空色（べにかけそらいろ）（→P246）に近い、くすみの加わった色と思われる。

浅滅紫（あさきけしむらさき）

21 - 20 - 30
C 15 M 20 Y 0 K 30

別 浅滅紫《めっし》・浅滅紫《うすけしむらさき》 系 紫みの灰

浅い滅紫は、『延喜式』で、絲一絇につき紫草の量はわずか一斤、薪も三斤と、かなり低温で染めたのでかなり渋い色。染材の紫草も滅紫の五分の一しか用いていない。

中滅紫（なかのけしむらさき）

21 - 30 - 40
C 23 M 30 Y 0 K 40

別 中滅紫《なかのめっし》・中滅紫《ちゅうめっし》 系 紫みの灰

『延喜式』の三段階の滅紫の中では中間にあたる濃さで、落ち着いた中に少しだけ明るさを感じさせる。

桔梗鼠（ききょうねず）

20.4 - 30 - 50
C 27 M 30 Y 0 K 50

系 紫みの灰

この色系の優雅さに人気があり、葡萄鼠（→P28・236）や貴族鼠、源氏鼠（→P27）など、バリエーションが多い。

鳩羽色（はとばいろ）

異説 →P27

21 - 30 - 50
C 23 M 30 Y 0 K 50

別 雉鳩色《きじばといろ》 系 紫みの灰

鳩の羽色は玉虫のように緑色から紫まで幅広い。

紫鼠（むらさきねず）

21 - 15 - 40
C 11 M 15 Y 0 K 40

系 紫みの灰

紫みがかった灰色。雅《みやび》な貴族を連想させ、貴族鼠にも似ているが、それより少し鼠色に近いと思われる。

灰紫（はいむらさき）

21 - 20 - 45
C 15 M 20 Y 0 K 45

系 紫みの灰

灰色がかった紫。紫鼠よりは紫みが強い。

扇面貼交屏風　中村芳中・鈴木其一　江戸時代エッコ&ジョー・プライスコレクション
光琳や宗達の流れをくむ、装飾性の強い構成

鈍紫（にぶむらさき）

22 - 13 - 30
C 7 M 13 Y 0 K 30

別 鈍紫《にびむらさき》・紫鈍《むらさきにび》　系 紅紫みの灰

かすかに紫みを感じさせる渋い色。同じ渋い紫でも、滅紫は高位の色だが、この色は女性の服忌の色とされた。

滅紫（けしむらさき）

21 - 40 - 60
C 30 M 40 Y 0 K 60

別 滅紫《めっし》・滅色《けしいろ》　系 深く渋い紫

渋く重厚な色。滅（けし）とは色みを落とした、消す、といった意味の修飾語。『延喜式』では紫色に次ぐ、高位の色とされた。「深、中、浅」の三段階の滅紫があった。

平安時代、宰相以上の参議に外出着に許されたという。紫根《しこん》は、低温で染めると灰みの鈍い色に、九十度以上の高温で染めると鮮やかな色になり、液温で鮮やかさを染め分けた。

深滅紫（ふかきけしむらさき）

21 - 30 - 75
C 23 M 30 Y 0 K 75

別 深滅紫《ふかきめっし》・深滅紫《こきけしむらさき》

系 紫みの暗い灰

『延喜式』に定められた高貴な位を表す伝統色。渋い色とはいえ、深く重厚な風格があり、高位の威厳がにじみ出ている。

紅掛花色（べにかけはないろ）

20.4 - 50 - 30
C45 M50 Y0 K30

系 明るく渋い紫

花色に、紅色を重ね染した色。紅掛空色よりも濃い。江戸時代の色名は、染色者が発案することがよくあり、色名を染色の手順で表している。

→紅掛空色P247

藍色鳩羽（あいいろはとば）

20 - 40 - 40
C40 M40 Y0 K40

系 深く渋い紫

藍色がかった鳩羽色。鳩羽色には、灰みがかった紅色から紫色、青色、緑色とさまざまな色相が見える。鳩は平安時代から身近にいたが、色みは多様に感じられ、緑色にも紅色にも見えた。

魁駒松梅桜曙微　三代目市川九蔵の正木の家来真吉　歌川芳幾　江戸時代　国立劇場
江戸の華は火事にケンカ、なんでも一番乗りがかっこよかった。三代目市川九蔵の粋な若衆ぶり。

華鳥譜　はと　森立之　江戸時代　国立公文書館内閣文庫
江戸後期には遊び心にあふれた浮世絵の一方で、驚くほど精密な図譜が多く残されている。鳩羽の色相がグラデーションで変化していく特徴が捉えられている。

中紫（なかのむらさき）

21 - 50 - 40
C 38 M 50 Y 0 K 40

別 中紫《なかむらさき》　系 深く渋い紫

深紫（ふかむらさき）と浅紫（あさきむらさき）の中間の色。『延喜式』に定められた伝統の色。諸王、二位以下五位以上の一位の次に当たる高位の色とされた。

→深紫P254・浅紫P247

京都・葵祭　緑色は紫色の反対色に当り、紫色を生き生きと見せる。

茄子納戸色（なすなんどいろ）

21 - 60 - 50
45 - 60 - 0 - 50

系 深く渋い紫

納戸色のような渋いトーンの、渋みのある優雅な色。

古代紫（こだいむらさき）

22 - 50 - 40
C 25 M 50 Y 0 K 40

系 深く渋い紅紫

古代を連想させる色。実際に古代に使われていた紫ではない紫根で染める。京紫がその流れに近いという。十一世紀初めの一条天皇の代に、四位以上の袍《ほう》はすべて黒色だけになり、紫色は表舞台から消える。しかし、紫は、近世の染色業界に引き継がれ古代紫とされたようだ。江戸時代に流行した江戸紫（今紫）に対し、京紫を古代紫と呼んで対照させたと考えられる。→江戸紫P252・京紫P226

紫地錦几褥　正倉院　奈良時代の天平年間に染めた紫がこんな鮮やかな状態で保存されている。

江戸紫（えどむらさき）

20 - 80 - 30
C80 M80 Y0 K30

系 渋い紫

紫草は、『伊勢物語』の頃（平安時代）から武蔵野のシンボルだったことから、江戸は紫の本場と考えられるようになり、江戸っ子の自慢の色となる。しかし実際は、京都・上京の染師石川屋の作だったようだ。江戸紫という色名は、伝統の京紫（古代紫）に対し、最先端の紫「今紫（いまむらさき）」として名がつけられたといわれる。京紫は赤みが強めで、江戸紫も当初は赤みが強かったが、後に青みが強まって流行した。

助六（すけろく）

江戸紫の鉢巻をつけた花川戸の助六といえば、江戸の粋な男ぶりを表すキャラクターだが、元は京都の万屋助六で、島原の遊女揚巻《あげまき》と心中する話。それを二代目市川団十郎が江戸の話として初演。以降、歌舞伎十八番の中でも一番人気の演目。

揚巻の助六　八代目市川団十郎　歌川国貞（三代豊国）　江戸時代　日本浮世絵博物館

助六寿司は「いなり」と「太巻」の組み合わせ。助六の恋人「揚巻」にちなんだもの。

当世見立七小町　あまこひ　歌川国貞
江戸時代　北九州市立美術館

吹き込む雨を避けて手紙を読みふけっている。よほど早く読みたい手紙だったのだろうか。

似紫（にせむらさき）

21.5 - 100 - 40
63 - 100 - 0 - 40

系 暗い紫

蘇芳《すおう》または茜《あかね》で染めた紫。紫根で染める本紫《ほんむらさき》（➜P244）は、手間がかかり高価だったため、生まれた代用染。

蘇芳の似紫には明礬を使い、茜の似紫には浅葱（あさぎ）の下染めに茜を重ね染めする。

江戸時代前期、高価な本紫は、

紫紺（しこん）

20 - 90 - 60
C90 M90 Y0 K60

系 暗い紫

最も紫みの強い紺色を紫紺と呼ぶ。この色は、明治以降、流行色として現れたといわれる。古来より高貴な色とされた深紫（こきむらさき）によってか、校旗やスポーツ競技の優勝旗の色に使われる。代表的な「紫紺の優勝旗」といえば春の選抜高校野球大会の優勝旗。ちなみに、夏の大会の優勝旗は深紅。

茄子紺（なすこん）

21 - 80 - 65
C60 M80 Y0 K65

系 深く渋い紫

茄子の実の表皮のような色。濃く染められた紺色で、紫みが強くなった色。似たイメージの色の紫紺よりも紅みが強い。

「水桶にうなずきあふや瓜茄子」（与謝蕪村）。茄子の瑞々《みずみず》しい紫色が眩しい。ぼんやりした人や間抜けを「惚け茄子」というが、元は、古くなってスが入り、表皮の紫色がぼやけた茄子のこと。

茄子（なす） 茄子はインド原産で日本には古く渡来して普及し、丸茄子や長茄子と地方ごとに品種が多く、白色や緑色のナスもある。

禁制となっていたため、似色が盛んになる。わざわざ「似」（にせ）と冠したのは、禁制に対する、庶民の知恵だったのかもしれない。

向島行楽図 歌川豊春 江戸時代 ボストン美術館
着飾って家族で向島へ花見に繰り出す。最後尾は素足の家来がついてゆく。

深紫（ふかきむらさき）

21 - 60 - 70
C45 M60 Y0 K70

別 深紫《こきむらさき》・濃色《こきいろ》・濃紫《こむらさき》・黒紫《ふかきむらさき》 系 深く渋い紫

紫根によって何回も染め重ねられた（二十回も染め重ねることもある）、紫色の中で最も濃い色。深紫は、天皇、皇太子を別にすれば、臣下で最高位の色。「至極色（しごくいろ）」（→P261）ともいう。深紫は、持統天皇四年の制では「黒紫（ふかきむらさき）」と前田氏は解説している。紫が最高の色とされたのは、聖徳太子が定めた「冠位十二階」の色が共感され、そのまま衣服の色にも適用されたため。

紫烏色（しうしょく）

21 - 50 - 80
C38 M50 Y0 K80

系 深く渋い紫

カラスの羽のような、艶のある黒。カラスの黒色の羽は、緑みがかって見えたり、紫色を感じたりする。優雅で神秘的な色調。

■ 茄皮紫（カピシ）

中国陶磁器の釉の色名。明代末から清代にかけてつくられた。

深紫の幕色は、深い精神性を暗示し、神社のイメージによく似合い、日常とは違う特別に神聖な場所に来たことを感じさせる。

柳下美人図　鳥居清長　江戸時代　ボストン美術館
夕涼みの縁台の娘に話しかけるくつろいだ姿の女性。濃い色の着物で、この女性の落ち着いた立場を表している。

春雪　竹内栖鳳　昭和十七年　京都国立近代美術館
カラスの背に春先の少し暖かくなり始めた頃の雪がゆっくりと降りかかっている。

緋紺色（ひこんいろ）

20 - 100 - 60
C100 M100 Y0 K60

系 暗い紫

威厳のある力強い色。鎌倉時代の『増鏡』に「緋紺《ひこん》の狩衣《かりぎぬ》」と記されている。真っ赤な緋色と青の紺色は反対色同士。染め重ねると渋い墨色に近づくので、この色名はイメージを表していたようだ。

知将・上杉謙信の陣羽織。鮮やかな緋色のアクセントで身が引き締まる。

陣羽織 紺緋羅紗袖替 桃山時代 米沢・上杉神社

紫黒色（しこくしょく）

20 - 90 - 90
C90 M90 Y0 K90

系 紫みの黒

黒色は暗黒、紫は幻想世界を表し、両者の組み合わせは、深い神秘を表す。寺田寅彦は『蓑虫と蜘蛛』で「取り出した虫は…紫黒色の肌がはち切れさうに肥って居て」とエネルギーを内に秘めた様子を描いている。

■羅紗染色（らしゃぞめいろ）

漆黒のような深い黒。羅紗は羊毛地の厚い毛織物。室町期、南蛮船によって伝えられ、不思議な重厚さが信長を喜ばせた。江戸時代の火消しの羽織にも使われた。

椋実色（むくのみいろ）

20.4 - 50 - 80
42 - 50 - 0 - 80

系 深く渋い紫

椋の実のような色。椋の木はニレ科の落葉高木。実は椋鳥《むくどり》の好物。木は刀の鞘などをつくり、葉は研磨に用いた。

紫褐色（しかっしょく）

20 - 100 - 70
100 - 100 - 0 - 70

系 暗い紫

紫に、黒色を重ねると凛とした色になる。徳富蘆花の『自然と人生』では、遠くかすむ山と対比して「…近き山々、何《いず》れも紫褐色の肌膚をなせるが中にも」と壮年の力強さと峻厳さを色で表している。

赤紫（あかむらさき）

異説 → P31

22 - 100 - 0

C50 M100 Y0 K0

系 鮮やかな紅紫

赤みの強い紫色。優美で華やいだ色。赤と紫の中間にあたるので、紅色と呼ぶべきだが、赤紫と呼ばれている。紅色は独特のイメージを表す大切な色だが、存在を忘れられるときもある。

杜若色（かきつばたいろ）

異説 → P245

22 - 90 - 0

C45 M90 Y0 K0

系 鮮やかな紅紫

杜若色の名が登場するのは、平安時代。夏（初夏）の重ねの色目「表二葵、裏青（または萌黄）」からだという。

紅紫（こうし）

紅色と紫色は、ともに、日常は見かけない、華やかで優雅な特別な色。色の美しさを強調し、美しい女性や、衣服、花のたとえに用いる。

風俗三十二相 遊歩がしたさう 明治年間妻君之風俗 大蘇芳年 明治時代

「いずれがあやめ、杜若」といえば美人の形容。杜若を背景に西洋風モードに着飾って散歩に出掛けようとする妻君。

壺菫（つぼすみれ）

22 - 80 - 30
C40 M80 Y0 K30

系 渋い紅紫

万葉時代の重ねの色目の一つ。表は紫、裏葉薄青で早春に着用。花の坪菫は高さ十センチほどの多年草。小さな白い花をつけ花芯部は紅紫。

若紫（わかむらさき）

22 - 55 - 0
C28 M55 Y0 K0

系 明るい紅紫

華やかで若々しい紫。江戸時代元禄期には、若向きの明るい紫の色名にもなっていたという。『心中天の網島』（近松門左衛門）に、「野郎帽子は若紫」とある。当時、額から頭頂までを剃り上げていた男の頭を野郎頭といった。野郎帽子は、歌舞伎の女形などが、それを隠すためにかぶった縮緬《ちりめん》の帽子のこと。また、心中する小春と治兵衛の現世と来世を結ぶ縮緬の抱帯《かかえおび》の色は若紫。「若紫の色も香も。無常の風に縮緬の此の世あの世の二重廻り」。

パンジー
すみれの語源は、大工道具の墨入れに由来し、パンジーは、フランス語のパンセ（思い）からといわれる。

紅桔梗（べにききょう）

22 - 90 - 10
45 - 90 - 0 - 10

系 強い紅紫

青紫の桔梗色に、紅色を重ね染した色。

深夜二時の遊女。ほんの少しの休憩時間に、ヤカンからコップに注がずいきなりぐびっ。少し荒れて、少し艶っぽい時間。

新柳二十四時 午前二時 月岡芳年 明治時代 町田市立国際版画美術館

若紫の日傘をさりげなく置いただけで舞台全体が一気に華やぐ。日本の伝統的な表現様式が現代にも息づいている。長崎・料亭花月（かげつ）で。

京藤（きょうふじ）

22.5 - 45 - 15
C 17 M 45 Y 0 K 15

系 明るく渋い紅紫

少し濃いめの藤色。下色の蘇芳を濃いめに染める。

少し紅みの強い京藤は女性らしい優雅さを表す。

舞仕度　上村松園　大正時代
上村松園は女性の上品で優雅な美しさを描き続けた。

半色（はしたいろ）

22 - 40 - 30
C 20 M 40 Y 0 K 30

別 端色《はしたいろ》　系 明るく渋い紅紫

中途半端な色、どっちつかずの色という意味だが、穏やかで優雅な色。平安時代、特に紫に使われた。禁色の深紫（こきむらさき）と許色《ゆるしいろ》の浅紫（うすきむらさき）の中間の色の中紫（なかのむらさき）より淡く、薄色（うすいろ）より濃い色のこと。

『延喜式』では、染色で必要な材料が決められた標準色が定められたが、その標準色から外された色なのに、今にも伝えられている人気色。

陽が傾き、空一面が薄藤色に覆われると、一日の終わりに気づき、気持ちが安らぐ。

藤色
（ふじいろ）

異説→P232

22 - 40 - 0
C20 M40 Y0 K0

系 明るい紅紫

見本色は、赤みの強い藤色。藤色は、青みの紫から紅色に近い色までの明るい色をさす。藤色を明るくすると、淡藤色、薄藤色、白藤色となり、白色に近づく。

「ゆで蛸のむらさきいろは軒毎にぶらりとさがる藤川の宿」（『東海道中膝栗毛』）。赤かった茹蛸が紫色になってぶら下がっている。藤川の藤の花の色とかけている。さらに、藤の花が垂れ下がる様子ともかけている。

藤（亀戸天神）

薄藤色
（うすふじいろ）

異説→P233

22 - 30 - 0
C15 M30 Y0 K0

系 淡い紅紫

藤色の薄い色。淡藤色よりわずかに濃い。「くたびれて宿かるころや藤の花」（松尾芭蕉）。疲れた足で今夜の宿を探していると、だるそうに、だらりと垂れ下がる藤の花が目にとまった。

淡藤色
（うすふじいろ）

22 - 20 - 0
10 - 20 - 0 - 0

系 淡い紅紫

異説→P233

白藤色
（しらふじいろ）

22 - 12 - 0
6 - 12 - 0 - 0

系 紅紫みの白

異説→P233

京紫（きょうむらさき）

22 - 80 - 40
C40 M80 Y0 K40

系 深く渋い紅紫

江戸紫に対する色名。紅みの強い紫。京は雅を好み、新興都市の江戸は活気を好み、紫色の色みにも両都市の性格が表れている。江戸紫は青色の強い紫で力強い活気を表すのに対し、京紫は実用性を暗示する青色を避けて優雅さを尊ぶ、紅みの強い紫色。

京紫は、古くからの本格的な紫を受け継ぐので古代紫（こだいむらさき）、江戸紫は江戸時代、当時の今風の色なので今紫（いまむらさき）ともされた。

猿若町二丁目市村座にて大入当り振舞楽屋之図　二代目歌川国貞　江戸時代　国立劇場

大入りを喜んで酒を振舞う楽屋風景。市村座は、天保の改革のため猿若町に引っ越したが、そこで二ヶ月に及ぶ思いがけない大入りがあった。

二人静（ふたりしずか）

22 - 50 - 75
C25 M50 Y0 K75

系 深く渋い紅紫

金襴地の銘。禅宗伝来とともに、袈裟の生地の金襴が重要視された。

室町時代に八代将軍足利義政が能の「二人静」を舞ったとき、紫地に鳳凰の丸紋の金襴の衣装をまとったことからこの色名が残った。

紫地鳳形錦　八世紀　正倉院

最高位を表す紫地におめでたい鳳凰を織り込む。

小紫（こむらさき）

22 - 80 - 70
C40 M80 Y0 K70

紫根（しこん）

22 - 70 - 60
C35 M70 Y0 K60

別 濃紫《こむらさき》　系 深く渋い紅紫

紫色の濃い色。紫に「小」を冠せば「淡い」ことを指すはずだが、なぜか暗い紫を指す。江戸時代の遊郭、吉原三浦屋の遊女の名でもある。刑死した情夫白井権八のあとを追って自害し、浄瑠璃や歌舞伎で語られた。紫色の持つ、情の深さとはかなさを、小紫という名は表している。また、コムラサキはタテハチョウ科の蝶のことで、雄は光線の反射によって紫色に見えるという。

系 深く渋い紅紫

紫根で染めた紫色で色域が広い。紫根は紫草の根で紫色を染めるための基本材料。根を乾かして臼で搗き、麻の袋に入れ、湯に浸してもみ出し、灰汁《あく》を媒染にして染める。その回数によって様々な濃さの紫色が生まれる。

渋い紫根は反対色の金色を華やかに引き立てる。

童女（どうじょ）に大人びた紫の組み合わせがかえって面白い。

至極色（しごくいろ）

22 - 60 - 90
30 - 60 - 0 - 90

系 紅紫みの黒

上には天皇しかいない最高位の官位の色。深紫、黒紫の別称だが、黒紫と至極色は、より黒に近いとの説もある。

四季風俗図巻 西川祐信　江戸時代　ボストン美術館
柳下に流れる小川のほとりで四季の変化を楽しむ。

色彩も文様も、織の技術もこの上ない贅沢で高貴な表現。

白（しろ）

0-0-0
C0M0Y0K0

系 白

すべての光を反射する、もっとも明るい色。基本色の代表。ホワイト。白は神聖な色であり、清浄無垢の象徴。古来より神事に使われている。「白鹿《はくろく》は神なり」「美しい女神が白馬に乗って」（ともに『遠野物語』柳田国男）。

微妙な色みを含むさまざまな白色がある。しかし、神の色らしく完全な白色は現実には存在しない。

絵馬
朱色のたずなと馬飾りに飾られた白馬は、神聖さと元気さが表れ、おめでたい気持ちになる。

純白（じゅんぱく）

系 完全な白

全く混じりけのない白。谷崎潤一郎は『陰翳礼讃』で「隅から隅まで純白」なトイレは清潔だろうが、薄暗い光線で、清浄と不浄のけじめをぼかしておいた方がよいと書いた。

真白（ましろ）

系 純粋な白

純粋な白は、「真白き富士の峰」、「白亜の殿堂」と、精神の気高さを表す、想像上の色。「山ざくら夢の隣に建てられし真白き家のここちこそすれ」（与謝野晶子）。

おみくじ
おみくじを小枝に結んで、神様に幸運の念押しをする。

銀白色（ぎんはくしょく）

0-0-8
0-0-0-8

系 明るい灰

銀は、見る角度で、いぶし銀のような深い灰色から、真白な「しろがね」色にも見える。「遠くに冬の海の光をかんずる日だ／ああわたしの憂愁のたえざる日だ（中略）あの大きな浪のながれにむかつて／孤独のなつかしい純銀の鈴をふり鳴らせよ」（『冬の海の光を感ず』萩原朔太郎）。雲間から差す冬の光で、銀白の輝きをみせる海原が遠く広がっている。

雪色（せっしょく）

18-6-8
6-3-0-8

別 雪白《せっぱく》　系 青紫みの明るい灰

鉛白（えんぱく）

18-2-4
C2 M1 Y0 K4

系 不透明度の高い白

鉛からつくる白い粉。鎌倉時代には毒性が知られ使われなくなる。「うすくれないにくちびるはいろどられ／粉おしろいのにほいは襟脚に白くつめたし。」（『女よ』萩原朔太郎）。

亜鉛華（あえんか）

系 やや透明感のある白

亜鉛華（ジンク・ホワイト）の色。亜鉛白ともいい、毒性のない顔料として、十九世紀以降、鉛白に代わって広く普及。

粉錫（ふんしゃく）

系 不透明度の高い白

天然産の鉛白の色。鉛と錫が混同されて粉錫と呼ばれた。

月白（げっぱく）

17-6-3
C6 M2 Y0 K3

系 青みの白

淡い青みを含んだ白。磁器でも青みの白色をいう。「げっぱく」ではなく「つきしろ」と読むと、月が出るとき空が明るく白むこと。月代とも書く。「石山の石より白し秋の風」（松尾芭蕉）。那谷寺《なたでら》の石山の枯れた景色もいいが、今、吹いた秋の白い風には、より寂寥感が漂っている。

白磁（はくじ）

白磁のような白。透明感のある白は、美人の表現によく使われる。

雪のように白い色。雪の白は単純な白ではなく、紫や紅みがかったり様々な色に見える。「雪がふるふる雪見てをれば」（種田山頭火）。雪白は白さを強調した色名。「（同じ白でも西洋紙は光線を撥ね返す感じだが）奉書や唐紙の肌は、柔らかい初雪の面のように、ふっくらと光線を中へ吸い取る」（『陰翳礼参』谷崎潤一郎）。

魚肚白（ぎょとはく）

16-6-8
6-0-0-8

系 青みの明るい灰

魚の胃袋に似た青みがかった白。『南総里見八犬伝』、鯛をさばくと腹から信の文字の玉がでてくる。「網せし鯛を、てづから包丁しつるとき、魚の腹に玉ありて」。魚をさばく機会が少ない現代人は、魚の肚の色を知らず、不思議な玉に出会うこともない。

乳白色（にゅうはくしょく）

7-5-0
C0 M1 Y5 K0

系 黄みの白

しぼりたての乳のような色。日本は乳製品のなじみが薄かったので、この色名も近代になってからのもの。藤田《ふじた》嗣治《つぐはる》の描く裸婦像は「乳白色の肌」と世界で絶賛された。「荒海や佐渡に横たふ天の河」（松尾芭蕉）。荒海の彼方には、佐渡（流人の島）の島影。夜空を仰げば、橋のように天の川が白く横たわっている。

乳色（ちちいろ）

純白の白色と違い、柔らかな温かさを感じさせる。

タピスリーの裸婦　藤田嗣治　大正時代　東京国立近代美術館　フジタのつくり出した乳白色の透き通った下地は、パリの画家達の羨望の的だった。

卯の花色（うのはないろ）

9-4-2
C1 M0 Y4 K2

別 卯花色《うのはないろ》　系 黄みの白

卯の花の色。卯の花は初夏に小さな白い花が枝一杯に咲く空木《うつぎ》。その白さは平安時代「雪かとまごう」と形容される。卯の花が咲き誇る白河関を訪れた芭蕉も、「雪に包まれているよう」と書いた。

白百合色（しらゆりいろ）

8-5-2
0-0-5-2

系 黄みの白

この色名は明治時代以降の訳語と思われる。白百合は聖母マリアのシンボルで、処女性を象徴している。

白練（しろねり）

5-3-5
0-2-3-5

系 白

生絹の橙みのある素色（しろいろ）を精練した白。古代は天皇の袍《ほう》の色とされ、神聖な色とされた。

胡粉色（ごふんいろ）

6 - 3 - 3
C0 M2 Y3 K3

系 不透明な白

七〜八世紀頃から使い始められた胡粉は、鉛白《えんぱく》のことだったが、鉛毒が知られると貝殻の粉が使われるようになった。「胡《ご》」は古代中国の北方や西方の民族のことから、西域全体、遠い外国を意味するようになる。胡粉は胡（外国）から来た粉ということ。胡麻、胡椒なども語源は同じ。

貝粉（ばいふん）

貝殻を焼き砕いた白色顔料。鉛白に代わって室町時代から使われた。

胡粉（ごふん） 日本画の白色顔料。奈良時代は鉛白を用いていた。現在の貝を焼いてつくるのは室町時代から。

生成り色（きなりいろ）

6 - 10 - 5
C0 M5 Y10 K5

別 生成色《きなりいろ》　系 橙みの白

自然のままの糸や生地などの色。色名は昭和後期から。高度経済成長期、公害問題が深刻化すると、社会は、自然志向が強くなり、ナチュラルカラーとして流行する。

素色（しろいろ）

天然のままの絹の色。「素」は「ありのままの」という意味。

白和幣（しろにぎて）

神に捧げる布、幣の白さ。『風土記』では、天の岩戸で青和幣《あおにきて》と共に記されている。

白土（しらつち）

5 - 5 - 5
0 - 4 - 5 - 5

別 白土《しろつち》・白土《はくど》　系 橙みの白

火山灰や火山岩が風化したものや上質の石灰石を粉末にしたもの。古墳の壁画にも用いられ、アルタミラの洞窟画でも白土で手の輪郭を描いている。

小町鼠（こまちねず）

24 - 3 - 15
C0 M3 Y0 K15

系 明るい灰

江戸時代に流行した鼠色の一つ。上品で優しく微かに華やかさのある色。小町鼠は、イメージのはっきりしなかった薄鼠色に小町の名前をつけ、若向きの美しい色として売り出したものだという。

薄墨色（うすずみいろ）

18 - 3 - 20
C3 M2 Y0 K20

別 淡墨色《うすずみいろ》　系 明るい灰

墨を薄めたような色。平安時代、宮中では、反故紙《ほごがみ》を漉き直した薄いグレーの再生紙を利用していたが、その紙を薄墨紙といった。「あめつちのうす墨の色春来れば塵も余さず朱に変わり行く」(与謝野晶子)。空も地面も薄墨色の冬景色だが、春には赤く染まる。うす墨色と朱の対比が、温かな希望も感じさせる。

薄雲鼠（うすぐもねず）

明るい空に雲がうっすらとかかった色。

雲井鼠（くもいねず）

0 - 0 - 10
0 - 0 - 0 - 10

別 雲居鼠《くもいねず》　系 明るい灰

雲居とは雲のあるところほどかなたの遠いところ。すなわち宮中を意味し、尊さを強調している。雲の上の人といえば、極めて階級の高い現実から遠い人。

灰白色（かいはくしょく）

6 - 5 - 10
0 - 3 - 5 - 10

系 明るい灰

上品な老人の髪を連想させる色。また、活力のない光景、死をイメージさせる描写にも用いられる。

日本の風景は冬の木枯らしの季節になると台地は薄墨色の墨絵の世界になる。

薄鼠（うすねず）

0 - 0 - 20
0 - 0 - 0 - 20

別 薄鼠《うすねずみ》　系 明るい灰

水銀色（すいぎんいろ）

17 - 7 - 20
C7 M2 Y0 K20

系 青みの明るい灰

水銀色は白色に近い淡い色なのに、鈍く光り、重々しく見える不思議な色。水銀は常温でも液体である唯一の金属。古代から辰砂《しんしゃ》（丹）を焼いてつくられていた。東大寺の大仏は、水銀もつかってメッキされた。

岩藤浪白石　五代目市川海老蔵の大福屋惣六　歌川国芳　江戸時代　国立劇場
江戸の色の使い方はかなり巧みだ。地味な薄鼠色でも黒の縞と組み合わせると、力強い壮年の男に似合う。

白銅色（はくどういろ）

17 - 10 - 15
C10 M3 Y0 K15

系 青みの明るい灰

白銅とは、銅に錫と少量の鉛を加えた合金で、鏡を鋳造した。近年の白銅は、ニッケルを二十パーセント程度含む銅の合金で、中古の白銅色よりかなり明るい。身近では一円玉がある。

鳥獣花背円鏡（海獣葡萄鏡）　正倉院

白銀色（しろがねいろ）

系 白銀色《はくぎんしょく》

銀（しろがね）は、光り輝く金属の代表的な色。白銀といえば、輝く雪の白さを表す。

優しく穏やかな色。「単物も、帯も、帯止も、ひたすら目立たないようにと心掛けているらしく、薄い鼠が根調をなしていて（二十歳前後の女としては、ちょっと異様だ）」（『百物語』森鷗外）。

白鼠（しろねず）

0 - 0 - 15
0 - 0 - 0 - 15

系 明るい灰

明るく穏やかで上品な色。

銀灰色（ぎんかいしょく）

18 - 3 - 15
3 - 2 - 0 - 15

系 明るい灰

銀色の明るさは、白色に近いかなり明るい範囲まで表す。

鳩羽鼠（はとばねず）

22 - 15 - 50
C8 M15 Y0 K50

別 鳩羽鼠《はとばねずみ》　系 紅紫みの灰

鳩の背羽の色。江戸後期からの色。明治以降も藤色とともに和服の地色によく使われた。「宮は鳩羽鼠の頭巾を被りて、濃浅黄地に白く中形模様ある毛織のショールを絡ひ」（『金色夜叉』尾崎紅葉）。

銀色（ぎんいろ）

18 - 5 - 40
C5 M3 Y0 K40

別 銀色《しろがねいろ》　系 輝きのある灰

銀色は、金色と同じく金属的な光沢感があるものだが、金色と違い、光りすぎるものは逆に避けられる。いぶし銀という言葉があるように、日本人が銀色に抱くイメージは、磨かれて輝く西洋の銀器ではなく、わずかに黒く沈んだ色。そこに美や高尚さを見いだしている。「私がこの世でいちばん好きな場所は台所だと思う。…乾いた清潔なふきんが何枚もあって白いタイルがぴかぴかに輝く。…その銀の扉に私はもたれかかる。…窓の外

絹鼠（きぬねず）

6 - 6 - 30
0 - 3 - 6 - 30

系 橙みの灰

小町鼠や白梅鼠に近く、優雅さが強調された灰色。

錫色（すずいろ）

18 - 3 - 35
3 - 2 - 0 - 35

系 灰

錫は、錆びずに光沢を失わないので錫箔やブリキメッキに用いる。「薄ッぺらでピカピカする錫と云う軽金属が、朱泥のように、沈んだ、重々しいものになる」（『陰翳礼賛』谷崎潤一郎）。中華料理に錫の食器が多いのは、古色を帯びるのを愛しているからだ。

灰汁鼠（あくねず）

3 - 15 - 40
0 - 15 - 11 - 40

系 赤みの灰

江戸の町民は、鼠色を粋な色として美しさを感じとり、灰汁にさえ注目していた。

には淋しく星が光る。」(『キッチン』吉本ばなな)。好きな台所を、鮮やかな色を避けて銀色と白で描き、夜空の星さえ「淋しく」と抑える。色名を通して、これから始まる静かなシーンを暗示している。

銀鼠（ぎんねず）

銀色に感じさせる鼠色で白鼠より暗い。錫色と同じイメージの色。「墨の五彩《ごさい》」の淡に当たる色でもある。五彩とは薄い順に清(白鼠／しろ鼠)、淡、重(素鼠／す鼠)、濃(丼鼠／どぶ鼠)、焦(墨染／すみぞめ)の五色。

灰色（はいいろ）

6 - 5 - 50
C0 M3 Y5 K50

系 灰(明るさの段階には幅がある)

白と黒の中間で赤や黄といった色みがない無彩色。木などが燃えて残る灰の色。グレー。火事が多かった江戸で火事を連想させる「灰」を嫌い、鼠色と呼ぶようになったという。平安時代には灰色系には凶色も多かったが、江戸時代にはもてはやされた。「荒涼とした風景の中に、氷雨の降りつづく日がすぎた。ほんのささいなことにも人の気が苛だつような陰鬱な、湿っぽい空気が、日ましに重くこもっていた」(『雉子《きぎす》』瀬戸内寂聴)。まさに灰色の風景。

消炭鼠（けしずみねずみ）

6 - 10 - 50
0 - 5 - 10 - 50

系 橙みの灰

消炭色よりやや明るい灰。

都鼠（みやこねず）

2 - 12 - 50
0 - 12 - 6 - 50

系 紅赤みの灰

都の優しい、雅な上品さを表す色。

源氏物語絵巻・宿木 平安時代 徳川美術館
匂宮が琵琶を弾いて慰めている。

素鼠（すねず）

0 - 0 - 65
C0 M0 Y0 K65

別 素鼠《すねずみ》　系 暗い灰

何のニュアンスも含まないただの鼠色。鼠色には白鼠から黒に近い消鼠まで明暗段階があり、この色は中間に当たる。江戸時代、「四十八茶、百鼠」といわれるほど何々鼠という色名が出てきたため「素」をつけるようになった。

御召鼠（おめしねず）

十一代将軍徳川家斉《いえなり》が、この色の縮緬《ちりめん》御召を好んだことから付いた名。

鼠色（ねずみいろ）　別 鼠色《ねずいろ》

見本色のような暗い灰色。素鼠、御召鼠も同じ色。鼠色と呼ぶ範囲は、かなり幅広く灰色みの強い色全体を指し、トーンの半数近くが鼠色にあたる。鼠色の呼び名は江戸中期から始まり、茶色と並んで大流行。桜や柳などの樹木や自然、利休や小野小町などの歴史上の人物と組み合わせて、イメージを広げた。

中鼠（なかねず）

濃鼠や繁鼠より明るく、薄鼠よりはかなり暗い灰色。

鼠志野鶺鴒文鉢　美濃　桃山時代　東京国立博物館

燻銀（いぶしぎん）

18 - 5 - 60
5 - 3 - 0 - 60

系 暗い灰

燻された銀の光沢をなくした色。日本人の寂を貴ぶ美意識が表れている。「銀というようなうつろいやすいものを使うことじたい、もう自然に何かをゆだねている。紙も絹も、墨も、空気や光に触れて呼吸するのだから、それを停止することはできない」（『桃紅　私というひとり』篠田桃紅）。

鼠志野（ねずみしの）

21 - 15 - 60
11 - 15 - 0 - 60

系 紫みの暗い灰

落ち着いた優雅な色。

黝色（ゆうしょく）

19 - 20 - 80
C 20 M 15 Y 0 K 80

系 紫みの暗い灰

青みがかった黒色で、感情を抑えた色。「堆肥のように黝《くろ》ずんできている」（『華岡青洲の妻』有吉佐和子）。華岡家が、花開こうとしているという自負を、熟成して黝《くろ》ずんだ堆肥に例えている。

消炭色（けしずみいろ）

6 - 20 - 80
C 0 M 10 Y 20 K 80

系 橙みの暗い灰

消し炭に水をかけると、被っていた灰が飛んで澄んだ色に近づく。「浮炭《けしずみ》をもて写《か》きたればや、（中略）字々みな鮮やかならねども」消し炭で書いたので、字はとても薄い（『南総里見八犬伝』曲亭馬琴）。

石板色（せきばんいろ）

18 - 15 - 85
15 - 8 - 0 - 85

系 青紫みの暗い灰

石板（スレート）は粘板岩などの薄板。明治以降に使われた色名。

スレートの少し青みをおびたシャープな色調は煉瓦色を鮮やかに引き締める。

具墨色（ぐずみいろ）

16 - 20 - 85
20 - 0 - 0 - 85

系 青みの暗い灰

胡粉に墨を加えた顔料。艶のない不透明な灰みがかった色。墨の強さを白で抑える直截的な発色法。

辰巳八契　佃多の帰帆　溪斎英泉　江戸時代　千葉市美術館

消炭黒（けしずみぐろ）

6 - 30 - 85
0 - 15 - 30 - 85

系 橙みの暗い灰

消炭色より黒色に近い色。

鉄鼠（てつねず）

14 - 30 - 80
30 - 0 - 15 - 80

系 青緑みの暗い灰

厳しく抑制した色。鉄鼠《てっそ》と読むと、『画図百鬼夜行』に描かれている、経典を食い荒らす妖怪。

漆黒（しっこく）

0 - 45 - 100
C45 M45 Y45 K100

系 黒・黒の中でもっとも暗い黒

黒漆のように深く、艶のある黒。黒の中の黒。艶のある美しい黒髪を「漆黒の黒髪」、光のない暗闇を「漆黒の闇」と表現する。「漆の如き闇の中に貫一の書斎の枕時計は十時を打ちぬ」（『金色夜叉』尾崎紅葉）。

■濡烏（ぬれがらす） 別 烏《からす》の濡羽色《ぬればいろ》

黒さを強調した表現。濡《ぬれ》れ色《いろ》という表現がある。烏の羽の黒に限らず、草木の緑でも、石や土でも、雨などで水に濡れると同じ色でも光沢をもち、強さが増して見えるようになる。「雨後の月／ほどよく濡れし屋根瓦の／そのところどころ光るかなしさ」（石川啄木）。

東扇　初代中村仲蔵　勝川春章　江戸時代　東京国立博物館　扇形に納めた役者絵

カラスは童謡に歌われ、熊野神社の使いともされる一方、不吉さの象徴ともされ、昔からなじみ深い鳥だった。

■濡羽色（ぬればいろ）

羽が水に濡れると、表面の乱反射がなくなり、黒さが際立つ。

■黒羽色（くろばいろ）

「黒いびらうどの帷暮《とばり》のかげ」（『内部への月影』萩原朔太郎）。黒羽色の光沢のある黒が思い浮かぶ表現だ。

■烏黒（うこく）

烏の濡羽色の別称。黒色の中でもひときわ深い黒色。

■烏色（うしょく）

烏は昔は真っ白だった。ある日、梟の染め屋に、世界に又とない色に染めてくれと注文すると、真黒々の炭のような色に染められてしまう（『日本の昔話』柳田国男）。

■烏羽色（からすばいろ）

烏の羽のような黒い色。烏羽玉《うばたま》といえば、アヤメ科の檜扇《ひおうぎ》の丸くて黒い種、ぬばたま（射干玉）ともいう。射干玉は、黒、闇、夜などの枕詞として『万葉集』にもでてくる。

黒（くろ）

0 - 30 - 100
C30 M30 Y30 K100

系 黒

最古の色名のひとつ。ブラック。語源は、暗《くら》に通じるという説が多く、最も暗い色の総称。

裏で指図する人物を「黒幕」というが、元々は歌舞伎の言葉。舞台の背後に黒幕が垂れていれば、夜を表している。碁石の黒も夜を意味している。白は昼。黒が先手なのは、一日の始まりが、「ねの刻（午前零時くらい）」だからだという。

■純黒（じゅんこく）

すべての色を吸収してしまう、実際にはありえない形而上の色。

■真黒（まくろ）

別 真黒《まっくろ》

自然界にはない、つくられた色。

■暗黒色（あんこくしょく）

黒さを強調する表現。「暗黒街」「暗黒時代」など、見えない暗い面、悲惨、秩序の乱れを強調する。「いと暗き／穴に心を吸はれゆくごとく思ひて／つかれて眠る」（石川啄木）。

■深黒（しんこく）

極限まで黒いことを強調した色名。「（老婆の着物を剝ぎとった男は）夜の底へかけ下りた。（中略）外には、唯、黒洞々《こくとうとう》たる夜があるばかり」（『羅生門』芥川龍之介）。

鶴の黒羽色（つるのくろばいろ）

19 - 35 - 78
35 - 26 - 0 - 78

系 紫みの暗い灰

鼠色の忌詞《いみことば》。日本人の繊細な感性が生んだ色名。丹頂鶴の胸から背にかけての濃い灰色のグラデーションは頭部の赤と対比し、冬の枯野で印象的。

忌詞とは口にするだけで穢れるとされる言葉。

動植綵絵　梅花群鶴図　伊藤若冲　江戸時代　宮内庁三の丸尚蔵館

「鶴は千年、亀は万年」と長寿のめでたいことを表し、「鶴の一声」といえば絶対的な権威者を表し、また周囲から気高い存在と見られていた。

黒鼠（くろねず）

0 - 20 - 92
C20 M20 Y20 K92

系 黒

濃鼠とも繁鼠とも呼ばれる。

■濃墨（こずみ）
墨色は黒と比べるとやや明るさがあり、暗い灰といえる。通常の墨より念入りに刷った濃い墨を濃墨という。

■繁鼠（しげねず）
深く暗い灰色。「繁」とは、樹木の暗く深い繁みのこと。

■濃鼠（こいねず）　濃鼠《こいねずみ》・濃鼠《こねずみ》・濃鼠《こねず》
ほとんど黒色といってよい色でも鼠色としての違いを言い分けた。

当世好物八契けん酒　溪斎英泉
江戸時代
黒紋付の深川芸者。緑みがかった笹紅色の口元が売れっ妓ぶりを暗示する。

墨（すみ）

0 - 20 - 85
C20 M20 Y20 K85

純黒ではなく、かすかに明るみの残る穏やかな黒。

墨の濃淡には「墨の五彩《ごさい》」といわれる「焦《しょう》、濃《のう》、重《じゅう》、淡《たん》、清《せい》」の五段階がある。墨は「焦」にあたる。墨染（すみぞめ）は、僧服や喪服の色に使われていた。

黒澤明監督作品『羅生門』では、モノクロの画面の中で、やりきれない雨が重く黒く降りつづく。撮影時、白昼に雨を降らせてもカメラに写らないので、墨汁を混ぜた黒い雨を降らせていたのだ。

別 墨色《すみいろ》・墨色《ぼくしょく》・墨染《すみぞめ》　系 暗い灰

墨色の日本家屋が続く町並みは静寂な歴史の深さを表し、通る人を落ち着いた気持ちにさせる。

憲房色（けんぼういろ）

6 - 90 - 90
C 0 M 45 Y 90 K 90

別 憲法黒《けんぼうぐろ》・憲法茶《けんぼうちゃ》・憲法色《けんぼういろ》・憲法染《けんぼうぞめ》・吉岡染《よしおかぞめ》・兼房《けんぼう》
系 橙みの黒

京都の染匠・吉岡憲房によって考案された吉岡染の色。江戸初期は室町の武を貴ぶ気質が色濃く残っていたので、このような威厳のある色が生まれた。

吉岡家は、元は吉岡流剣法の剣術家であり、足利将軍家の剣術指南役をつとめてもいた。宮本武蔵と決闘をした吉岡一門としても知られている。

玄（げん）

黄色みを帯びるとも赤みを帯びるともいわれる温かさのある黒。

「玄というのはまた、一筆の濃墨で書くのではなく、淡い墨を重ねて濃くしていき、真っ黒の一息手前で控えた色。（中略）本当の〝くろ（玄）〟は真っ黒ではない、（中略）このましいが、一歩手前がまことにむつかしい。」（『桃紅わたしというひとり』篠田桃紅）。

涅色（くりいろ）

5 - 10 - 95
0 - 8 - 10 - 95

別 皂色《くりいろ》 系 黒

涅《くり》とは、川底などに沈む黒い粘土、または黒く染めるための礬石《ばんせき》（みょうばん）のこと。「クロ」の語源はこの「クリ」ではないかという説もある。古代では、川底に沈殿していた黒土に、布や糸を浸して染める染色が行われていたという。

萩原朔太郎に『地面の底の病気の顔』という詩がある。陰鬱だが深みのある「地面の底のくらやみ」は涅色かもしれない。

薄黒（うすぐろ）

0 - 20 - 75
C20 M20 Y20 K75

溝鼠（どぶねずみ）

0 - 0 - 85
C0 M0 Y0 K85

系 暗い灰

穏やかさのある黒。黒とひと口に言っても、少し弱まるだけで、印象はかなり和らぐ。

■ 石墨（せきぼく）

石墨とは黒鉛（グラファイト）からなる鉱物でダイヤモンドに近い。鉛筆の芯にも用いる。

別 丼鼠《どぶねずみ》 系 暗い灰

「墨の五彩」の四番めの「濃」に当たる暗い色。江戸時代の定番色。丼色とも表記された。樋口一葉は『別れ霜』の中で溝鼠色は悪事を暗示する色として白と対比させている。「番頭の白鼠去年生国へ帰りし後…帳尻つくろふ溝鼠のみ成けん」。

土黒（つちぐろ）

4 - 50 - 90
0 - 50 - 50 - 90

系 赤みの黒

黒い土は栄養分をたっぷり含み、豊作を約束された、しっとりしてやわらかい土。

伝・藤原光能像 鎌倉時代 京都・神護寺

平安時代から武士の社会に移ると優美な紫色よりも力強い黒色が最高位者の色に変わった。

新形三十六怪撰 三井寺頼豪阿闍梨悪念鼠と変ずる之図 大蘇芳年 明治時代

鼠の動作や色調が妙にリアルで臨場感があふれている。江戸の絵師にとって、鼠は身近な動物だった。

赤墨（あかずみ）

4 - 40 - 90
C 0 M 40 Y 40 K 90

系 赤みの黒

温かく穏やかな黒。辰砂《しんしゃ》や銀朱《ぎんしゅ》を膠《にかわ》で練り、墨の形に固めた絵具も赤墨または朱墨というが、その墨は朱墨であってこの色ではない。

三代目市川高麗蔵の志賀大七
東洲斎写楽　江戸時代　大英博物館

志賀大七は江戸随一の人気悪者。不気味な表情に着流しの黒によって悪党ぶりが暗示されている。

赤黒（あかぐろ）

4 - 70 - 95
0 - 70 - 70 - 95

系 赤みの黒

黒に赤みが加わると熱く、強い想いが表れる。「怒りと恥ずかしさのために、（中略）彼は、赤黒く充血した顔を伏せ、黙ってライスカレーの匙を使っていた」（『青べか物語』山本周五郎）。

茶黒（ちゃぐろ）

5 - 90 - 90
0 - 68 - 90 - 90

系 橙みの黒

焦茶色よりもさらに暗く、引き締まった黒。

桃尻（ももじり）

7 - 20 - 100
0 - 5 - 20 - 100

系 黒

桃尻とは桃のようにすわりの悪い形のことで、馬に乗りにくいことを指した。江戸初期の茶会では桃尻花入という、すわりの悪い花器もあった。しかし、肝心の色名とのつながりは不明だ。

蝋色（ろいろ）

4 - 60 - 85
0 - 60 - 60 - 85

別 呂色《ろいろ》　系 深く渋い赤

蝋色（ろいろ）は、漆塗りの技法。生漆《きうるし》に油類を加えずに精製した黒色。黒漆塗りを指すともいわれる。「ろういろ」と読むと、黄みの淡い灰色を指す。

本書の色票の決定方法

見本色は様々なデータを総合して、４ページの手順で決めた。その作業の基準にしたスケールが、色相×トーンで色域を測定するカラーパレットだった。色相は24等分に8色相を加えた計32段階。トーンはＣＭＹＫの濃度10段階とＫ(墨)の濃度11段階の計110段階。32色相×110トーンの計３５２０段階で構成されている。これを「ジャパンカラー」のＣＭＹＫ濃度規定に従って印刷した。色域の最終調整には「共感言語」を用いた。これは色の表すメッセージを、客観的、体系的に色相やトーンに置き換える仕組みで、、色名の解説文中にあるメッセージ性は、この共感言語に拠っている。

色相名とトーンの表示方法

本書の色見本には、数字と言葉によって色相とトーンを表示している。

数字は色票の下に二段ある。上段は色相番号とトーンを表す。例えば、左の数字が５（色相番号）とする。色相図をみると5番と6番は橙色なので、この色が橙色であることがわかる。言葉では、解説文中で橙色と書かれていれば、色相番号5番か6番となる。

トーンはふたつの数字の組み合わせで表す。中央の数字は色みの強弱で、ＣＭＹのうち最も高いアミ点の%を示す。右の数字は濁りの強弱で、Ｋ（墨）の%を示す。トーン図は、横方向がＣＭＹの濃度を示し、右に位置するほど色みが濃い。縦方向は黒の%である。最上段の黒が0%で最下段が100%になっている。この黒の量とＣＭＹ濃度との組み合わせがトーンになる。トーンは全体を19区分している。中央付近の太線より左側は、ほぼ無彩色に近い鼠色や灰色と呼ばれているトーンになる。

カラーパレット ひとつの色相につき110種類のトーンがあり、これが32色相分ある。

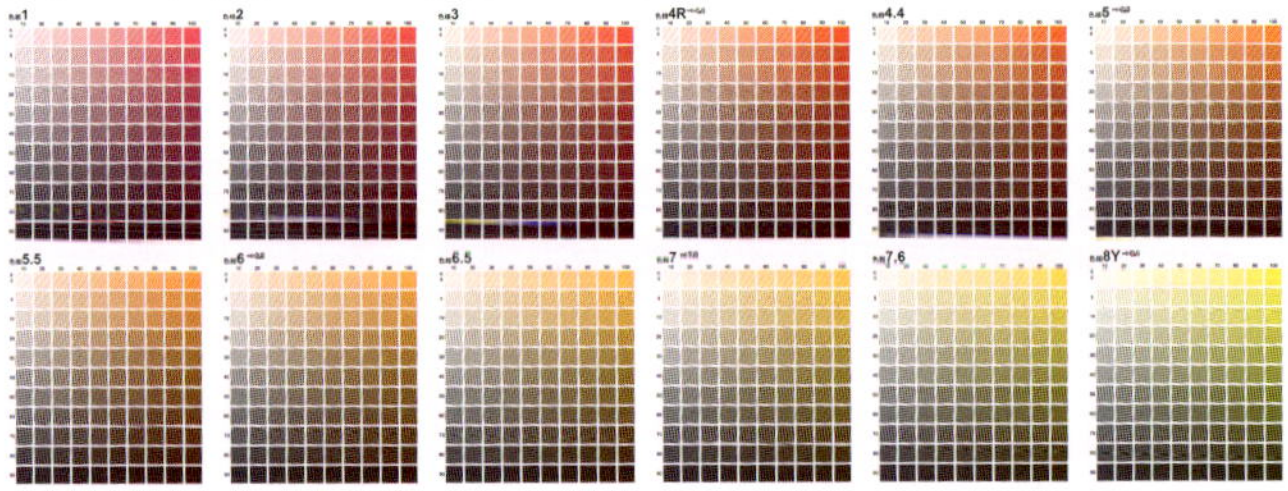

32色の色相環

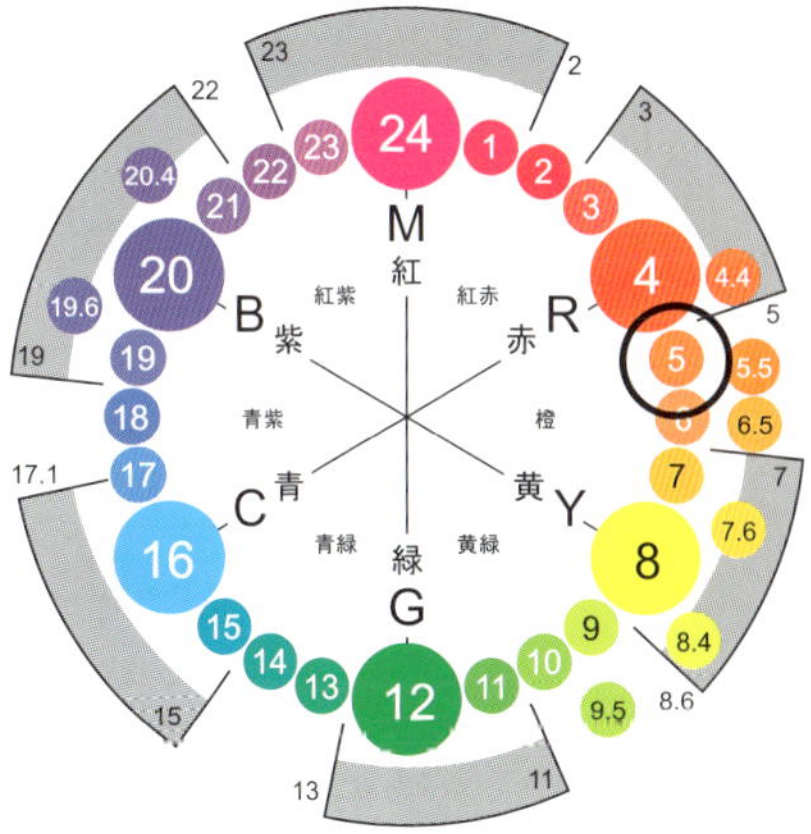

19区分のトーン分布図

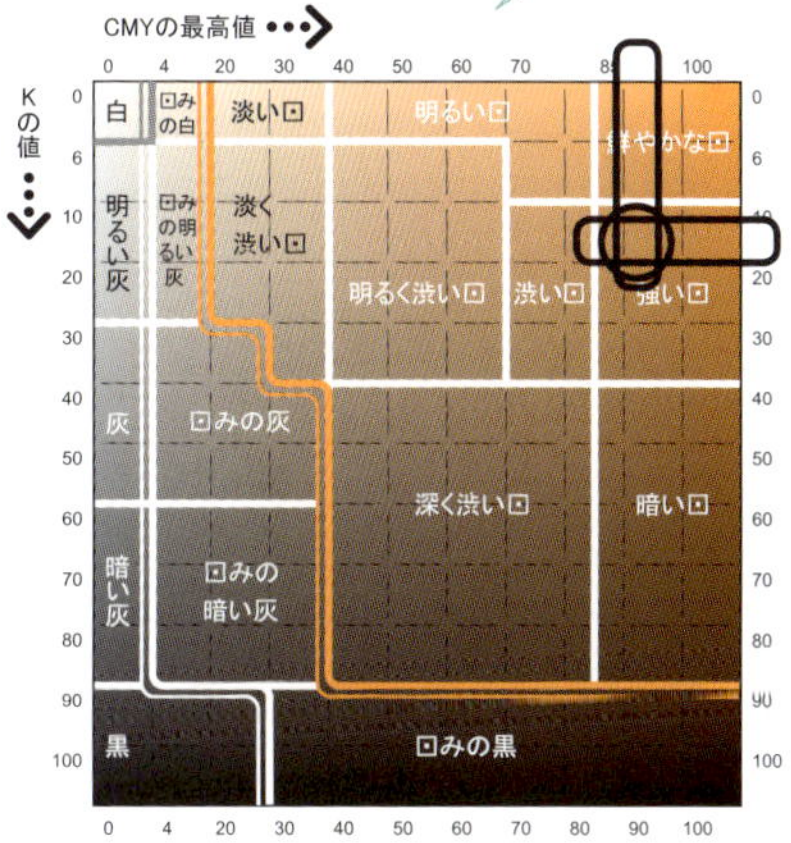

**色相番号5番の
カラーパレット**

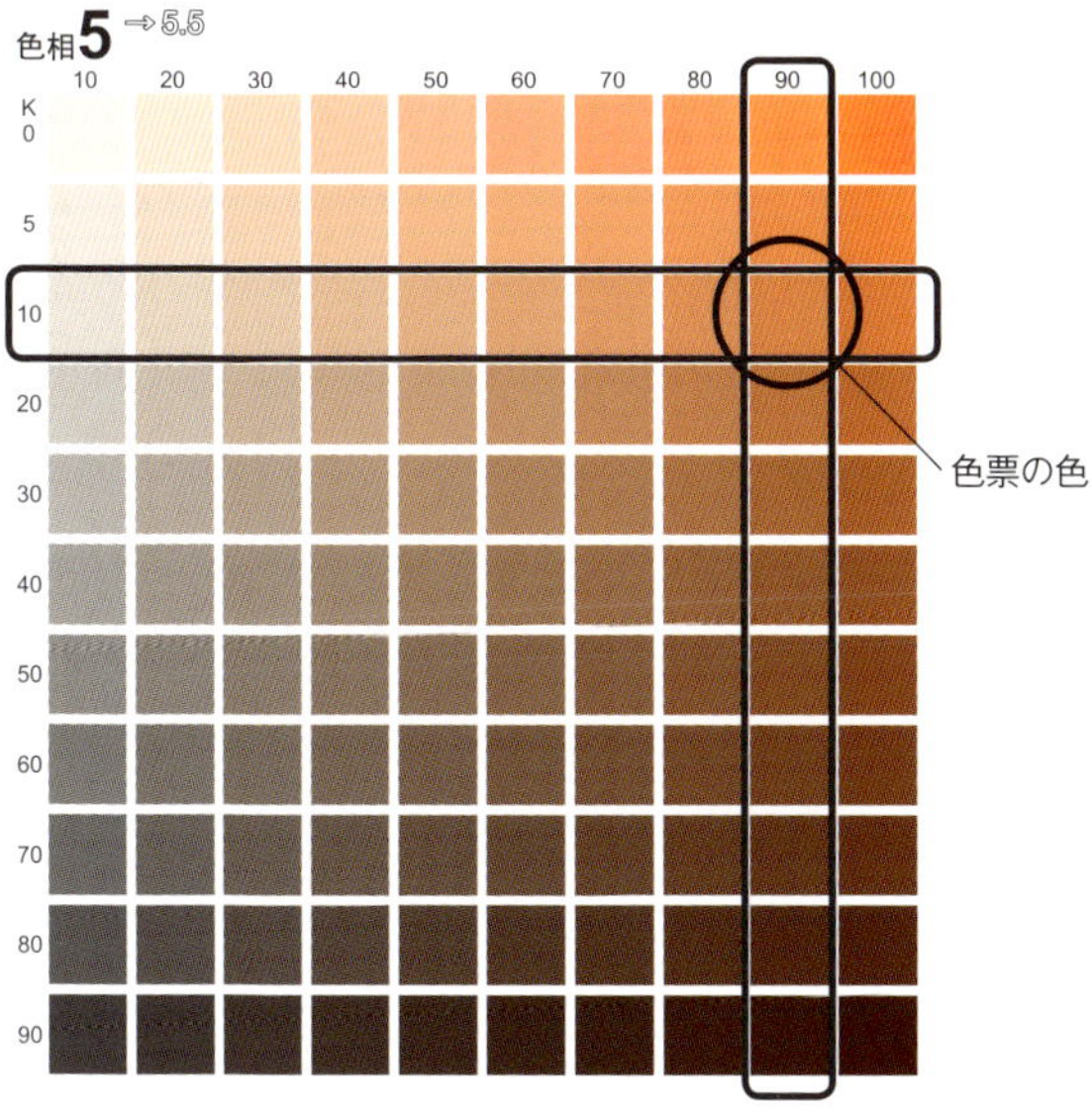

色はＲＧＢＫの4色で認識する

脳の解剖学が進展した結果、色を認識する脳の仕組みは、ＲＧＢＫの体系となっていることがわかった。色は眼の網膜に届き4色に分解される。3種の錐状体《すいじょうたい》でＲＧＢの三色に、桿状体《かんじょうたい》でＫに分解され、脳で統合されて色を認識する。

ＲＧＢＫの4色を光の三原色（＋白〜黒）と呼び、この原理で色を再現しているのがテレビやパソコンのモニターの色だ。一方、印刷物として色を見る仕組みは、ＲＧＢＫの補色関係にあたる、絵具の三原色ＣＭＹＫの4色による表色だ（ＣＭＹＫは一九六〇年頃から全国共通のカラー印刷の基準となるジャパンカラーとなっている）。

つまり、脳の体系は光の三原色ＲＧＢＫになっていて、絵具の三原色ＣＭＹＫと表裏一体だった。

マンセル体系は百年前につくられた仮説

従来から使われていたマンセルやＪＩＳ、オストワルトの表色体系は、脳の研究が行われる前の時代に開発されていた、いわば仮の体系だ。一方、この百年間に色彩体系の世界は解明され、カラーテレビやカラー印刷が日常品となり、その基礎はＲＧＢとＣＭＹであることが確かめられた。長い間解けなかった色彩の体系がすっかりわかり、百年前の仮説であるマンセルに替わり、正確な体系が完成した。例えば、脳科学でわかった基本色相は6色だが、ＪＩＳでは10色とされ、同じ色名の黄色でも別な色を指している。ＪＩＳの黄色（10Ｙ）はＣＭＹのＹに比べて青色が10％混じっているので、ＪＩＳでは目指すＹ１００％を指定できない。しかし、ＣＭＹで指定すれば簡単かつ正確に表せる。

色は目の網膜でRGBKの4色で認識される

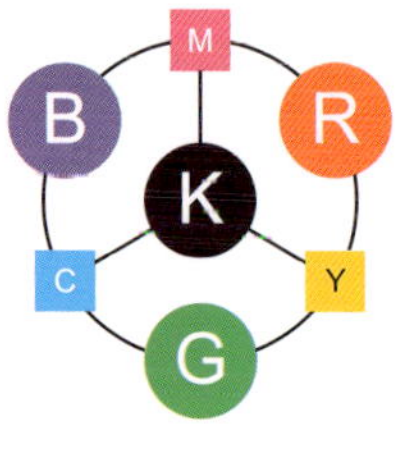

カラー印刷はCMYKの4色で表される

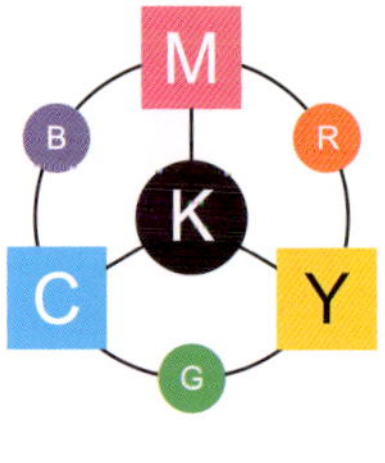

ＣＭＹＫの表示方法と印刷再現の限界

色票の下の数字のうち、下段の４つの数字は、印刷インキＣＭＹＫのアミ点%を示している。数字はＣＭＹのうちの２色と、Ｋの計３色の濃度（%）で表示している。ＣＭＹを２色に絞ると色相の関係が明確になり、印刷時の色相のズレが最小限にできる。ＣＭＹを３色にすると、そのうちの１色がＫ（黒）と同じ効果（余色）を生み、トーンの位置判定が複雑になる。また印刷時に、色相ズレの可能性も広がる。

ＣＭＹＫ表示の欠点

①Ｃ（青）、Ｍ（紅）、Ｙ（黄）の三色だけで表色するので、鮮やかな橙色や紫色が渋いトーンでしか表せない。これは、ＣＭＹ以外の橙色や紫色の特練色インキを加えれば解決できるが高価で非実用的。

②印刷時に濃度数字とのズレが生じる。大量生産を前提にするカラー印刷の仕組では、各色の濃度を正確に再現することは不可能で±10%程が標準的とされている。本書の色票もこの欠点から逃れられない。

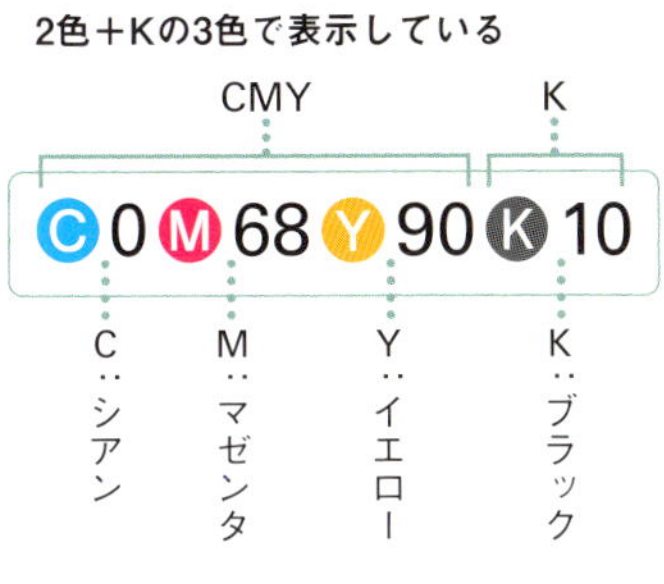

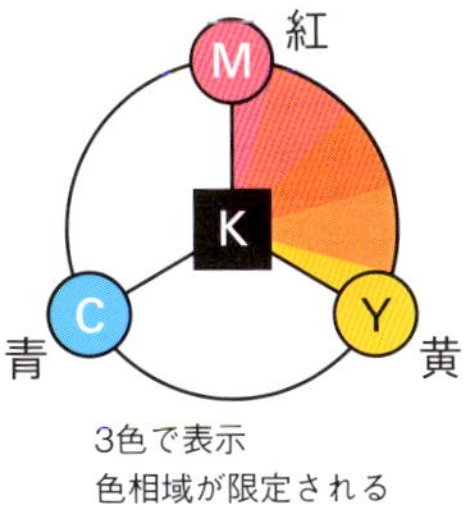

3色で表示
色相域が限定される

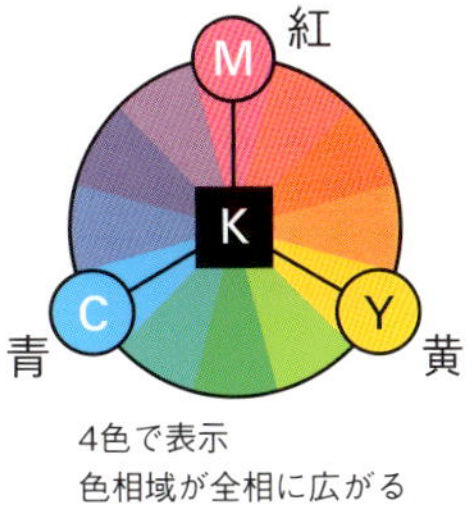

4色で表示
色相域が全相に広がる

山鳩色(やまばといろ)……………27, **161**, 166
山吹色(やまぶきいろ)…………**105**, 111, 129, 144
山吹茶(やまぶきちゃ)……………………**111**
山吹鼠(やまぶきねず)……………………**115**
楊梅色(やまももいろ)・山桃色……………**113**
雄黄(ゆうおう)……………………………**105**
黝色(ゆうしょく)…………………………**271**
緑色(ゆかりのいろ)・ゆかり色(ゆかりいろ)242, **244**
柚葉色(ゆばいろ・ゆずはいろ)……………**177**
聴色(ゆるしいろ)・許色………………20, 22, **38**
羊羹色(ようかんいろ)…………………79, **102**
洋紅色(ようこうしょく)…………………**32**
洋紅(ようべに)……………………………**32**
葉緑色(ようりょくしょく)………………**177**
吉岡染(よしおかぞめ)……………………**275**
淀鼠(よどねず)……………………………**173**

ら

駱駝色(らくだいろ)………………………**90**
羅紗染色(らしゃぞめいろ)………………**255**
猟虎色(らっこいろ)………………………**99**
猟虎茶色(らっこちゃいろ)………………**99**
卵黄色(らんおういろ・らんこうしょく)……**106**
藍花(らんか)………………………………**215**
卵殻色(らんからいろ)……………………**130**
蘭茶(らんちゃ)…………………110, 112, **123**
藍碧(らんぺき)……………………………**194**
璃寛茶(りかんちゃ)……………………136, **158**
利休色(りきゅういろ)・利久色……………**157**
利休白茶(りきゅうしらちゃ)・利久白茶……**133**
利休茶(りきゅうちゃ)・利久茶……119, 133, **143**
利休生壁(りきゅうなまかべ)……………**160**
利休鼠(りきゅうねず・りきゅうねずみ)・利久鼠
……………………………………143, **173**
瑠黄(りゅうおう)…………………………**127**
榴花紅(リューホワホン)…………………**56**
琉璃色(リューリースー)…………………**111**
緑琉璃色(リューリューリースー)…………**180**
柳緑(りゅうりょく)………………………**151**
緑茶色(りょくちゃいろ)…………………**177**
竜胆色(りんどういろ)……………………**230**
琉璃色(るりいろ)・瑠璃色……226, 227, **228**, 239
瑠璃紺(るりこん)…………………………**239**
レッド………………………………………**48**
檸檬色(れもんいろ)………………………**144**
煉瓦色(れんがいろ)………………………**68**
蓮褐(れんかつ)……………………………**103**
蓮葉(れんよう)・蓮葉染(れんようぞめ)……**88**
蝋色(ろいろ)・呂色………………………**277**
蝋色(ろういろ)……………………………**133**
琅玕色(ろうかんいろ)……………………**175**
緑衫(ろうそう・ろくそう)………………**156**
緑青(ろくしょう)……70, 171, 185, **188**, 190, 191
路考茶(ろこうちゃ)……………………136, **141**
龍泉青瓷釉色(ロンチュエンチンツーユースー)..**171**

わ

若草色(わかくさいろ)…………………**148**, 152
若竹色(わかたけいろ)……………………**171**
若菜色(わかないろ)……………………**147**, 152
若苗色(わかなえいろ)…………………**146**, 148
若葉色(わかばいろ)……………**147**, 148, 152
若緑(わかみどり)………………………152, **153**
若紫(わかむらさき)………………………**257**
若芽色(わかめいろ)………………………**152**
山葵色(わさびいろ)………………………**172**
忘れ草(わすれぐさ)………………………**104**
勿忘草色(わすれなぐさいろ)……………**201**
藁色(わらいろ)……………………………**136**
吾木香(われもこう)・吾亦紅……………**66**

本紅(ほんべに)……13, 56, 175
本紫(ほんむらさき)……54, 242, **244**

ま

真青(まあお・まさお・まっさお)……**198**
真赤(まあか・まっか)……**49**
紛紅(まがいべに)……**56**
真鴨色(まがもいろ)……**180**
真黄(まき)……**144**
真黒(まくろ・まっくろ)……**273**
真白(ましろ)……**262**
舛花色(ますはないろ)……213, **215**
マゼンタ……**13**
真赭(まそお・まそほ)・真朱(まそほ)……**53**
真黄色(まっきいろ)……**144**
松染(まつぞめ)……**94**
抹茶色(まっちゃいろ)……**155**
松の葉色(まつのはいろ)……**174**
松葉色(まつばいろ)……**174**
松葉鼠(まつばねず)……**173**
豆殻茶(まめがらちゃ)……**135**
マラカイト・グリーン……**184**
満州茶(まんしゅうちゃ)……**143**
蜜柑色(みかんいろ)……**83**, 104
蜜柑茶(みかんちゃ)……**87**
幹色(みきいろ)……**122**
水浅葱(みずあさぎ)……**185**, 203
水色(みずいろ)……**202**
水色鼠(みずいろねず)……**206**
水柿(みずがき)……60, **72**
水縹(みずはなだ)……**203**, 205
み空色(みそらいろ)……**231**
密陀僧(みつだそう)……**108**
緑(みどり)・翠……151, **169**
緑茶色(みどりちゃいろ)……**177**
湊煤竹(みなとすすたけ)……**188**
湊鼠(みなとねず・みなとねずみ)……**209**
水縹(みはなだ)……**203**, 205
都鼠(みやこねず)……40, **269**
海松藍色(みるあいいろ)……159, **224**
海松色(みるいろ)・水松色……118, **159**
海松茶(みるちゃ)……**118**, 135, 159, 167
昔唐茶(むかしからちゃ)……**98**
麦藁色(むぎわらいろ)……**132**
槿花色(むくげいろ)……**19**
椋実色(むくのみいろ)……**255**
鼯鼠色(むささびいろ)……**74**
虫襖(むしあお)・虫青……**194**
蒸栗色(むしぐりいろ・むしくりいろ)……**133**
紫(むらさき)……**242**, 251, 252, 254, 260, 261
紫式部(むらさきしきぶ)……**16**
紫鳶(むらさきとび)・紫飛……**28**
紫鈍(むらさきにび)……**249**
紫鼠(むらさきねず)……**249**
玫瑰紅(メイクイホン)……**17**
瞑色(めいしょく)……**236**
滅紅(めっこう)……**24**
浅滅紫・滅紫(めっし)……**248**, **249**
萌黄色(もえぎいろ)……**149**, 176, 190
萌葱色(もえぎいろ)・萌木色……**149**, 165, 168, **190**
木色(もくじき)……**78**
木蘭色(もくらんいろ・もくらんじき)……**31**, **112**, **123**, 141
モス・グリーン……**163**
紅絹(もみ)・紅……**33**
紅葉色(もみじいろ)……**50**, 54
桃色(ももいろ)・桃花色……**20**, 38
百塩茶(ももしおちゃ)・百入茶……**79**
桃尻(ももじり)……**277**
桃染(ももそめ)・桃花褐……20, **60**
桃花染(ももはなぞめ)……**60**
桃山茶(ももやまちゃ)……**82**
蜀黍色(もろこしいろ)……**106**

や

柳色(やなぎいろ)……151, **155**, 156
柳煤竹(やなぎすすたけ)……**163**
柳煤竹茶(やなぎすすたけちゃ)……**161**
柳染(やなぎぞめ)……**155**
柳茶(やなぎちゃ)……**156**, 162
柳鼠(やなぎねず・やなぎねずみ)……**158**, 159
柳葉色(やなぎはいろ・やなぎばいろ)……**155**
脂色(やにいろ)……**101**
山藍摺(やまあいずり)……**188**
大和柿(やまとがき)……**84**

深緋(ふかひ)……**46**, 50
黒紫(ふかきむらさき)……**254**
福寿茶(ふくじゅちゃ)……**142**
柴色(ふしいろ)……**40**, **96**
藤色(ふじいろ)……27, **232**, 258, **259**
藤御納戸(ふじおなんど)……**238**
五倍子鉄漿(ふしかねいろ)・付子鉄漿色・附子鉄漿色……**240**
藤煤竹(ふじすすたけ)……**237**
柴染(ふしぞめ)……**40**, **46**, **96**
藤生壁(ふじなまかべ)……119, **235**
藤納戸(ふじなんど)……**238**
藤鼠(ふじねず・ふじねずみ)……**235**
藤鳩羽色(ふじはとばいろ)……**234**
藤紫(ふじむらさき)……**246**
仏手柑色(ぶしゅかんいろ)……**174**
燻色(ふすべいろ)……**102**, **240**
二藍(ふたあい)……**238**
二重緑(ふたえみどり)……**218**
二人静(ふたりしずか)……**260**
葡萄色(ぶどういろ)……30, **245**
葡萄酒色(ぶどうしゅいろ)……**29**
葡萄鼠(ぶどうねず・ぶどうねずみ)……**28**, **236**
葡萄紫(ぶどうむらさき)……**245**
ブラック……**273**
古銅色(ふるあかがねいろ)……**98**
ブルー……**198**
古晒色(ふるざれいろ)……**116**
プルシャン・ブルー……121, **221**
古茶(ふるちゃ)……**136**
ブロンズ……98, **191**
ブロンド……**93**
豊後鼠(ぶんごねず)……**41**
粉錫(ふんしゃく)……**263**
文人茶(ぶんじんちゃ)……**121**
ベージュ……**95**
碧色(へきしょく)……177, **183**
碧天(へきてん)……**200**
碧緑(へきりょく)……**182**
碧瑠璃(へきるり)……**226**
鼈甲色(べっこういろ)……**111**
紅(べに)……**13**, **15**, **32**, 38, 44, **52**
紅赤(べにあか)……**32**, **52**
紅色(べにいろ)……34, 42, 175, 256
紅鬱金(べにうこん)……**51**, 54, 57
紅海老茶(べにえびちゃ)……**45**
紅柿色(べにかきいろ)……**62**
紅掛空色(べにかけそらいろ)……234, **247**, 250
紅掛鼠(べにかけねず)……**26**
紅掛花色(べにかけはないろ)……**250**
紅掛藤(べにかけふじ)……**18**
紅樺色(べにかばいろ)……**54**
紅樺茶(べにかばちゃ)……**54**
紅殻色(べにがらいろ・べんがらいろ)・紅柄色……**62**
紅桔梗(べにききょう)……**257**
紅朽葉(べにくちば)……**82**
紅消鼠(べにけしねず・べにけしねずみ)・紅滅鼠……**26**
紅柑子(べにこうじ)……57, **82**
紅唐(べにとう)……**53**
紅鳶(べにとび)……77
紅鳶色(べにとびいろ)……**42**
紅納戸(べになんど)……**26**
紅鼠(べにねず・べにねずみ)……**40**
紅緋(べにひ)……**49**
紅檜皮(べにひはだ・べにひわだ)……**45**
紅鶸色(べにひわいろ)……**15**
紅藤色(べにふじいろ)……**18**, 21, 232
紅緑(べにみどり)……**175**
紅碧(べにみどり)……**234**
紅湊(べにみなと)……**248**
ベルリン・ブルー……**221**
伯林青(べるりんあお・べれんす)……**221**
ベロ藍(べろあい)……**221**
へろりん……**221**
弁柄色(べんがらいろ)……**62**
宝石紅(ほうせきこう)……24, 35
ホクサイ……**221**
墨色(ぼくしょく)……**274**
惚色(ぼけいろ)……**75**
牡丹色(ぼたんいろ)……**12**, 26
牡丹鼠(ぼたんねず・ぼたんねずみ)……**26**
炎色(ほのおいろ)……**56**
ホワイト……**262**
本多柿(ほんだがき)……**85**

波自(はじ)................................**140**
櫨色(はじいろ・はぜいろ)・黄櫨色........101, **140**
半色(はしたいろ)・端色................247, **258**
橋立納戸(はしだてなんど)....................194
肌色(はだいろ)・膚色.......................**85**
八丈(はちじょう)...........................**129**
鳩色(はといろ).............................**161**
鳩染(はとぞめ)..........................27, **161**
鳩羽色(はとばいろ)...............**27**, **248**, 250
鳩羽鼠(はとばねず・はとばねずみ).....27, 237, **268**
鳩羽紫(はとばむらさき).....................**237**
花浅葱(はなあさぎ)........................**197**
花色(はないろ)................168, 197, 207, **216**
花葡萄染(はなえびぞめ)....................**220**
縹色(はなだいろ)・花田色
............197, 202, 203, 205, 215, **216**, 222, 223
花欵冬(はなつわぶき).......................**126**
花納戸(はななんど).........................194
花葉色(はなばいろ)...................**127**, 181
花葡萄色(はなぶどういろ)..................**220**
花紫(はなむらさき).........................**245**
花萌葱(はなもえぎ).........................**168**
花緑青(はなろくしょう).....................**185**
埴(はに)...................................**89**
埴生(はにゅう).............................**89**
朱華(はねず)・波泥孺・唐棣花・棠棣.....21, **59**, 80
糞色(ばばいろ)............................**113**
薔薇色(ばらいろ)...........................**14**
パリ・ブルー..............................**221**
榛摺(はりずり)............................**124**
榛染(はりそめ)・蓁........................**124**
榛木染(はりのきぞめ)......................**124**
礬紅(はんこう).............................**66**
ピーコック・ブルー........................**196**
緋色(ひいろ)・火色.............46, 49, **50**, 255
肥後煤竹(ひごすすたけ)....................**102**
比金襖(ひごのあお・ひごんあお・ひこんのう)..**165**
緋紺色(ひこんいろ)........................**255**
比金青(ひこんじょう)......................**165**
比佐宜染(ひさぎそめ)・久木染...............**134**
緋褪色(ひさめいろ).........................**58**
醤色(ひしおいろ)...........................**47**
秘色(ひしょく・ひそく)...............186, **187**
美人祭(びじんさい)......................**18**, 24
人色(ひといろ).............................**85**
緋銅色(ひどうしょく).......................**55**
一重梅(ひとえうめ).........................**37**
一入染(ひとしおそめ)......................**204**
檜皮色(ひはだいろ・ひわだいろ)...........45, **78**
向日葵色(ひまわりいろ)....................**126**
白群(びゃくぐん)...........................**201**
白群青(びゃくぐんじょう)..................**201**
白藍色(びゃくらんいろ)...............183, **204**
白緑(びゃくろく)....................**171**, 188
天鵞絨(びろうど)..........................**178**
ヒロシゲ...................................**221**
鶸色(ひわいろ).......................135, **146**
枇杷色(びわいろ)...........................**84**
鶸茶(ひわちゃ)............................**135**
枇杷茶(びわちゃ)..........................**112**
鶸萌黄(ひわもえぎ)・鶸萌木................**146**
ピンク.....................................**18**
品緑(ヒンリュウ)..........................**182**
檳榔子黒(びんろうじぐろ)............**225**, 273
檳榔子染(びんろうじぞめ)..................**225**
深藍(ふかあい).....................**183**, **222**
深川御納戸(ふかがわおなんど)..............**194**
深川納戸(ふかがわなんど)............**194**, 214
深川鼠(ふかがわねず・ふかがわねずみ)
..........................158, **189**, 194, 209
深藍色(ふかきあいいろ).........181, **183**, 218
深緋(ふかきあけ).......................**46**, 50
深退紅(ふかきあらそめ).....................**42**
深黄(ふかきき)......................**112**, 145
深支子(ふかきくちなし)..........**83**, 107, 127
深紅(ふかきくれない).......................**34**
深滅紫(ふかきけしむらさき)................**249**
深蘇芳(ふかきすおう・ふかすおう).........**44**, 54
深退紅(ふかきたいこう).....................**42**
深縹(ふかきはなだ)・紺....................**223**
深緑(ふかきみどり・ふかみどり)
.....................149, 168, 169, 170, **195**
深紫(ふかきむらさき)........31, 219, 251, **254**, 261
深滅紫(ふかきめっし)......................**249**

中縹(なかのはなだ)……181, 216, **223**
中緑(なかのみどり・なかみどり)……168, **169**, 170, 195
中紫(なかのむらさき・なかむらさき)……242, 247, **251**
中滅紫(なかのめっし)……**248**, 249
中紅(なかべに)……19, **56**
梨子色(なしいろ)……**134**
茄子紺(なすこん)……**253**
茄子納戸色(なすなんどいろ)……**251**
紫青(なだいろ)・灘色……**238**
菜種油色(なたねあぶらいろ・なたねゆいろ)……**139**, 145
菜種色(なたねいろ)……**139**, **145**
夏虫色(なつむしいろ)……**177**
撫子色(なでしこいろ)……**18**
浪花鼠(なにわねず)……**40**
菜の花色(なのはないろ)……**145**
鍋島柿色(なべしまかきいろ)……**67**
生壁色(なまかべいろ)……**119**, 235
生壁鼠(なまかべねず)……**119**
鉛色(なまりいろ)……**209**
南京藤(なんきんふじ)……**24**
南瓜黄(ナンクワホン)……**107**
納戸色(なんどいろ)……193, 194, 212, **214**
納戸茶(なんどちゃ)……**192**
納戸鼠(なんどねず)……**208**
南部紫紺(なんぶしこん)……**16**
丹(に)……**89**
煮色(にいろ)……**87**
丹色(にいろ)……**69**, 167
苦色(にがいろ)……**103**
肉色(にくいろ)……**85**
煮黒目色(にぐろめいろ)・煮黒色……**78**
辛螺色(にしいろ)……**58**
虹色(にじいろ)……**22**
虹染(にじぞめ)……**22**
似藤(にせふじ)……**234**
似紅(にせべに)……13, 44, **56**, 175
似紫(にせむらさき)……44, **252**
似桃色(にせももいろ)……**38**
肉桂色(にっけいいろ)……**68**
丹土(につち・にど)……**89**
蜷色(にないろ)……**167**
鈍色(にびいろ・にぶいろ)……**159**, 206, 210
鈍紫(にびむらさき・にぶむらさき)……**249**
乳白色(にゅうはくしょく)……**264**
唐棣色(にわうめいろ)……**21**, 59
人参色(にんじんいろ)……**80**
濡烏(ぬれがらす)……**272**
濡葉色(ぬれはいろ・ぬればいろ)……**169**
濡羽色(ぬればいろ)……**272**
根岸色(ねぎしいろ)……**160**
鼠茶(ねずちゃ・ねずみちゃ)……**97**, 137
鼠色(ねずみいろ・ねずいろ)……26, 137, **270**
鼠志野(ねずみしの)……**270**
練色(ねりいろ)……**109**
濃紺(のうこん)……143, **241**
濃緑(のうりょく)……**168**
熨斗目浅葱(のしめあさぎ)……213
熨斗目色(のしめいろ)……**211**, 213, 216
熨斗目空色(のしめそらいろ)……213
熨斗目納戸(のしめなんど)……213
熨斗目花色(のしめはないろ)……**213**
覗色(のぞきいろ)……**204**

は

パープル……**16**, 243
バーミリオン……**57**
灰青(はいあお)……**209**
灰赤(はいあか)……**72**
灰色(はいいろ)……99, 117, **269**
バイオレット……**243**
梅幸茶(ばいこうちゃ)……136, **162**
灰桜(はいざくら)……**24**, 41
灰茶(はいちゃ)……**99**
貝粉(ばいふん)……**265**
灰緑(はいみどり)……**172**
灰紫(はいむらさき)……**249**
宝石藍(パオシーラン)……**230**
鋼色(はがねいろ)……**211**
萩色(はぎいろ)……**14**, 181
白銀色(はくぎんしょく)……**267**
白磁(はくじ)……187, **263**
白土(はくど)……**265**
白銅色(はくどういろ)……**267**

黲色(つつしみいろ)……211
壺菫(つぼすみれ)……257
莟紅梅(つぼみこうばい)……33
露草色(つゆくさいろ)……199, 216, 217
鶴の黒羽色(つるのくろばいろ)……273
つるば鼠(つるばねずみ)……234
橡色(つるばみいろ)……88, 96, 98, 179
橡墨染(つるばみすみぞめ)……88, 103
橡染(つるばみぞめ)……88
橡鼠(つるばみねず・つるばみねずみ)……96
石蕗色(つわぶきいろ)……129
帝王紫(ていおうむらさき)……244
帝色(ていしょく)……138
鉄色(てついろ)……193, 195, 221, 223
鉄御納戸(てつおなんど)……193
鉄黒(てつぐろ)……78
鉄紺(てつこん)……222, 224
鉄錆色(てつさびいろ)……63, 70
鉄納戸(てつなんど)……193
鉄鼠(てつねず)……271
鉄深川(てつふかがわ)……189
鉄葡萄色(てつぶどういろ)……237
照柿色(てりがきいろ)……62, 63, 82
デルフト・ブルー……196
天色(てんしょく)……199
天青(てんせい)……201
天壇青(てんだんせい)……229
天藍(てんらん)……226
唐藍色(とうあいいろ)……15, 239
銅色(どういろ)……55, 68
藤黄(とうおう)・同黄……129
桃花紅(とうかこう)……55
橙褐色(とうかっしょく)……101
桃花片(とうかへん)……35
東京白茶(とうきょうしらちゃ)……109
とうきん煤竹(とうきんすすたけ)……72
桃紅色(とうこうしょく)……19
橙黄色(とうこうしょく)……81
豆彩(とうさい)……187
唐桟(とうざん)……53, 214
銅青(どうしょう・どうせい)……190
橙色(とうしょく)……81
豆青(とうせい)……187
当世茶(とうせいちゃ)……71
陶塑色(とうそいろ)……59
土布色(トウプースー)……112
橙皮色(とうひしょく)……81
十黄(トウホワン)……111
玉蜀黍色(とうもろこしいろ)……106
豆緑(とうりょく)……187
蜥蜴色(とかげいろ)……166
鴇浅葱(ときあさぎ)……60, 72
鴇色(ときいろ)・朱鷺色・時色……60, 61, 68
鴇色鼠(ときいろねず)……75
鴇唐茶(ときがらちゃ)・鴇枯茶……68, 72
鴇茶(ときちゃ)……68
鴇羽色(ときはいろ)……60
常盤色(ときわいろ)・常磐色……168, 174
木賊色(とくさいろ)・砥草色……164, 178, 191
砥粉色(とのこいろ)……108
沈香茶(とのちゃ)・殿茶……91, 212
礪茶(とのちゃ)・砥茶……91, 212
鳶色(とびいろ)……42, 67, 77, 236
鳶茶色(とびちゃいろ)……79
丼色(どぶいろ)……276
溝鼠(どぶねず)・丼鼠(どぶねずみ)……276
留紺(とまりこん・とめこん)……241
鳥の子色(とりのこいろ)……127, 130
土耳古赤(とるこあか)……48
団栗色(どんぐりいろ)……98
嫩黄色(どんこうしょく)……152
鈍色(どんじき)……159

な

内記煤竹(ないきすすたけ)……114
苗色(なえいろ)……146, 150
中藍色(なかあいいろ)……181
中色(なかいろ)……200
中紅梅(なかこうばい)……36
中蘇芳(なかすおう・なかのすおう・なかずおう)……54
中鼠(なかねず)……270
中藍色(なかのあいいろ)……181, 183, 218
中紅花(なかのくれない)……19, 56
中滅紫(なかのけしむらさき)……248

千歳茶(せんざいちゃ)・仙歳茶・
仙斎茶(せんさいちゃ)・千斎茶 **142**
千歳緑(せんざいみどり・せんざいりょく) .. 142, **178**
煎じ茶色(せんじちゃいろ) **164**
煎じ茶染(せんじちゃぞめ) **164**
浅青(せんせい) **201**
煎茶色(せんちゃいろ)・せん茶色 **164**
宣徳色(せんとくいろ) **140**
浅緑(せんりょく)・鮮緑 **149, 170**
象牙色(ぞうげいろ) 101, **131**, 133
蒼黒(そうこく) **195**
相思鼠(そうしねず・そうしねずみ) **164, 235**
草色(そうしょく) 155, **165**
蒼色(そうしょく) **182**
宗伝唐茶(そうでんからちゃ) **76**
宗伝茶(そうでんちゃ) **76**
蒼白色(そうはくしょく) **24, 207**
草緑色(そうりょくしょく) **170**
赭(そお)・朱 **62**, 89
赭(そおに)・赭土 **62**, 89
承和色(そがいろ) **128**
蕎麦切色(そばきりいろ) **117**
纁(そひ・そび)・蘇比(そひ)・素緋 **59**, 61
染付(そめつけ) **220**
空色(そらいろ)・天色 **200**
空色鼠(そらいろねず) **206**

た

駄赤(だあか) **62**
退紅(たいこう)・褪紅 **22**
帯紅色(たいこうしょく) **20, 42**
帯黒色(たいこくしょく) **211**
代赭色(たいしゃいろ) **86**
橙色(だいだいいろ) 51, **81**, 82
宝茶(たからちゃ) **110**
煙草色(たばこいろ) **122**
卵色(たまごいろ)・玉子色 **127**, 131
玉子鼠(たまごねず)・卵鼠 **132**
玉虫色(たまむしいろ) 177, **194**
溜色(ためいろ) **47**
丹(たん) **69**
丹柄茶(たんがらちゃ) **70**
淡紅色(たんこうしょく) **23**
淡黄色(たんこうしょく) **130**
淡紫色(たんししょく) **247**
団十郎茶(だんじゅうろうちゃ) **69**
胆礬色(たんばいろ) **183**
蒲公英色(たんぽぽいろ) **128**
淡緑(たんりょく) **171**
絳紅(チァンツー) **42**
千種色(ちぐさいろ)・千草色 **190**
千種鼠(ちぐさねず)・千草鼠 **192**
乳色(ちちいろ) **264**
千歳緑(ちとせみどり) **178**
茶色(ちゃいろ) 65, **100**, 223
茶褐色(ちゃかっしょく) **65**
茶黒(ちゃぐろ) **277**
茶気鼠(ちゃけねず) **97**, 137
茶染(ちゃぞめ) **100**
茶鼠(ちゃねず・ちゃねずみ) **97**, 137
茶微塵茶(ちゃみじんちゃ) **103**
中黄(ちゅうき) **145**
鍮石色(ちゅうじゃくいろ) **139**
桔黄(チューホワン) **105**
中滅紫(ちゅうめっし) **248**, 249
彫刻色(ちょうこくいろ) **79**
丁子色(ちょうじいろ)・丁字色 91, **92**, 97, 115
丁子煤竹(ちょうじすすたけ) **115**
丁子染(ちょうじぞめ) 73, 91, **92**, 115
丁子茶(ちょうじちゃ) **91**
丁子鼠(ちょうじねず・ちょうじねずみ) **97**
長春色(ちょうしゅんいろ) **37**
青花(チンホワ) **220**
金黄(チンホワン) **110**
金紅(チンホン) **81**
鴨頭草(つきくさ)・月草・着草・搗草 **199**, 216
桃花褐(つきそめ)・桃花染 20, **60**
次縹(つぎのはなだ・つぎはなだ) **216**, 223
次緑(つぎのみどり) **168**
黷色(つじみいろ) **211**
土色(つちいろ) **93**, 117
土黒(つちぐろ) **276**
土気色(つちけいろ) **93**
躑躅色(つつじいろ) **12**

白土(しらつち) **265**
白花色(しらはないろ) **205**
白藤色(しらふじいろ) **233, 259**
白百合色(しらゆりいろ) **264**
白(しろ) 45, **262**
白青(しろあお) **205**
素色(しろいろ) **265**
銀色(しろがねいろ) 68, **268**
白銀色(しろがねいろ) **267**
白藍色(しろきあいいろ) **204**
白縹(しろきはなだ) **205**
白殺し(しろころし) **204**
白菫色(しろすみれいろ) **233**
白土(しろつち) **265**
白橡(しろつるばみ・しらつるばみ) **94, 132**
白和幣(しろにぎて) **265**
白鼠(しろねず) **267**, 269
白練(しろねり) **264**
白縹(しろはなだ) **205**
新勝色(しんかちいろ) **195**
真紅(しんく)・深紅 **34**
沈香色(じんこういろ) **120**
沈香茶(じんこうちゃ) 91, **120**
深黒(しんこく) **273**
新駒色(しんこまいろ) **235**
新斎茶(しんさいちゃ) **142**
甚三紅(じんざもみ)・甚三紅絹 44, **52**
辰砂(しんしゃ・しんさ) **53**, 267, 277
真朱(しんしゅ) **53**
真珠色(しんじゅいろ) **131**
真鍮色(しんちゅういろ) **139**
新橋色(しんばしいろ) **196**
深碧(しんぺき) **177**
深藍(しんらん) **222**
新緑色(しんりょくしょく) **170**
水銀色(すいぎんいろ) **267**
翠色(すいしょく) **182**
翠緑(すいりょく) **182**
蘇芳色(すおういろ)・蘇枋色 **44, 54**, 63
蘇芳褐(すおうかち) **64**
蘇芳香(すおうこう) **72**
スカイ・ブルー **200**
杉染(すぎそめ・すぎぞめ) **71**
助六(すけろく) **252**
朱砂(すさ) 51, **62**
煤色(すすいろ) **118**
錫色(すずいろ) **268**
煤竹色(すすたけいろ・すすだけいろ) 118, 120, **124**, 237
煤竹茶(すすたけちゃ) **118**
雀色(すずめいろ) **66**
雀茶(すずめちゃ) **66**
砂色(すないろ) **117**
素鼠(すねず・すねずみ) 269, **270**
墨(すみ) **274**
墨色(すみいろ) **274**
墨染(すみぞめ) **274**
墨田納戸(すみだなんど) 194
素海松茶(すみるちゃ) **118**
菫色(すみれいろ) **230, 243**
青磁色(せいじいろ) 171, **186**, 187, 203
青瓷色(せいじいろ) **186**
青漆(せいしつ) **178**
霽青(せいせい) **227**
青石脂(せいせきし) **236**
青黛(せいたい)・青袋・青代 **215**, 230
青袋鼠(せいたいねず) **206**
青銅色(せいどういろ) 79, 98, 114, **191**
青白磁(せいはくじ) **187**
青碧(せいへき) 175, **214, 217**
青木香(せいもっこう) **236**
青藍(せいらん) **218**
石黄(せきおう) **105**
赤褐色(せきかっしょく・せっかっしょく) **55**, 65, 101
積紅(せきこう) **24**
石竹色(せきちくいろ) **18**
石板色(せきばんいろ) **271**
石墨(せきぼく) **276**
石緑(せきりょく・せきろく) **190**
窃黄(せっこう) **132**
雪色(せっしょく) **262**
雪白(せっぱく) **262**
セルリアン・ブルー 231
浅紅(せんこう) **20**

笹紅色(ささべにいろ)……175
薩摩御納戸(さつまおなんど)……190
薩摩納戸(さつまなんど)……190
薩摩鼠(さつまねず)……159
早苗色(さなえいろ)……146
サハラ……117
錆浅葱(さびあさぎ)……215
錆色(さびいろ)……63, 70
錆臙脂(さびえんじ)……28
錆御納戸(さびおなんど)……212
錆桔梗(さびききょう)……237
錆青磁(さびせいじ)……187
錆竹(さびたけ)……118
錆鉄色(さびてついろ)……193
錆鉄御納戸(さびてつおなんど)……194
錆納戸(さびなんど)……208, 212
錆鼠(さびねず)……211
錆利休(さびりきゅう)……119
錆利茶(さびりちゃ)……119
サフラン・ピンク……20
泊夫藍色(さふらんいろ)……20, 128
晒柿(されがき)……84, 112
早蕨色(さわらびいろ)……162
珊瑚色(さんごいろ)……58
珊瑚珠(さんごしゅ・さんごじゅ)・珊瑚珠色(さんごじゅいろ)……58
蝦黄(シアホワン)……104
シアン……198
相思灰(シアンスーホイ)……158
椎柴(しいしば)……88
柿子色(シーツスー)……81
椎鈍色(しいにびいろ)……26, 104
紫烏色(しうしょく)……254
雌黄(しおう)・藤黄……105, 129
紫苑色(しおんいろ)……246
紫渇色(しかっしょく)……255
信楽茶(しがらきちゃ)……95
芝翫茶(しかんちゃ)……70, 136
紫金(しきん)……64
繁鼠(しげねず)……270, 274
市紅茶(しこうちゃ)……136
至極色(しごくいろ)……254, 261
紫黒色(しこくしょく)……255
紫根(しこん)……249, 261
紫紺(しこん)……253
宍色(ししいろ)……85
脂燭色(しそくいろ)……123
紫檀色(したんいろ)……29
七両染(しちりょうぞめ)……34
漆黒(しっこく)……255, 272
紫土(しど)……26, 62
東雲色(しののめいろ)……39
渋色(しぶいろ)……67
渋紙色(しぶがみいろ)……67
渋茶(しぶちゃ)……124
島松鼠(しままつねず)……192
赭黄(しゃおう)……87
錫紵(しゃくじょ)……159, 209
赤石脂(しゃくせきし)……16
赤銅色(しゃくどういろ)……64
雀頭色(じゃくとうしょく)……66
赭黒(しゃこく)……78
洒落柿(しゃれがき)……84, 112
朱(しゅ)・朱色(しゅいろ)……51, 56, 58, 64
朱殷(しゅあん)……64
朱砂(しゅしゃ)・朱沙……51, 53, 62
朱土生壁(しゅどなまかべ)……72
樹皮色(じゅひしょく)……78, 134
純黒(じゅんこく)……273
純白(じゅんぱく)……109, 262
正臙脂(しょうえんじ)……17
生臙脂(しょうえんじ)……17, 55
猩紅(しょうこう)……15
生色(しょうしき)……111
猩々茶(しょうじょうちゃ)……62
猩々緋(しょうじょうひ)・猩猩緋……48, 63
薔薇色(しょうびしょく)……14
菖蒲色(しょうぶいろ)……18, 244
承和色(じょうわいろ)……128
白藍(しらあい)……204
白青(しらあお)・白襖(しらあお)……205
白梅色(しらうめいろ)……23
白梅鼠(しらうめねず)……25, 268
白茶(しらちゃ)……95, 109, 133

香色(こういろ) 73, 92, **93**, 94, 103, 112
光悦茶(こうえつちゃ) **76**
香橼色(こうえんしょく) **150**
紅紫(こうし) **256**
柑子色(こうじいろ) **104**, 106
麹色(こうじいろ) **108**
紅青(こうせい) **230**
香染(こうぞめ) **93**, 94
豇豆紅(こうとうこう) 35
紅梅色(こうばいいろ) 33, **36**, 46, 52
高麗納戸(こうらいなんど) **212**
紅緑(こうりょく) **175**
黄櫨(こうろ) **101**
黄櫨染(こうろぜん) 87, **101**, 123, 140
郡山染(こおりやまぞめ) **85**
ゴールド **110**
黄金色(こがねいろ) 68, **110**, 134
黄金鼠(こがねねず) **134**
木枯茶(こがらしちゃ)・凩茶 **117**
焦色(こがれいろ) **79**
焦香(こがれこう) **102**
深緋(こきあけ) **46**, 50
深退紅(こきあらそめ) **42**
濃色(こきいろ) **254**
深葡萄(こきえび) **30**
深支子(こきくちなし) **83**
濃朽葉(こきくちば) **82**, 99
濃紅(こきくれない) 33
深紅(こきくれない) **34**
深滅紫(こきけしむらさき) **249**
濃紅梅(こきこうばい) 36
深縹(こきはなだ)・紺 216, **223**
深蘇芳(こきすおう) **44**
深緋(こきひ) **46**, 50
濃二藍(こきふたあい) **238**
深紫(こきむらさき) 219, **254**, 261
深藍(こきらん) **183**
極焦茶(ごくこげちゃ) 79, **125**
国防色(こくぼうしょく) **143**
苔色(こけいろ) **163**
焦茶(こげちゃ) 79, **125**
小鹿色(こじかいろ) **72**
御所染(ごしょぞめ) **22**
御所生壁(ごしょなまかべ) **96**
呉須色(ごすいろ) **220**
濃墨(こずみ) **274**
古代紫(こだいむらさき) 242, 243, **251**, 252, 260
濃鼠(こねず・こねずみ) 270, **274**
近衛柿(このえがき) **83**
琥珀色(こはくいろ) **89**
コバルト・ブルー **226**
媚茶(こびちゃ) **136**, 160, 208
昆布茶(こぶちゃ) 96, 136, **160**
胡粉色(ごふんいろ) 230, **265**
小町鼠(こまちねず) **266**, 268
濃緑(こみどり) **168**
小麦色(こむぎいろ) **112**
小紫(こむらさき) **261**
濃紫(こむらさき) 102, **254**, **261**
御料(ごりょう) **166**
紺藍(こんあい) **220**
紺色(こんいろ) 218, 224, 236, 239, **241**, 253
紺桔梗(こんききょう・こんぎきょう) **238**
紺滅(こんけし) **236**
金色(こんじき) **140**
紺青(こんじょう)・金青 **239**
紺鉄(こんてつ) **221**, 224
紺鳶(こんとび) 42, **236**
紺鼠(こんねず) **236**
金春色(こんぱるいろ) **196**
紺天鵞絨(こんびろうど) **241**
紺藤(こんふじ) **231**
紺碧(こんぺき) **227**
紺瑠璃(こんるり) 228, **239**

さ

祭紅(さいこう) 24, **35**
左伊多津万色(さいたづまいろ) **176**
嵯峨鼠(さがねず) 40, **74**
桜色(さくらいろ) **23**, 25
桜鼠(さくらねず・さくらねずみ) **25**, 26, 41
柘榴色(ざくろいろ)・石榴色 **52**, **81**
鮭色(さけいろ) **61**
笹色(ささいろ) **175**

草柳(くさやなぎ)……**162**
孔雀青(くじゃくあお)……**196**
孔雀緑(くじゃくみどり・くじゃくりょく)……**180**
具墨色(ぐずみいろ)……**271**
薬色(くすりいろ)……**67**
支子色(くちなしいろ)・梔子色……83, **107**
朽葉色(くちばいろ)……80, 84, **99**, **154**
雲井鼠(くもいねず)・雲居鼠……**266**
栗色(くりいろ)……70, 76, **77**
涅色(くりいろ)・皂色……**275**
グリーン……**169**
栗梅(くりうめ)……**70**
栗梅茶(くりうめちゃ)……**77**
栗皮色(くりかわいろ)……**76**
栗皮茶(くりかわちゃ)……**76**
栗鼠色(くりねずみいろ)……**74**
胡桃色(くるみいろ)……**95**, **114**
胡桃染(くるみぞめ)……**95**
呉藍(くれない)・紅……**13**, 56, 239
グレー……**269**
呉竹鼠(くれたけねず)……**156**
紅の八塩(くれないのやしお)……**34**
玄(くろ)……**275**
黒(くろ)……45, 79, 179, 211, **273**
黒緋(くろあけ)……**46**
黒梅(くろうめ)……**64**, 72, 92
黒柿色(くろがきいろ)……**101**
鉄色(くろがねいろ)……68, **195**
黒紅梅(くろこうばい)……**46**
黒茶(くろちゃ)……**79**
黒橡(くろつるばみ)……88, 159, **179**
黒木賊(くろとくさ)……**191**
黒鳶色(くろとびいろ)……77, **79**
黒鼠(くろねず)……**274**
黒羽色(くろばいろ)……**272**
黒紅(くろべに)……**46**
黒緑(くろみどり)……**179**
黒紫(くろむらさき)……261
桑色(くわいろ)……**28**, **121**
桑色白茶(くわいろしらちゃ)……**116**
桑(くわそめ)……**28**, **121**
桑染(くわぞめ)……**28**, **121**
桑茶(くわちゃ)……**121**
桑の実色(くわのみいろ)……**28**, 121
軍勝色(ぐんかついろ)……**167**, 193
軍勝鼠(ぐんかつねず)……**193**
群青色(ぐんじょういろ)……**226**, 231
鶏冠石(けいかんせき)……**80**
鶏油黄(けいゆこう)……**132**
牙黄(げおう)……**133**
滅赤(けしあか)……**68**
滅色(けしいろ)……**249**
消炭色(けしずみいろ)……269, **271**
消炭黒(けしずみぐろ)……**271**
消炭鼠(けしずみねずみ)……**269**
滅紫(けしむらさき)……24, 248, **249**
血紅色(けっこうしょく)……**49**, 59
血色(けっしょく)……**49**, **59**
月白(げっぱく)……**263**
玄(げん)……**275**
源氏鼠(げんじねず)……**27**, 248
元青(げんせい)……**218**
健陁色(けんだしょく)……**31**, **112**, **123**
乾陀羅色(けんだらじき)……**31**, **112**, **123**
兼房(けんぼう)……**275**
憲房色(けんぼういろ)・憲法色(けんぼういろ)
……79, 100, **275**
憲房黒茶(けんぼうくろちゃ)・
憲法黒茶(けんぼうくろちゃ)……**79**
憲法染(けんぼうぞめ)……**275**
憲房茶(けんぼうちゃ)・憲法黒(けんぼうぐろ)
……**79**, **275**
濃藍(こいあい・こあい)……**222**
濃浅葱(こいあさぎ)……**196**
濃柿(こいがき)……**86**
濃桔梗色(こいききょういろ)……**229**
濃朽葉(こいくちば)……**82**, 99
濃香(こいこう)……**90**
濃卵(こいたまご)……**126**
濃茶色(こいちゃいろ)……**100**
濃鼠(こいねず・こいねずみ)……270, **274**
濃花色(こいはないろ)……**222**
濃萌黄(こいもえぎ)……**176**
濃紅葉(こいもみじ)……**54**

刈安色(かりやすいろ)……**145**, **150**
枯色(かれいろ)……98, **115**, **135**
枯草色(かれくさいろ)……**134**
枯野(かれの)……**115**, 117, 134
枯葉色(かれはいろ)……**98**
革色(かわいろ)……**193**
土器色(かわらけいろ)……**73**, 113
柑子色(かんじいろ)……82, **104**
観世茶(かんぜちゃ)……**91**
萱草色(かんぞういろ)……**104**
欵冬色(かんとういろ)・款冬色……**129**
橄欖色(かんらんしょく)……**158**
黄(き)……127, **128**, **144**
木藍(きあい)……218, **224**
黄赤(きあか)……**81**
黄浅緑(きあさみどり)……**147**
黄大津(きおおつ)……**132**
黄褐色(きかっしょく)……96, **100**
黄唐紙(きからかみ)……**130**
黄唐茶(きからちゃ・きがらちゃ)・黄枯茶・黄雀茶……**122**
黄皮の色(きかわのいろ)……**129**
桔梗色(ききょういろ)……18, **229**, 237, 238, **243**
桔梗染(ききょうぞめ)……**229**
桔梗納戸(ききょうなんど)……**238**
桔梗鼠(ききょうねず)……**248**
桔梗紫(ききょうむらさき)……**243**
黄草(きぐさ)……**155**
麹塵(きくじん)……27, **161**, 166
黄支子(きくちなし)……107, **127**
黄朽葉(きくちば)……99, **134**
黄黒(きぐろ)……**166**
雉鳩色(きじばといろ)……**27**, **248**
紀州茶(きしゅうちゃ)……116, **137**
麹塵(きじん)……**161**
黄水仙(きずいせん)……**128**
貴族鼠(きぞくねず)……**248**, 249
黄茶(きちゃ)……**110**, 112
狐色(きつねいろ)……**111**
黄橡(きつるばみ)……88, 112, **141**
黄木賊(きとくさ)……**164**
生成り色(きなりいろ)・生成色……109, **265**
砧青磁(きぬたせいじ)……**203**
絹鼠(きぬねず)……**268**
黄鼠(きねず)……**157**
黄浅緑(きのあさみどり)……**147**
黄蘗色(きはだいろ)・黄膚(きはだ)……**129**
樹皮色(きはだいろ)……**78**, **134**
黄八丈(きはちじょう)……**129**, 150
黄緑(きみどり)……146, 147, **148**
黄海松茶(きみるちゃ)……**135**
伽羅色(きゃらいろ)……**120**
伽羅煤竹(きゃらすすたけ)・奇楠煤竹……**120**
牛血紅(ぎゅうけつこう)……24, **55**, 113
京極生壁(きょうごくなまかべ)……**96**
京鼠(きょうねず)……**206**
京緋色(きょうひいろ)……**50**
京藤(きょうふじ)……**258**
京紫(きょうむらさき)……251, 252, **260**
魚子黄(ぎょしこう)……**130**
魚肚白(ぎょとはく)……113, **263**
魚綾(ぎょりょう)・御綾……**166**
麒麟血色(きりんけついろ)……**47**
黄蘗(きわだ)……**129**
金赤(きんあか)……**49**
金色(きんいろ)……110, **140**, 268
銀色(ぎんいろ)……**268**, 270
銀灰色(ぎんかいしょく)……**267**
金糸雀色(きんしじゃくいろ)……**128**
銀朱(ぎんしゅ)……**51**, 53, 277
金煤竹(きんすすたけ)……**122**
銀煤竹(ぎんすすたけ)……**116**, 137
金青(きんせい)……**239**
金茶(きんちゃ)……**110**
銀鼠(ぎんねず)……**269**
銀白色(ぎんはくしょく)……**262**
金碧(きんぺき)……**227**
金碧珠(きんぺきしゅ)……**227**
金密陀(きんみつだ)……**108**
銀密陀(ぎんみつだ)……108
空青(くうせい)……**200**
空天色(くうてんしょく)……**200**
草色(くさいろ)……155, **165**
草葉色(くさばいろ)……**165**

鸚哥緑(おうかりょく)・鶯歌緑……**151**
楝色(おうちいろ)・樗色……**246**
黄土色(おうどいろ)……**111**
黄丹(おうに・おうたん)……57, 59, **80**
黄蘗(おうばく)……**129**
鸚緑(おうりょく)……**151**
黄連(おうれん)……**112**
雄黄(おおう)……**105**
翁茶(おきなちゃ)……**74**
落栗色(おちぐりいろ)……**76**
落葉色(おちばいろ)……**118**
乙女色(おとめいろ)……**61**
御納戸色(おなんどいろ)……**214**
御納戸茶(おなんどちゃ)……**192**
尾花色(おばないろ)……**108**
朧花色(おぼろはないろ)……**207**
女郎花(おみなえし)……**144**
御召御納戸(おめしおなんど)……**212**
御召茶(おめしちゃ)……**193**
御召鼠(おめしねず)……**270**
思色(おもいいろ・おもいのいろ・おもひいろ)……**50**
織浅黄(おりあさぎ)……**197**
オリーブ……158, **160**
織色(おりいろ)……**181**
織葡萄(おりえび)……**31**
織紺(おりこん)……**241**
織部(おりべ)……**176**
オレンジ……**81**

か

カーキ……143
カーマイン……50
皆紅色(かいこうしょく)……**16**
海棠色(かいどういろ)……**36**
掻練(かいねり)・皆練・赤練……**109**
灰白色(かいはくしょく)……**266**
貝紫(かいむらさき)……**16**
灰緑色(かいりょくしょく)……**172**
海緑色(かいりょくしょく)……**183**
柿色(かきいろ)……62, 63, 72, **82**, **88**
柿兼房色(かきけんぼういろ)……**100**
柿渋色(かきしぶいろ)……63, **88**
柿茶(かきちゃ)……**86**
杜若色(かきつばたいろ)……**245**, **256**
柿天目(かきてんもく)……**86**
陰浅葱(かげあさぎ)・陰浅黄……**215**
陰萌黄(かげもえぎ)・陰萌葱……**165**
霞色(かすみいろ)……**247**
萱草色(かぞういろ)……**104**
褐色(かちいろ)……100, **240**
褐返し(かちがえし・かちかえし)……**240**
搗色(かちんいろ)……65, 100, **240**
活色(かついろ)……65, 100, **197**
勝色(かついろ)……195, 222, **240**
勝軍色(かつぐんいろ)……**167**
褐色(かっしょく)……55, **65**, 101, 225
金色(かないろ)……**139**
金糸雀色(かなりあいろ)……**128**
蟹鳥染(かにとりぞめ・かにどりぞめ)……**205**
樺色(かばいろ)・蒲色……54, **63**
樺桜(かばざくら)・朱桜……**57**
樺茶(かばちゃ)・蒲茶……**67**
茄皮紫(カピシ)……**254**
壁色(かべいろ)……**123**
壁土色(かべつちいろ)……**123**, 137
壁鼠(かべねず)……**96**
瓶覗(かめのぞき)・甕覗……185, **204**
鴨川納戸(かもがわなんど)……194
鴨川鼠(かもがわねず)・加茂川鼠……**172**, 206
鴨の羽色(かものはいろ)・鴨羽色(かものはねいろ)……**217**
茅色(かやいろ)・萱色……**115**
韓藍色(からあいいろ)・唐藍色……**15**, **239**
唐金色(からかねいろ)……**114**
唐紙黄(からかみき)……**130**
韓紅色(からくれないいろ)……36
唐紅(からくれない)・韓紅花……**13**
乾鮭色(からさけいろ)……61
芥子色(からしいろ)・辛子色……**138**
烏の濡羽色(からすのぬればいろ)……**272**
烏羽色(からすばいろ)……**272**
唐茶(からちゃ)・枯茶……72, **91**, 98
火裏紅(かりこう)……**32**
青茅(かりやす)……**145**

浅支子(うすくちなし) …… 83, 127
淡朽葉(うすくちば) …… **84**
薄雲鼠(うすぐもねず) …… **266**
薄紅(うすくれない) …… **20**
薄黒(うすぐろ) …… **276**
薄群青(うすぐんじょう) …… **230**
浅滅紫(うすけしむらさき) …… **248**
薄香(うすこう)・淡香 …… 93, **94**
薄柑子(うすこうじ) …… **106**
薄香染(うすこうぞめ) …… **94**
薄紅梅(うすこうばい)・淡紅梅 …… 36, 37, **38**
薄桜(うすざくら) …… **23**
浅杉染(うすすぎぞめ) …… **73**
薄墨色(うすずみいろ)・淡墨色 …… **266**
薄卵色(うすたまごいろ)・薄玉子色・淡卵色 …… **131**
薄茶(うすちゃ) …… **92**
薄肉(うすにく) …… **85**
薄鈍色(うすにびいろ・うすにぶいろ) …… **206**
薄鼠(うすねず・うすねずみ) …… **266**
薄花色(うすはないろ) …… **233**
薄花桜(うすはなざくら) …… **23**
浅縹(うすはなだ・うすきはなだ)・薄縹 …… **202**, 203, 205, 216
淡藤色(うすふじいろ) …… **233**, **259**
薄藤色(うすふじいろ) …… **233**, 246, **259**
薄紅(うすべに)・浅紅 …… **20**
淡紅赤(うすべにあか) …… **60**
淡紅藤色(うすべにふじいろ) …… **21**
淡牡丹色(うすぼたんいろ) …… **21**
淡水色(うすみずいろ) …… **205**
薄水色(うすみずいろ) …… **186**
浅緑(うすみどり) …… **149**, **170**, 171
薄緑(うすみどり)・淡緑 …… **171**
うす紫(うすむらさき) …… **246**
薄紫(うすむらさき) …… 38, **246**
薄萌木(うすもえぎ) …… 150
淡萌黄(うすもえぎ)・淡萌木 …… **153**
薄柳(うすやなぎ) …… **152**
浅藍(うすらん) …… **201**
移色(うつしいろ)・うつし色 …… **231**
空五倍子色(うつぶしいろ)・空柴色 …… **125**
卯の花色(うのはないろ)・卯花色 …… **264**
梅重(うめがさね・うめかさね) …… **33**
梅染(うめぞめ) …… 64, 72, 88, **92**
梅茶(うめちゃ) …… **88**
梅鼠(うめねず・うめねずみ) …… **26**, **41**
梅紫(うめむらさき) …… **24**
梅谷渋(うめやしぶ) …… **113**
裏色(うらいろ) …… **213**
裏葉色(うらはいろ・うらばいろ) …… **172**
裏葉柳(うらはやなぎ) …… **157**, 172
裏柳(うらやなぎ) …… **157**
浦和柳(うらわやなぎ) …… **157**
ウルトラマリン …… 229
潤色(うるみいろ・うるびいろ)・濁色・うるみ色 …… **213**
潤朱(うるみしゅ) …… **78**, 213
江戸茶(えどちゃ) …… **71**
江戸茶染(えどちゃぞめ) …… **110**
江戸生壁(えどなまかべ) …… 119
江戸納戸(えどなんど) …… **234**
江戸鼠(えどねず) …… **137**
江戸紫(えどむらさき) …… 251, **252**, 260
海老赤(えびあか) …… **62**
海老色(えびいろ) …… **45**
蒲萄色(えびいろ)・葡萄色 …… **25**, 27, **30**, 45, 66
蒲萄(えびぞめ)・葡萄 …… **25**
葡萄染(えびぞめ) …… **25**, **30**
海老茶(えびちゃ)・蝦茶・葡萄茶 …… **66**
葡萄鼠(えびねず・えびねずみ) …… **28**, **236**
熏色(えぶりいろ) …… **102**, **240**
臙脂色(えんじいろ)・燕脂(えんじ)・燕支・烟脂 …… **17**, 29
胭脂紅(えんじこう) …… **17**
臙脂墨(えんじずみ) …… **29**
臙脂鼠(えんじねず) …… **28**
遠州茶(えんしゅうちゃ) …… **90**
遠州鼠(えんしゅうねず) …… **97**
鉛丹色(えんたんいろ) …… **57**
鉛白(えんぱく) …… **263**, 265
老竹色(おいたけいろ) …… 171, **174**, 178
老松(おいまつ) …… 174
老緑(おいみどり) …… **178**
黄褐色(おうかっしょく) …… 96, **100**

茜色(あかねいろ)……**35**
赤紅(あかべに)……**33**
赤紫(あかむらさき)……**31**, **256**
灰汁色(あくいろ)……**137**
灰汁鼠(あくねず)……**268**
真緋(あけ)・緋……**50**
曙色(あけぼのいろ)……**39**, **85**
曙霞色(あけぼのかすみいろ)……**39**
浅藍色(あさきあいいろ)……**153**, 218
浅緋(あさきあけ・あさきひ)……46, **50**
浅黄色(あさぎいろ)……**154**
浅葱色(あさぎいろ)……**184**, 185, 186, 196, 197, 202, 204
浅黄(あさきき・あさき)……**154**
浅支子(あさきくちなし・あさくちなし)……83, 107, 127
浅滅紫(あさきけしむらさき)……**248**
浅蘇芳(あさきすおう・あさすおう)……**42**, 54
浅葱鼠(あさぎねず)……**189**
浅縹(あさきはなだ・あさはなだ・あさき)……**202**, 203, 205, 216
浅緑(あさきみどり・あさみどり)……**149**, **170**, 171
浅紫(あさきむらさき)……242, **247**
浅支子(あさくちなし)……**105**
浅杉染(あさすぎそめ)……**73**
浅紅(あさべに)……**20**
紫陽花青(あじさいあお)……**231**
小豆色(あずきいろ)……**43**
小豆茶(あずきちゃ)……**64**
小豆鼠(あずきねず)……**43**
阿仙茶(あせんちゃ)……**79**
油色(あぶらいろ)……**139**
亜麻色(あまいろ)……**94**, **116**
天色(あまいろ・あめいろ)……**199**
飴色(あめいろ)……**87**
菖蒲色(あやめいろ)……**18**, **244**
洗柿(あらいがき)……**85**
洗朱(あらいしゅ)……**58**
退紅(あらそめ)・褪紅……**22**, 42, **60**
粗染(あらぞめ)……**22**
暗褐色(あんかっしょく)……**79**
暗紅色(あんこうしょく)・殷紅色……**31**
暗黒色(あんこくしょく)……**273**
杏色(あんずいろ)・杏子色……**84**
暗鳶色(あんとびいろ)……**79**
暗緑色(あんりょくしょく)……**178**
イエロー……**144**
煙色(イエンスー)……**125**
硫黄色(いおういろ)……**152**
威光茶(いこうちゃ)・威公茶……156, **162**
苺色(いちごいろ)……**14**
一斤染(いっこんぞめ)……**38**
燻色(いぶしいろ)……**102**, **240**
燻銀(いぶしぎん)……262, 268, **270**
今鶴羽(いまつるは)……**237**
今紫(いまむらさき)……**243**, 252, 260
今様色(いまよういろ)……**39**
岩井茶(いわいちゃ)……**173**
岩群青(いわぐんじょう)……**226**
不言色(いわぬいろ)・言わぬ色……**107**
岩緑青(いわろくしょう)……**172**
殷紅(いんこう)……**31**
影青(いんちん)……**187**
インディゴ……218, 224
印度藍(いんどあい)……218, **224**
浮草鼠(うきくさねず)……**158**
烏金(うきん)……**64**
鶯色(うぐいすいろ)・鶯染(うぐいすぞめ)……141, 143, **164**
鶯茶(うぐいすちゃ)……**143**
烏黒(うこく)……**272**
鬱金色(うこんいろ)……51, **126**
烏色(うしょく)……**272**
薄藍(うすあい)……**206**
薄青(うすあお)……**171**
浅青朽葉(うすあおくちば)……**156**
薄赤(うすあか)……**61**
薄浅葱(うすあさぎ)・淡浅葱……**186**
薄色(うすいろ)・浅紫……242, **247**, 258
薄梅鼠(うすうめねず・うすうめねずみ)……**41**
薄柿色(うすがきいろ)……**85**
浅黄(うすき)……**154**
浅緋(うすきあけ・うすあけ)……**50**
浅紫(うすきむらさき)……258
淡黄蘗(うすきはだ)……**131**
浅縹(うすきはなだ)……216

色名索引

あ

藍色(あいいろ)
……184, 204, 206, 213, **218**, 220, 222, 224, 239
藍色鳩羽(あいいろはとば)……**250**
相生納戸(あいおいなんど)……194
藍生鼠(あいおいねず)・相生鼠……**208**
藍御納戸(あいおなんど)……**216**
藍褐(あいかち)……**222**
藍銀煤竹(あいぎんすすたけ)……**193**
藍気鼠(あいけねず・あいけねずみ)……**208**
藍媚茶(あいこびちゃ)……**208**, 210
藍細美(あいさび)……**210**
藍錆色(あいさびいろ)……**210**
藍白(あいじろ)……**205**
藍墨茶(あいずみちゃ)・相済茶(あいすみちゃ)……**241**
藍墨(あいずみ)……**224**
藍摺(あいずり)……**213**
青摺(あいずり)……**218**
藍玉子(あいたまご)……**138**
藍鉄色(あいてついろ)……**223**
藍沈香茶(あいとのちゃ)・藍砥茶……**212**
藍生壁(あいなまかべ)……119, **208**
藍鼠(あいねず・あいねずみ)……**208**
藍天鵞絨(あいびろうど)……**217**
藍味鼠(あいみねず)……**208**
藍海松茶(あいみるちゃ)……118, 159, **167**
藍蠟(あいろう)……178, 215, **220**
亜鉛華(あえんか)……**263**
亜鉛白(あえんはく)……**263**
青(あお)・蒼・碧……**198**
青浅緑(あおあさみどり)……147, **170**
葵色(あおいいろ)……**247**
青色(あおいろ)……**166**, 198
青色麹塵(あおいろきくじん)……**179**
青褐(あおかち)……**225**
鉛色(あおがねいろ)……68, **209**
青衣(あおききぬ)……**156**
青朽葉(あおくちば)……99, **154**, 156
青黒(あおぐろ)……**225**
青苔(あおごけ)……**190**
青磁(あをじ)……**186**
青白(あおじろ)……**24**, 49, **207**
蒼白(あおじろ)……**24**, **207**
青白橡(あおしろつるばみ・あおしろのつるばみ・
あおしらつるばみ)……94, **125**, 161, **166**, 198
青墨(あおずみ)……**224**
青摺(あおずり)……**218**
青宣徳(あおせんとく)……**142**
青竹色(あおたけいろ・あおだけいろ)……**184**
青茶(あおちゃ)……**158**
青丹(あおに)・青土……**167**
青鈍(あおにび・あおにぶ)……**210**
青藤色(あおふじいろ)……231, **232**
青葡萄色(あおぶどういろ)……**155**
青緑(あおみどり)……**180**, 184
青紫(あおむらさき)……**226**, **230**
青柳(あおやぎ)……**151**
青柳鼠(あおやぎねず)……158, **159**
赤(あか)……**48**
赭(あか)……**62**
赤色(あかいろ)……**71**
赤梅(あかうめ)……**72**, 92
銅色(あかがねいろ)……**68**, 98
赤支子(あかくちなし)……**83**
赤朽葉(あかくちば)……**80**, 99, 154
赤黒(あかぐろ)……**277**
赤香色(あかこういろ・あかごういろ)……**73**, 93
赤紅梅(あかこうばい)……**36**
赤錆色(あかさびいろ)……**69**, 70
赤白橡(あかしろつるばみ・あかしろのつるばみ・
あかしらつるばみ)……59, **71**, 94
赤蘇芳(あかすおう)……**63**
赤墨(あかずみ)……**277**
赤橙(あかだいだい)……**51**
赤茶(あかちゃ)……**64**
暁鼠(あかつきねず)……**43**, 96
赤鳶色(あかとびいろ)……**67**
赤丹(あかに)……**53**

『九州大学デジタル・アーカイブ　天工開物』 http://record.museum.kyushu-u.ac.jp/tenko/tenko/
『福縁堂　東洋美術館』 http://www.kanailtd.com/fukuendou-G.asp
『（財）日本規格協会』 http://www.jsa.or.jp/
『古典籍総合データベース』 http://www.wul.waseda.ac.jp/kotenseki/ga_edo/index.html
『伊勢半本店　江戸時代より続く伝統の口紅『小町紅』』 http://www.isehan.co.jp/index.html
『盛岡バーチャル博物館　紫根染資料室　紫根染の起源』
http://www.odette.or.jp/virtual/shikonnzome/history/hist01.htm
『盛岡タイムス　Web News』 http://www.morioka-times.com/news/2006/0601/06010141.htm
『Dye & Weave:hokkaido,tohoku』 http://www.kimono.or.jp/dic/01hokkaido/hokkaido.html#kazuno
『風俗博物館～よみがえる源氏物語の世界～』 http://www.iz2.or.jp/
『民俗文化財』 http://www2.city.kazuno.akita.jp/kyoui/bunkazai/sitei/minzoku/minzoku.htm#aizome
『NPO『なら食』研究会』 http://www14.ocn.ne.jp/~narasyok/
『大分県花・県木について』http://www.pref.oita.jp/10400/symbol/symbol02.html
『日本・世界の伝統色＆ウェブカラー』 http://www.japan-post.com/color/
『加賀友禅』 http://www4.city.kanazawa.ishikawa.jp/17003/dentou/kougei/yuuzen/yuzen.jsp
『和風のフリー素材（伝統文様・季節の風物）日本伝統色（和風の色）』 http://sozai.dojian.com/color/color1.html
『植物園へようこそ！』 http://aoki2.si.gunma-u.ac.jp/BotanicalGarden/BotanicalGarden-F.html
『北信州の道草図鑑』 http://members.stvnet.home.ne.jp/kubookada-k/zukan.html
『跡見学園女子大学　跡見群芳譜』
http://www2.mmc.atomi.ac.jp/web01/Flower%20Information%20by%20Vps/Flower%20Albumn/index.htm
『歴博　第127号　歴史の証人』 http://www.rekihaku.ac.jp/koohoo/journal/no127/rekishi.html
『神奈川歯科大学　美学教室』 http://www.kdcnet.ac.jp/college/bigaku/
『フォーラムKaya　信頼と安心の絵画・美術品通販』 http://www.forumkaya.co.jp/
『日本舞踊　坂東流　入門案内』 http://www.bando-ryu.jp/about/index.html
『東京大学』 http://www.u-tokyo.ac.jp/index_j.html
『鎌倉史跡碑事典』 http://www.kcn-net.org/sisekihi/index.html
『有職装束研究　綺陽会　女子袴・歴史』 http://www.kariginu.jp/hakama/history.htm
『京都デザインデータベース　グラフィックデザイン系』 http://www.joho-kyoto.or.jp/design/gra_1.html
『鈍射犬棒撮鳥控・鳥名のある色』 http://members3.jcom.home.ne.jp/dullshooterkenboh/mix/color-d.html
『文化遺産オンライン』http://bunka.nii.ac.jp/Index.do
『遠州流茶道『綺麗さび』の世界』http://www.enshuryu.com/index.htm
『染匠きもの展示館』 http://www.somesho.net/tenjikan/
『まなざしの工房［日本の伝統色］』 http://www.studio-mana.com/ippuku/dentousyoku/
『奈良国立博物館』 http://www.narahaku.go.jp/
『四条の道具』 http://www.kyoto-shijo.or.jp/jyoho/dogu/
『昔日の風　民具等有形民俗文化財』 http://www.city.matsuyama.ehime.jp/kybunka/mingu/
『お茶の博物館』 http://www.kaburagien.co.jp/museum/museum/museum3.php
『菊屋の今昔』 http://www.kikuya.co.jp/about.html
『名古屋テレビ浮世絵美術館』 http://www.nagoyatv.com/ukiyoe/
『文化のポータルサイト　～石川新情報書府～』 http://shofu.pref.ishikawa.jp/
『ねむりのアトリエ洛彩』 http://www.e-rakusai.co.jp/event/index.html
『たばこと塩の博物館』 http://www.jti.co.jp/Culture/museum/WelcomeJ.html
『東京国立博物館』 http://www.tnm.go.jp/jp/servlet/Con?pageId=X00/processId=00
『色の万華鏡』 http://www.wanogakkou.com/life/00100_top.html
『インターネット陶芸祭　うまか陶』 http://www.umakato.jp/
『甦る王朝の美　源氏物語の色』 http://www.sachio-yoshioka.com/2002jp/0109/index.html
『知識探索　JapanKnowledge』 http://www.japanknowledge.com/
『日国オンライン　JapanKnowledge Select Series』 http://nikkoku.japanknowledge.com/
『字通　JapanKnowledge Select Series』 http://moji.japanknowledge.com/
『weblio 辞書＜国語辞典・国語辞書・百科事典＞』 http://www.weblio.jp/
『語源由来辞典』 http://gogen-allguide.com/
『食育大事典』 http://www.shokuiku.co.jp/
『石けん百科』 http://www.live-science.com/honkan/alkali/alkl01.html

『一千一秒物語』　稲垣足穂　新潮社
『華岡青洲の妻』　有吉佐和子　新潮社
『国盗り物語（一）　斎藤道三（前編）』　司馬遼太郎　新潮社
『東海道中膝栗毛（上）［全２冊］』　十返舎一九　岩波書店
『陰翳礼讃　改版』　谷崎潤一郎　中央公論新社
『「いき」の構造　他二篇』　九鬼周造　岩波書店
『古今和歌集』　岩波書店
『日本の昔話』　柳田国男　新潮社
『鏡花短篇集』　岩波書店
『味と映画の歳時記』　池波正太郎　新潮社
『ジョゼと虎と魚たち』　田辺聖子　角川書店
『新訂　方丈記』　岩波書店
『千羽鶴』　川端康成　新潮社
『蕪村俳句集』　岩波書店
『紫苑物語』　石川淳　講談社
『銀河鉄道の夜』　宮沢賢治　集英社
『神々の国の首都』　小泉八雲　講談社
『外科室・海城発電　他五篇』　泉鏡花　岩波書店
『たけくらべ』　樋口一葉　集英社
『これが私の優しさです　谷川俊太郎詩集』　谷川俊太郎　集英社
『色彩の息子』　山田詠美　新潮社
『きらきらひかる』　江國香織　新潮社
『木』　幸田文　新潮社
『悉皆屋康吉』　舟橋聖一　文藝春秋
『みだれ髪』　与謝野晶子　新潮社
『桃紅　私というひとり』　篠田桃紅　世界文化社
『ビギナーズ・クラシックス　おくのほそ道（全）』　角川学芸出版
『ビギナーズ・クラシックス　源氏物語』　角川学芸出版
『天保悪党伝』　藤沢周平　新潮社
『山頭火随筆集』　種田山頭火　講談社
『キッチン』　吉本ばなな　新潮社
『志ん朝の風流入門』　古今亭志ん朝　齋藤明　筑摩書房
『失楽園（上）』　渡辺淳一　角川書店
『ビギナーズ・クラシックス　近代文学編　藤村の『夜明け前』』　角川学芸出版
『改訂版　雨月物語　現代語訳付き』　上田秋成　角川学芸出版
『童話集　風と木の歌』　安房直子　偕成社
『ビギナーズ・クラシックス　南総里見八犬伝』　曲亭馬琴　角川学芸出版
『曾根崎心中　冥途の飛脚　心中天の網島　現代語訳付き』　近松門左衛門　角川学芸出版
『ビギナーズ・クラシックス　方丈記（全）』　角川学芸出版
『センセイの鞄』　川上弘美　新潮社
『現代語訳　好色五人女』　井原西鶴　河出書房新社
『絵描きの植田さん』　いしいしんじ　植田真　新潮社
『源氏物語　巻一』　瀬戸内寂聴訳　講談社
『源氏物語　巻二』　瀬戸内寂聴訳　講談社
『源氏物語　巻四』　瀬戸内寂聴訳　講談社
『源氏物語　巻五』　瀬戸内寂聴訳　講談社
『源氏物語　巻六』　瀬戸内寂聴訳　講談社
『源氏物語　巻七』　瀬戸内寂聴訳　講談社
『源氏物語　巻八』　瀬戸内寂聴訳　講談社

ウェブサイト

『青空文庫　Aozora Bunko』http://www.aozora.gr.jp/
『東京文化財研究所　彩色データベース』　http://www.tobunken.go.jp/~bijutsu/database/saishiki/saishiki.html
『色彩のスパイス　色彩の配色と色見本』　http://www.nicopon.com/

『広辞苑　第五版』　岩波書店
『日本の色名　色名の解説』　京都市染織試験場（デザイン部）
『日本の色名　色の表示』　京都市染織試験場（デザイン部）
『特別展　吉祥　中国美術にこめられた意味』　東京国立博物館
『【カラー版】　日本やきもの史』　美術出版社
『徳間アニメ絵本１　風の谷のナウシカ　上』　徳間書店
『特別展覧会　花洛のモード　きものの時代　Kyoto Style Trends in 16th-19th Century Kimono』　京都国立博物館
『【カラー版】　世界やきもの史』　美術出版社
『色の名前』　文　ネイチャー・プロ編集室　角川書店
『日本の色辞典』　吉岡幸雄　紫紅社
『奇妙な名前の色たち』　福田邦夫　青娥書房
『日本の文様　第一集　刺繍図案に見る古典装飾のすべて』　青幻舎
『柳宗民の雑草ノオト』　柳宗民　毎日新聞社
『色彩との対話』　柳宗玄　岩波書店
『和の色手帖』　石田純子　グラフィック社
『絵でよむ　江戸のくらし風俗大事典』　柏書房
『京の色事典 330』　平凡社
『お江戸風流さんぽ道』　杉浦日向子　小学館
『色名事典』　清野恒介　島森功　新紀元社
『すぐわかる日本の伝統色』　福田邦夫　東京美術
『新版　かさねの色目　平安の配彩美　Layered Colors』　長崎盛輝　青幻舎
『日本の四季を彩る　和みの百色』　吉岡幸雄　PHP 研究所
『謎解き広重『江戸百』』　原信田実　集英社
『日本の色』　福田邦夫　主婦の友社

文学作品

『新訓　万葉集　上巻　全２冊』　岩波書店
『新訓　万葉集　下巻　全２冊』　岩波書店
『与謝野晶子歌集』　与謝野晶子　岩波書店
『痴人の愛』　谷崎潤一郎　新潮社
『濹東綺譚』　永井荷風　岩波書店
『にごりえ・たけくらべ』　樋口一葉　新潮社
『萩原朔太郎詩集』　岩波書店
『一握の砂・悲しき玩具　石川啄木歌集』　新潮社
『人間失格』　太宰治　新潮社
『雪国』　川端康成　岩波書店
『夜明け前　第一部（上）』　島崎藤村　新潮社
『夜明け前　第一部（下）』　島崎藤村　新潮社
『野菊の墓』　伊藤左千夫　新潮社
『細雪（上）』　谷崎潤一郎　新潮社
『新版　遠野物語　付・遠野物語拾遺』　柳田国男　角川書店
『潮騒』　三島由紀夫　新潮社
『平家物語　上巻　全二冊』　角川学芸出版
『死者の奢り・飼育』　大江健三郎　新潮社
『吾輩は猫である』　夏目漱石　新潮社
『枕草子』　岩波書店
『青べか物語』　山本周五郎　新潮社
『夏の終り』　瀬戸内寂聴　新潮社
『藤村詩集』　島崎藤村　新潮社
『山椒大夫・高瀬舟』　森鷗外　新潮社
『小僧の神様・城の崎にて』　志賀直哉　新潮社
『羅生門・鼻』　芥川龍之介　新潮社
『蜘蛛の糸・杜子春』　芥川龍之介　新潮社
『金色夜叉』　尾崎紅葉　新潮社

参考文献

古代や近世の色彩について膨大な研究が行われ、私たちに残されている。
本書の浅学な解説文に不充分と感じる方はぜひ原書を読んで頂きたい。
特に前田雨城氏、長崎盛輝氏の研究なくしては日本の色は語れない。

『日本古代の色彩と染』 前田雨城 河出書房新社
京都の紅師の技術を継承し、古代の『延喜式』に規定される色名などを実践的に研究。

『日本の傳統色 その色名と色調』 長崎盛輝 青幻舎
江戸時代の色名を中心に、古代から近代までの染色見本帳などの文献を広く深く整理している。

『色名大辞典 (色票の部)』『色名大辞典 (解説の部)』 東京創元社（和田三造監修）
和田三造氏は日本色彩研究所の創立者でもあり、昭和初期当時の色彩研究がわかる。

『新色名事典』 日本色研事業（財団法人日本色彩研究所編）
日本の色名約400色だけでなく世界の色名が収録され現在も入手は容易。

『宮美のそめいろ』 京都市染織試験場 （非売品）
『延喜式』の色を再現し、黄櫨や黄丹、深紫、中紫から墨、朽葉まで約50色の染色見本帳。

色についての研究書・解説書

『色名総鑑増訂版』 和田三造 博美社
『学用色名辞典』 上村六郎 小河その 甲鳥書林
『標準世界史年表』吉川弘文館
『平安朝文学の色相 特に散文作品を中心として』 伊原昭 笠間書院
『原色染織大辞典』 淡交社
『色彩の美学 新装版』塚田敢 紀伊國屋書店
『日本の色』 朝日新聞社
『ものと人間の文化史 38・色 染と色彩』 前田雨城 法政大学出版局
『panoramic mag. is 増刊号『色』』 ポーラ文化研究所
『色名の由来』 江幡潤 東京書籍
『色の彩時記 目で遊ぶ日本の色』 朝日新聞社
『日本の名随筆 7 色』作品社
『色の和名抄』 三浦寛三 創文社
『草木染 染料植物図鑑』 山崎青樹 美術出版社
『新潮 世界美術辞典』 新潮社
『日本伝統色 色名事典 COLOR NAMES OF JAPAN』 日本色研事業
『色の手帖』 小学館
『五色と五行 古代中国点描』 中嶋洋典 世界聖典刊行協会
『日本の伝統色 色の小辞典』 福田邦夫 読売新聞社
『京都 花の色』 京都市染織試験場
『色・彩飾の日本史』 長崎盛輝 淡交社
『広辞苑 第四版』 岩波書店
『日本史年表・地図』 吉川弘文館
『日中共同出版 上海博物館 中国・美の名宝 完璧なかたちと色をもとめて〜古代・唐・宋の陶磁器』 日本放送出版協会
『日中共同出版 上海博物館 中国・美の名宝③ 東西交流と皇帝の文化〜元・明・清の陶磁器』 日本放送出版協会
『歌舞伎ファッション』 文 金森和子 写真 吉田千秋 朝日新聞社
『和の色名』 京都市染織試験場
『文学にみる日本の色』 伊原昭 朝日新聞社
『カラー判 十二単のはなし 現代の皇室の装い』 仙石宗久 婦女界出版社
『フィールドベスト図鑑 1 日本の野草 春』 学習研究社
『歌舞伎のデザイン図典』 岩田アキラ 東方出版
『広辞苑 第五版 CD-ROM 版』 岩波書店

■編集後記

露草や桜といった自然から、昔話の河童に江戸の弥次さん喜多さんまで、日本はたくさんの色で彩られて、今の私たちに続いているからこそ生き生きと語りかけてくれている。

今日は桃色、明日は紺色、と気分で色を自由に選び、使えるようになって途方にくれることもあるが、そういったときにもさまざまなメッセージがあることを気づかせてくれて楽しくなる。　（編集担当　池上 薫）

一つの色の背景にあるもの、色名の由来や歴史などを見てみると、その色に込められた人々のメッセージ、思い入れや思い込み、畏敬や皮肉、希望や諦め、社会状況などなど、人間のもつ様々な世界が広がっています。

この本は、色に関するそうした色々な面白みやたくさんの情報を、ぎゅっと一つに握ったおにぎりのようなもの、つまり「色のおにぎり」なのです。

この本を手にする方々が、楽しく、おいしく、読んでいただけたら嬉しいなと思いながら、改めて、この本をほおばってます。

（編集担当　坂井聡一郎）


今年に入って近くの骨董屋が店を閉じてしまった。店主は「いいものが売れなくなった…」と言う。骨董とは名ばかりの古びた机や壊れたランプなどガラクタをディスプレイする店が増えたように思う。店主は嘆くが、私はこの手にも惹かれる。私はこれを“ネオワビ”と呼びたい。モノは名もなく、一点ものでもなく、工芸品でもなく、ただの量産品でも時が経つと侘びるし寂び（錆）る。侘び寂びは日本人の感性としてずっと流れているのだ。鼠、茶のつく色の多さもまた日本人の感性。それは、姫のオマルの中にさえ香色を見い出し、馬の落としたものにまで糞色（ばばいろ）の浮世絵をあてがうのだ。

（早坂優子）


50年前の高校生の頃、新橋色という奇妙な色名の派手な青に出会った。その何年か後に芸大の研究室の納会でチャカホイ節を聞いていた。〽新橋芸者と美校の生徒　〽色と調子で苦労するチャカホイ…そこで須藤先生に新橋色の由来を訪ねたら、「君はそんなことも知らんのか」と先生の武勇伝をさりげなく話され、色名にひそむ深い文化に気付いた。

この本は多くの方々の研究が基礎となり完成できた。深く感謝します。またスタッフをはじめ、遠藤さや氏、伊藤宮子氏、藤田直矢氏、等々の協力に感謝。

数色の色名については資料不足のため色域にあいまいさがある。皆様から、ぜひ具体的なデータをいただき本書を完成させたい。

（企画　内田広由紀）

撮影／編集部・坂井聡太

定本 **和の色事典**

発　行　平成20年（2008）7月25日　第1版
　　　　平成26年（2014）10月10日　第7刷
著　者　内田広由紀
編集人　早坂優子
発行人　内田広由紀
発行所　株式会社視覚デザイン研究所
〒101-0051
東京都千代田区神田神保町1-22北信ビル4F
TEL 03-5280-1067（代）　FAX 03-5280-1069
振替／00120-0-39478
協　力　光村印刷株式会社　willsnow-dfl
製　本　株式会社難波製本

ISBN978-4-88108-203-4 C2370

リトル キュレーター シリーズ

巨匠に教わる **絵画の見かた**

早坂優子 著　Ａ５　192P 定価（本体 1850 円＋税）

ルネサンスの天才ミケランジェロは、それ以前の絵画に何を想ったのか。そのミケランジェロを観たルノワールは、マティスは何を考えたのか。連綿と続く美術史の内側に迫る。

鑑賞のための **西洋美術史入門**

早坂優子 著　Ａ５　224P 定価（本体 1900 円＋税）

美術用語って難しい、あの本では眠くなった、そんなあなたにこの一冊。わかりやすい言葉と豊富なイラストでとにかく詳しく解説。西洋美術のとっておきニュー・テキストです。

日本図書館協会選定図書

101人の画家 生きてることが101倍楽しくなる

早坂優子 著　Ａ５　232P 定価（本体 1500 円＋税）

人気の画家 101 人を厳選。その生い立ちから、美術史に名を残す巨匠となるまでの生涯をマンガで追います。美術鑑賞者必見の１冊。美術館がさらに楽しくなること間違いなし！

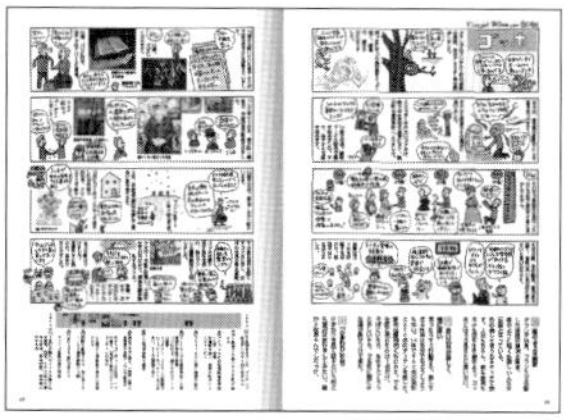

マリアのウィンク ～聖書の名シーン集～

早坂優子 著　Ａ５　176P　定価（本体 1750 円＋税）

聖書の一場面が描かれた名画は多い。でも、それが聖書のどんな話かわからない人も多いはず。この一冊を読めば、その場面の話がわかり、絵がより身近に感じられるようになる。

天使のひきだし ～美術館に住む天使たち～

早坂優子 著　Ａ５　160P　定価（本体 1750 円＋税）

美術館や画集でたびたび出会う、絵の中の愛らしい天使たち。でも、彼らはいったいそこで何をしているのだろう。この疑問に答えながら、西洋美術の魅力にやさしく導いていきます。

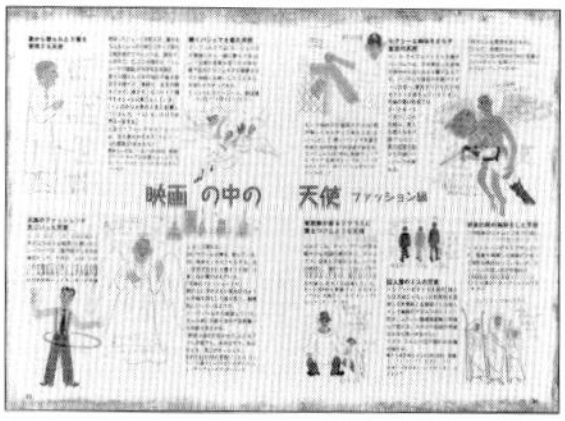

鑑賞のための **キリスト教美術事典**

早坂優子 著　Ａ５　240P 定価（本体 2200 円＋税）

本書は画中のストーリーをイラストやマンガも混ぜて、コンパクトかつディープに解説した事典です。欧米では常識のキリスト教の知識も同時に学べます。